슬기바다 06

채근담

홍자성(洪自誠) 지음 | 김성중 옮김

홍익

·
·
·

『채근담』을 펴내며

번역서, 특히 한문고전 번역서를 접한 독자들 중에는 '도대체 무슨 소리인지 모르겠다'고 하소연하는 분들이 많다. 한문도 아닌, 한글로 쓰여진 책을 읽으면서 무슨 소리인지 모르겠다고 한탄하게 된 이유는 여러 가지가 있겠지만 우선 떠오르는 것은 다음 두 가지다.

하나는 죄송스럽지만, 독자들 독서능력의 한계 탓이고 둘째는 번역이 잘못되었기 때문이다. 번역이 잘못되었다는 것은 오역의 문제도 있겠지만 그보다도 한문문장의 글자해석에 치우친 나머지 그 의미 전달이 충분하지 못한 경우이리라. 결국 일반 독자들은 몇 구절 읽다가 포기하고, 부득이 그 책을 참고해야 할 상황에 처한 독자는 다시 원문을 대조하고 사전을 뒤적이는 고생을 반복한다.

한문번역의 난해함은 물론 한문의 난해함에서 기인한 것이다. 그저 막연하게 느끼는 호랑이 담배 피던 시절의 얘기부터 근세에 지어진 책들까지 있어 그 흐름과 상황을 제대로 파악하지 못하면 이해하기 어렵게 되고, 더구나 현재의 사고방식으로 접근해서는 파악하기 힘든 부분도 적지 않다. 지금은 세분화된 다양한 사상이 한데 어우러져 있어 골치가 아프기도 하고, 평생토록 접하기 어려운 단어와 표현들 또한 즐비하다.

그 옛날 어른들도 힘들기는 마찬가지였나 보다. 그래서 대부분의 한문 고전에는 이른바 해설이라 할 수 있는 여러 주석이 있고, 그것도 이해가 잘 안 되고 미진했는지 다시 주석을 붙이기도 하였다. 물론 지금 우리들은 그 주석을 이해하지 못해 괴로워하고 있지만. 한문만 썼던 옛날 분들도 어려워서 해설이 있어야만 볼 수 있었던 동양고전을 한글로 옮겼으니 독자분들이 느끼는 난해함은 어쩌면 당연한 일이리라. 그러나 근래에 한문을 전공하는 많은 분들의 사명에 찬 열정과 노고에 힘입어 여러 좋은 역서들이 나오게 되었다. 물론 부족한 점이 없지는 않겠지만 비전공자와 일반 독자들도 이해하기 쉽도록 번역하고 그 함의도 정확히 드러내는 책들이 적지 않다.

역자가 『채근담』의 번역을 맡아 지금 그 지난했던 작업을 끝내면서 솔직히 고민했던 문제도 이와 관련된 것이었다. 혹시나 시대의 흐름에 역행하는 책을 내는 것은 아닐까? 저 먼 곳에 계시는 저자 홍응명 선생은 자기 뜻을 왜곡했다고 화내고, 전공자는 비판하고, 번역자 자신만 알고 독자는 이해 못하는, 그러한 역서를 내는 것은 아닐까? 책을 출판함으로써 더할 근심이기에 두려운 마음 금할 길 없다. 그저 주어진 환경에서 보잘것없는 육체를 괴롭혀가며 번역했다는 것으로 위로할 뿐이다.

본서에서 취할 점이 있다면 그것은 역자를 도와준 많은 분들 덕택이다. 주위의 여러 분들이 천학비재인 역자를 바로잡아 주었기 때문이다. 외우 김근호는 지지부진한 원고 때문에 고생을 많이 하였고 최은영, 백선해, 김범 세 분은 틀린 부분을 많이 고쳐 주었다. 일본에서 출판된 책을 보는 데는 벗 남규철의 힘이 컸고, 출판사 여러분들도 편집과 교정에 애를 쓰셨다. 이 자리를 빌어 다시 한번 깊이 감사드린다.

1999년 8월
옮긴이 김성중 삼가 적다

번역에 대한 원칙

본 역서에 대해 몇 가지 일러 두어야 하는 말이 있다.

1. 본서는 한문을 전공하지 않은 일반독자들이 『채근담』을 비교적 쉽게 읽고 또 그 사상의 한 면을 이해하는 데 도움을 주고자 씌어졌다.

2. 해제에서도 언급하였지만 『채근담』은 여러 판본이 현존한다. 역자는 삼봉주인(三峰主人) 우공겸의 제사(題詞)가 실려 있고, 전, 후집으로 나뉘어져 있는 판본(현재 일본에서는 이 판본이 통행하고 있다)을 저본으로 하고 그 외의 여러 판본을 대조하여 적절하게 취사하였다. 역서라면 기본적으로 이들 판본의 비교 및 원문 교감 등이 당연히 있어야겠지만 앞서 언급한 이 책의 목적에 의거해 모두 생략하였다.

3. 『채근담』의 구절들은 여러 책에서 따온 것이 많은데 본문의 이해를 위해 꼭 필요한 전고(典故)와 출전 외에는 대부분 생략하였다.

4. 본문의 번역은 직역을 가급적 피하였고 난해한 곳에는, 독자의 이해를 돕기 위해 필요하다고 생각되는 경우, 원문에는 없는 부분까지 문맥에 의거하여 넣기도 하였다.

5. 한문원문을 접하고자 하는 독자를 위해 채근담 원문 전체에 표점을 찍고 구절풀이를 달았다. 구절풀이는 되도록 상세하게 하고자 하였으나 사정상 번잡함을 피하기 위해 필요한데도 빠진 것이 적지 않다.

6. 대부분의 『채근담』 역서에 각 장마다 실려 있는 해설이 본서에만 유독 없는 것은 물론 역자의 인생 경험과 학문, 인격이 턱없이 부족하여 달지 못한 것이지만 거기에는 독자들 자신만의 『채근담』이 되기를 바라는 소박한 희망도 실려 있다.

7. 『채근담』 번역서는 지금까지 수십 종이 출판되었는데 그 중에서 역자가 주로 참고한 책은 다음과 같다. 박일봉 역의 『채근담』(육문사, 1993년), 이석호 역의 『채근담』(한국방송사업단, 1983년), 조지훈 역의 『채근담』(나남출판, 1997년), 한용운 역의 『채근담』(거암, 1984년), 또한 일본과 중국에서 출판된 책도 참고하였다. 中村璋八・石川力山 등이 共譯한 『菜根譚』(講談社, 1996년), 王進祥이 述疏한 『菜根譚柝注』(頂淵文化事業有限公司, 1997년), 王同策이 注釋한 『菜根譚注釋』(浙江古籍出版社, 1992년).

8. 『채근담』에는 유가, 불가, 도가 등의 제 사상이 융합되어 있어 용어 선택과 개념 정의가 쉽지 않았다. 상기한 여러 역서들에서도 그 풀이가 제각각일 뿐더러 사전상의 의미가 문맥에 맞지 않는 경우도 있었기 때문이다.

평범함의 진실, 『채근담』

1. 『채근담』의 의미

근래에 나오는 책들처럼 고전(古典)도 그 서명(書名)이 책의 내용을 반영하는 경우가 많다. 그 중에도 단순한 글자 자체의 뜻만으로 파악할 수 없고, 그 의미를 자세히 풀어 본 뒤에야 함의를 알 수 있는 서명이 적지 않다. 이러한 서명은 책의 특징적 면모를 이해하고 사상을 탐색하는 중요한 출발점 역할을 하게 된다.

『채근담』도 특이한 서명 때문에 많은 학자들의 관심을 불러일으켰다. 『채근담』이라는 서명을 붙인 것은 저자인 홍자성(洪自誠) 자신인 것으로 보인다. 이러한 사실은 다음 우공겸(于孔兼)의 「채근담제사」(菜根譚題詞)에서 알 수 있다.

마침 벗 홍자성이 『채근담』을 가지고 와 나에게 보여주면서 서(序)를 써 달라고 하였다. … 이러한 이야기[譚]를 채근(菜根)이라고 이름붙인 것은 본디 스스로 청렴결백하게 수양하는 가운데서부터 나온 것이요, 또한 스스로 배양하는 속에서 얻은 것이니 그가 세상 풍파에 시달리고 험난한 역경을 겪었다는 것을 짐작할 수 있다. 홍씨가 말하기를 '하늘이 내 몸을 수고롭게 하면 나는 마음을 편안히 하여 수고로움을 보익하며, 하늘이 내 처지를 불우하게 하면 나는 도를 형통하게 하여 불우함을 뚫고 나가니, 하늘인들 나를 어찌하겠는가?'라고 하였으니 그가 경계하고 노력하였음을 또한 살필 수 있다.

우공겸은 친분이 있었던 홍자성의 부탁을 받아 제사를 써 주었다. 여기서 그는 서명의 유래를 홍자성의 생활태도, 인생역정 등과 관련하여 설명하고 있다. 한편 그 유래를 『소학』(小學)에서 찾으려는 학자도 있다. 일본 대정(大正) 15년(1926년)에 간행된 『채근담강화』(菜根譚講話)에 실린 복전아태랑(福田雅太郎)의 서문을 보면 다음과 같이 밝히고 있다.

중국 송대의 유학자인 왕신민[1]이 '사람이 나물 뿌리를 씹어 먹을 수 있다면 모든 일을 해낼 수 있다'라고 하였다. 명대의 홍자성은 바로 이 말에 근거하여 『채근담』이라는 서명을 취한 것이다.

'사람이 나물 뿌리를 씹어 먹을 수 있다면 모든 일을 해낼 수 있다'라는 대목은 주희(朱熹)가 편찬한 『소학』「선행」(善行)의 말미에도 보인다.

왕신민이 일찍이 '사람이 나물 뿌리를 먹으려 한다면 모든 일을 해낼 수 있다'라고 하였다. 호강후가 그 말을 듣고, 무릎을 탁 치며 감탄하였다.

왕신민(汪信民)은 이름이 혁(革)이고, 강서(江西) 무주(撫州) 임천(臨川) 사람이다. 저작으로는 『청계류고』(青鷄類稿), 『논어직해』(論語直解) 등이 있다. 호강후(胡康侯)는 곧 호안국(胡安國)을 말한다. 강후(康侯)는 그의 자(字)이며, 건녕(建寧) 숭안(崇安) 사람이다.

---

1. 원문에는 '임신민'(任信民)으로 되어 있으나, '임'(任)은 '왕'(汪)의 오자임이 밝혀졌다.

주희는 왕신민의 말에 다음과 같이 주
해(註解)를 달았다.

성리학의 집대성자 주희

학자가 모름지기 '항상 지조 있는 선비는
자신의 시체가 계곡에 나뒹굴 것을 잊지
않는다'는 구절을 마음에 염두해 둔다면,
도의를 중히 여길 것이요, 삶과 죽음을
따지는 마음은 가벼워질 것이다. 하물며
입고 먹는 것은 지극히 사소하고 말단적인 일이니 얻지 못한다고 해서 반드
시 죽는 것이 아닌데 어째서 의리와 분수를 범하고 심지를 괴롭혀 가며 그렇
게 애써 구하는가? 요즘 사람들을 보건대, 나물 뿌리를 먹으려 하지 않고 자
신의 본심을 어기는 데까지 이른 사람이 많으니, 어찌 경계하지 않을 수 있
겠는가!

말단적인 것 때문에 근본적인 것을 소홀히 하지 않는 이른바 안빈낙도
의 정신 또한『채근담』의 의미와 상통한다 하겠다.
『채근담』이란 서명의 유래와 함의에 대한 해설은 상기한 것 외에도 몇
가지가 더 있다. 그러나 어떤 해설에서도 아직까지 명확한 의미가 드러나
지 않은 것으로 보인다. 삼산통리달천(三山通理達天)이 건륭(乾隆) 33년
에 쓴 「채근담서」(菜根譚序)에서 "저 홍자성[2]이라는 사람이 누구인지도

---

2. 원문은 '홍응명'(洪應明)으로 되어 있다. 그러나 역자는 홍응명을『사고전서
    총목제요』(四庫全書總目提要)에 근거해 홍자성으로 본다.

모르고, 무슨 뜻으로 서명을 그렇게 썼는지도 모르는데, 어떻게 서(序)를 쓸 수 있겠는가?"라고 한 것을 보면 『채근담』이라는 서명에 담긴 함의가 얼마나 난해한가를 알 수 있다. 그렇다고 해서 여러 해설의 의미 차이가 완전히 다르다고 볼 수는 없다. 자기 자신을 수양하고 나물 뿌리를 먹듯 담담하고 평범한 것을 즐거이 여기고 부귀공명 등을 탐하지 않으면 원만하게 세상만사를 잘 처리할 수 있고, 고해(苦海)라고 하는 인간의 삶을 편안하게 영위할 수 있다는 큰 줄기에는 변함이 없기 때문이다.

다만 지금까지의 여러 학자들이 관심을 가지지 않던 '담'(譚)이라는 글자에 대한 설명을 추가해야 할 듯하다. '담'(譚)은 '담'(談)과 같은 글자[3]로 '이야기'라는 뜻이다. '담'(談)에 대해 『설문해자』(說文解字)에서는 '이야기'[語也]라고 하였고 단옥재(段玉裁)는 주(注)에서 '평범한 이야기'[平淡之語]라고 풀고 있다. 왕봉양(王鳳陽)은 『고사변』(古辭辨)(吉林文史出版社, 1993년)에서 '담'(談)의 어감을 다음과 같이 말하고 있다. "상대방을 염두해 두고 하는 이야기이며 아주 온화한 분위기를 띠고 있다. 이야기 내용은 평이하고 일상적인 것이며 비록 주제는 중대한 것이라고 해도 이야기 방식은 가볍다."

'담'(譚)이라는 글자에 담긴 이러한 함의는 『채근담』이 대구(對拘)라는 형식을 통해 평이한 내용을 서술하면서도 그 담긴 의미가 깊은 이유를 어느 정도 설명해 줄 수 있을 것이다.

---

3. 광서(光緒) 5년에 간행된 판본에는 『菜根談』으로 되어 있다.

청대의 총서인 『사고전서』

2. 저자 홍자성

『채근담』의 저자인 홍자성에 관해서는 『명사』(明史)에도 그 자취를 찾을 수 없을 뿐 아니라 여타 전적에서도 행적을 살피기 어렵다. 다만 『사고전서총목제요』(四庫全書總目提要)[4]에 실려 있는 『선불기종』(仙佛奇踪)이라는 책명 아래에 "홍응명(洪應明)이 지었다. 홍응명의 자는 자성(自誠)이고 호(號)는 환초도인(還初道人)인데 사는 곳과 출신은 자세하지 않다"라고 되어 있다. 이로써 홍자성과 홍응명은 동일인물이며 『채근담』 외에

---

4. 『사고전서총목제요』는 『사고전서』(청대 건륭(乾隆) 38년(1773년)에 편수에 착수하여 건륭 47년(1782년)에 완성한 대형종합총서로 3,500종 8만 권에 달하는 방대한 책이 수록되어 있다)에 실린 책들과 기타 빠진 서적까지를 분류하고 제요(提要, 일종의 해제)를 단 책이다. 『사고전서총목』이라고도 부른다. 제요에는 각 책의 저자의 생애, 사적은 물론이고 그 책의 저술배경과 대강의 내용, 판본 등에 대한 간단한 소개가 들어 있으며 고증과 평까지 곁들여져 있다.

『선불기종』이라는 저서가 있음을 알 수 있다.

　현대 학자들은 주로 『채근담』에 제사를 쓴 우공겸[5]과 『선불기종』 각 본의 권 머리에 있는 「소요허인」(逍搖墟引)을 쓴 원황(袁黃, 1534년~1607년)과 「적광경인」(寂光境引)을 쓴 풍몽정(馮夢禎, 1548년~1605년)을 통해 그의 행적을 조사하였는데 그 연구성과를 간단하게 정리해 보면 다음과 같다.

　홍자성은 일찍이 양신(楊愼)을 스승으로 섬겼으며, 우공겸·원황·풍몽정과 더불어 왕래하였다. 홍자성이 만력(萬曆) 임인(壬寅)년(1602년)에 『선불기종』을 편찬하였을 때, 나이는 대략 44세에서 45세 즈음으로 추측된다. 그 뒤 홍자성은 점차적으로 『채근담』의 각 장절을 써나갔다. 그리고 간행을 준비할 즈음, 『선불기종』에 글을 써 준 원황과 풍몽정이 세상을 등진 까닭에 친구인 우공겸에게 『채근담』의 제사를 부탁하였던 것이다. 이는 아마도 만력 35년(1607년)부터 41년(1613년) 사이의 일이었을 가능성이 높다. 그리고 홍자성 또한 만력 만년에 60의 나이를 다 채우지 못한 채 세상을 떠난 것으로 추정된다.

3. 시대 배경

　시대 배경은 외적인 것이어서 『채근담』의 내용을 살피는 데 있어 주요

---

5. 『명사』(明史)에 자세히 나와 있다. 만력 8년(1580년) 진사가 되었으며, 1613년 경에 세상을 떠난 것으로 보인다.

한 것은 아니다. 더욱이 홍자성이라
는 인물의 행적이 상세하지 않은 상
황에서 시대 배경을 거론하는 것 자
체가 무리일 수도 있다. 그러나 유·불
·도의 사상이 복합적으로 녹아 들어
있는『채근담』을 이해하기 위해서 당
시의 정치, 사상사적 배경을 살펴보
는 것은 그 나름대로 의의가 있을 것
으로 생각된다.

유가의 성인 공자

　채근담이 지어진 명대(明代)는 황
제의 권력이 극도로 높아진 반면 지
식인은 자기 목소리를 제대로 내지
못하는 상황이었다. 심지어 정부에서

지식인을 배척하기까지 하였으니 송대(宋代)와는 다르게, 일종의 박해를
받으며 일반 민중과도 멀어진 방외인적인 입장에 놓여 있었던 것이다.
이러한 상황에서 지식인의 행동양태는 다양하게 나타났다. 음풍농월적
삶을 살기도 하고, 권모술수로 세상사람들을 우롱하기도 하였으며, 지조
를 갖고 도를 지키며 지내기도 하였다. 결국 유학을 하는 이들조차 공자,
맹자를 이어 세상을 교화하려고 하기보다는 정신에서 멀어져 현실세계
를 떠나 학문을 논하는 경향이 두드러졌다.『채근담』에서 이와 같은 지식
인의 행태를 비판, 경계 또는 동조하는 구절이 많고, 처세 방법의 여러 면
모를 제시한 것은 이러한 정치시대상황과 무관하지 않을 것으로 보인다.
　명대의 경학(經學)은 송대를 답습한 것에 불과하였으며, 이러한 사실

명대의 유학자 진헌장   양명학파를 이룬 왕수인

은 호광(胡廣) 등이 왕명으로 편찬한『오경대전』(伍經大全),『사서대전』(四書大全),『성리대전』(性理大全)을 보면 쉽게 알 수 있다. 이러한 상황에서 육구연(陸九淵)과 비슷한 학문경향이라고 평가받는 진헌장(陳獻章)은 특히 주목할 만하다.『채근담』에서도 그의 말이 인용되어 있는데, 이것은 잠언서라는『채근담』의 성격에서 기인한 것이겠지만 그의 사상과의 관련성 또한 배제할 수 없을 듯하다. 번거로움을 버리고 간약함을 추구하며 안정하게 앉아 마음을 탐구하고 조용함 속에서 깨달을 수 있다고 하는 진헌장의 주장과 유사한 면을『채근담』곳곳에서 쉽게 찾아 볼 수 있다. 이러한 맥락에서 보면 역시『채근담』에 인용되어 있는 왕수인(王守仁)의 시구도 간과해서는 안될 것으로 보인다.

　　명대의 도교와 불교 존중태도는 이미 잘 알려져 있다. 학자들뿐 아니라 왕들도 그에 심취했는데 세종(世宗)은 직접 재(齋)를 올리고 조정을 돌보지 않았으며 성조(成祖)는 병사를 일으킬 때 선승(禪僧)인 도연(道衍)의 보좌를 받았고, 무종(武宗)은 불경과 범어를 익혀 대경법왕(大慶法王)이라고 자칭하기도 하였다.『채근담』에 유·불·도의 사상이 복합적으로 얽혀 있

는 데에는 당시 이러한 사상사적 배경이
중요한 이유라고 할 수 있겠다.

도교에 심취했던 세종

4. 『채근담』의 판본

『채근담』의 판본은 크게 두 가지로
나누어 볼 수 있다. 만력연간에 간행된,
저자가 홍자성으로 되어 있고 우공겸의
제사가 붙어 있는 판본과 저자가 홍응명으로 되어 있는 건륭연간에 간행
된 판본이다. 홍자성과 홍응명이 동일인이 아닐 것이라는 설도 있지만
앞서 언급한 『사고전서총목제요』를 근거로 하여 동일인으로 보는 것이
타당할 듯하다.

만력연간에 간행된 책은 항목을 표시하지 않고 다만 전집(前集)과 후
집(後集)으로 나뉘었으며 장수(章數)는 360장이 못된다. 이에 반해 건륭
연간에 간행된 책은 수성(修省)·응수(應酬)·평의(評議)·한적(閑適)·개론
(槪論)의 다섯 개 부분으로 나뉘어져 있으며 장수도 많다. 그러므로 두 본
은 내용뿐 아니라 항목의 수 그리고 분류 방식에 있어서도 차이가 있음
을 알 수 있다. 특히 주목할 만한 것은 후자의 '개론'부분의 내용이 대부
분 전자에 들어 있다는 점이다.

많은 학자들은 전자에 있는 우공겸이 쓴 제사(題詞)에 '친구인 저자 홍
자성이 『채근담』을 가지고 와 글을 써달라고 하였다'라는 대목과 후자가
내용이 증보된 것 등을 근거로 전자가 원본이고 후자는 전자에 근거하여

후대 인물이 가필하였을 것으로 파악하고 있다. 그러나 두 판본이 다르게 된 보다 명확한 이유에 대해서는 아직도 의견이 분분하다. 앞으로 제사의 유무, 단순한 장수와 내용의 일치 여부를 통한 비교뿐 아니라 문체와 사상을 통한 분석이 있어야만 여러 의문사항이 풀릴 것으로 보인다.

5. 『채근담』의 몇 가지 특징

앞서 언급했듯이 『채근담』은 유·불·도를 아우른 일종의 정신수양서이자 처세방법을 일러주는 책이다. 여러 구절을 언급할 필요 없이 '우리 유가'[吾儒]라고 한 대목만 보아도 기본적으로 저자는 유자임을 알 수 있다. 그렇다고 해서 유가만을 추종한 것이 아니었으며 저자인 홍자성은 유·불·도 모두에 어느 정도 정통해 있었던 것 또한 사실이다. 만일 『채근담』에서 유·불·도 사상의 합일된 모습과 그 차별점을 찾는다면 그것은 어쩌면 『채근담』의 저작의도와는 좀 거리가 먼 것일지도 모른다. 왜냐하면 저자는 이 책을 정신수양과 처세방법으로 썼지 심오한 학문이나 사상의 탐구를 위해 저술하지는 않았을 것이기 때문이다.

『채근담』에는 중언부언, 이현령비현령식의 구절이 종종 눈에 띈다. 또한 '최고의 것을 구하지 말라', '한발 물러서라' 같은 소극적인 언사가 많은 것도 사실이다. 너무나 추상적인 개념을 내세워 객관현실과 동떨어진 느낌도 준다. 수동적이고, 피지배자의 불만을 억누르는 현실안주의 모습도 간간이 드러나 있다. 그러나 자신을 수양하여 현실 상황에 가장 적합하고 원만하게 행동하라는 『채근담』의 정신에 비추어 볼 때 이 모든 것은 부수적인 것이라 해도 좋을 듯하다. 만일 '구더기 무서워 장 못담근다'면 이것이야말로 『채근담』에서 가장 경계한 대상일 것이다.

　빼놓을 수 없는 『채근담』의 특징적 면모는 바로 문체와 수사표현에 있다. 쉽게 읽힐 수 있는 어록체 형태로 운문의 효과까지 띠고 있으며 동어 반복을 최대한 피하여 읽는 이로 하여금 식상하지 않게 하고 있다. 비록 심오한 경지를 말하거나, 사물의 이치를 밝힘에 있어서도 비유와 대구를 통해 효과적으로 이해할 수 있도록 배려하는 대목에서는 저자가 얼마나 고심했나를 엿볼 수 있기까지 하다. 물론 그러한 와중에 의미가 제대로 파악되지 않거나 어색한 수사표현이 있기도 하다. 그러나 글의 생동감이 읽는 이들로 하여금 깊이 음미할 수 있게 한다는 장점에 비추어 볼 때 이것은 그리 큰 흠이 되지 못할 것이다.

전집 채근담

1

도덕을 지키며 살아가는 사람은 한때 쓸쓸하고 외로우나, 권세에 빌붙어 아부하는 사람은 영원히 불쌍하고 처량하다.

사물의 이치에 통달한 사람은 세속을 초월한 진리를 살피고 죽은 후 자신의 평판을 생각하니, 차라리 한때 쓸쓸하고 외로울지언정 영원히 불쌍하고 처량하게 될 일은 하지 말아야 한다.

2

세상풍파에 시달리는 시간이 짧으면 속세의 찌든 먼지를 덜 묻히게 되고, 산전수전 다 겪으며 세상 일에 찌들다 보면 권모술수만 능숙하게 된다. 그러므로 군자[1]는 세련되고 능숙하기보다는 소박하고 우둔하며, 작

---

1. 군자(君子)는 일반적으로 덕이 있는 사람 또는 지위가 있는 사람을 가리키지

자연을 관망하는 한 선비(명, 장풍의 「관풍도」, 나라 야마토 문화관 소장)

은 일에 얽매어 세세하게 신경 쓰기보다는 세속을 초탈하여 호탕하게 살아간다.

3

군자의 마음은 푸른 하늘과 밝은 해처럼 공명정대하게 하여 한 가지 일이라도 남들이 모르게 해서는 안 되며, 군자의 재주는 깊이 넣어 둔 옥과 은밀히 감추어 둔 구슬 같게 하여 남들이 쉽게 알지 못하게 해야 한다.

4

권세와 명예·부귀영화를 가까이하지 않는 이도 청렴결백하지만, 가까이하면서도 물들지 않는 사람이 더욱 고결한 사람이다.

권모술수를 모르는 이도 뛰어나지만, 쓸 줄 알면서도 쓰지 않는 사람이 더욱 뛰어난 사람이다.

_____

만, 『채근담』에서의 군자는 수양하는 사람, 학문하는 사람 등 다양한 의미를 내포하고 있다.

5

귀에 거슬리는 충고[2]더라도 항상 들을 줄 알고, 마음에 맞지 않는 일이더라도 항상 간직한다면, 이것으로 덕을 증진시키고 행동을 닦는 숫돌은 될 것이다. 그러나 만약 들리는 말마다 귀를 즐겁게 하고 하는 일마다 자신의 마음에만 맞게 잘 된다면, 이것은 자신의 일생을 짐새의 독[3] 속에 파묻는 것이다.

6

폭풍우가 휘몰아치는 날씨에는 야생에 익숙한 짐승들도 두려워 떨고, 상쾌한 바람이 부는 화창한 날씨에는 무심한 초목도 즐거워한다. 그러니 천지에는 하루라도 온화한 기운[4]이 없어서는 안 되고 사람의 마음에는 하루라도 즐겁고 활기찬 마음이 없어서는 안 된다는 것을 알 수 있다.

---

2. 원문은 '역이지언'(逆耳之言)으로, 귀에 거슬리는 말, 듣기 싫은 충고나 의견을 말한다. 『사기』(史記)·『설원』(說苑) 등에 "충실하고 강직한 말은 귀에 거슬리나 행동하는데 도움이 되고, 좋은 약은 입에 쓰나 병에는 도움이 된다"〔忠言逆於耳利於行, 良藥苦於口利於病〕고 하였다.

3. 원문은 '짐독'(鴆毒)이다. 짐새의 깃을 술에 담가 만든 맹독(猛毒)으로 짐새는 중국 광동성(廣東省)의 깊은 산에 산다는 전설상의 독조(毒鳥)이다. 이 짐새의 깃털을 술에 담그면 맹독이 나와 그 술을 마시면 즉사한다고 한다.

4. 원문은 '화기'(和氣)이다. 옛 사람들은 천지(天地) 사이에 음기(陰氣)와 양기(陽氣)가 서로 합하여 화기(和氣)를 이루고, 만물(萬物)은 바로 이러한 화기로부터 생겨난다고 생각했다. 여기에서 좋은 일을 가져오는 상서로운 기운이란 의미가 나오게 되었다.

7

진한 술과 살진 고기, 맵고 단 맛이 참 맛은 아니니 참 맛은 다만 담백[5]할 뿐이다. 신묘하고 기괴하며 특별한 재능을 보이는 사람이 도덕과 학문이 높은 사람은 아니니, 도덕과 학문이 높은 사람의 말과 행동은 다만 평범할 뿐이다.

8

천지는 고요히 움직이지 않으나 만물생성의 작용[6]은 조금도 멈춤이 없으며, 해와 달은 밤낮으로 분주하게 움직이나 그 밝은 빛은 영원히 변하지 않는다. 그러므로 군자는 한가할 때 마음의 긴장을 놓지 말아야 하고, 분주할 때 여유 있는 정취를 지녀야 한다.

9

밤 깊어 인적이 고요한 때 홀로 앉아 자신의 마음을 관찰해 보면,[7] 비

---

5. 원문은 '담'(淡)이다. 담은 텁텁하지 않은 깔끔한 맛, 담백한 맛을 의미한다. 중국에서는 오행설(伍行說)에 의해 음식의 맛을 산(酸, 신 맛)·고(苦, 쓴 맛)·감(甘, 단 맛)·신(辛, 매운 맛)·함(鹹, 짠 맛)의 오미(伍味)로 부르는데, 선종(禪宗)에서는 담을 첨가하여 육미(六味)로 설명한다.

6. 원문은 '기기'(氣機)이다. 기(氣)는 음양(陰陽)의 두 기를 가리킨다. 음양설(陰陽說)은 우주의 온갖 현상과 사물을 음양이라는 두 가지 대립 관념에 기초하여 설명한다. 기(機)는 음·양의 두 기가 결합하고 흩어짐으로써 일어나는 활동, 만물 생성의 작용을 말한다.

7. 원문은 '관심'(觀心)이다. 관(觀)은 범어(梵語) vipaśyana의 역어로, 조용하게 좌선하며 진리를 관찰하는 것을 말한다. 불교에서는 마음(心)을 만법(萬法)의 주체로 여겼으므로, 한 가지 일도 마음 밖의 것이 없는 까닭에, 관심은 곧 일

로소 망령된 생각이 모두 사라지고 인간의 깨끗한 본성이 드러남을 깨닫게 되니, 항상 이 속에서 자유로운 마음의 움직임[8]을 얻게 된다. 이미 본성이 드러났는데도 망령된 생각에서 쉽게 벗어나기 어려움을 깨닫는다면 또한 이 가운데에서 깊이 부끄러움을 느끼게 될 것이다.

10

총애 속에서 재앙이 생기니, 한창 의기양양할 때 일찌감치 돌이켜 반성해야 한다.

실패한 뒤에 오히려 성공할 수 있으니, 마음대로 되지 않는다고 해서 곧바로 포기해서는 안 된다.

11

거친 음식[9]을 즐기는 사람 중에는 청렴결백한 이가 많고, 호의호식[10]

체 사물·현상의 이치·본체를 구명할 수 있는 것이다.

8. 원문은 '기취'(機趣)이다. 원래는 천연의 풍취, 자연의 정취라는 의미이나 여기서는 자유로운 마음의 움직임으로 보는 것이 타당할 듯하다.

9. 원문은 '여구현장'(藜口莧腸)이다. 명아주의 새로 돋아난 잎을 쪄 먹고 비름나물로 창자를 채운다는 뜻으로 거친 음식을 먹는 가난한 생활을 비유한다. 여(藜)는 명아주과에 속한 1년생 식물로, 크기는 5~6척 정도이며 어린 잎은 찌거나 삶아서 먹을 수 있다. 현(莧)도 그 줄기와 잎을 먹을 수 있으며 1년생으로 크기는 2~3척 정도다.

10. 원문은 '곤의옥식'(袞衣玉食)으로, 용이 수놓아져 있는 제왕 및 상공(上公)이 입는 옷과 옥같은 밥을 말한다. 여기서는 좋은 옷과 좋은 음식의 비유로 부귀함을 가리킨다.

을 구하는 사람들은 온갖 아첨과 아양을 불사한다. 왜냐하면 지조는 담박하고 청렴한 데에서 뚜렷해지고, 절개는 호의호식하며 물욕을 탐하는 데에서 잃기 때문이다.

12

살아생전에는 마음가짐[11]을 관대하게 하여 남들이 불평하지 않도록 해야 하고, 죽은 뒤에는 은택을 후세에 오래도록 남겨 사람들이 잊지 않도록 해야 한다.

13

좁은 길에서는 한 걸음 양보하여 다른 사람을 먼저 가게 하고, 맛있는 음식은 조금 덜어 다른 사람들에게 맛보게 하라. 바로 이것이 세상을 살아가는 가장 편안하고 즐거운 방법 중의 하나이다.

14

사람으로서 처신함에 있어 특별히 무슨 고상하고 원대한 일이 있는 것은 아니니, 세속적인 마음을 털어 버리면 곧 명망이 높은 선비의 반열에 들게 된다.

학문을 하는 데 특별히 무슨 학식을 쌓는 공부가 있는 것은 아니니, 물

---

11. 원문은 '전지'(田地)로, 심전(心田)·심지(心地)로, 마음을 말한다. 불교에서는 심(心)이, 대지(大地)가 초목백곡(草木百穀)을 키우는 것처럼 일체의 법(法), 일체의 공덕(功德)을 생겨나게 하고 그것을 키워내기 때문에 심전·심지라고 말한다.

욕의 속박을 덜어 없애면 곧 성인의 경지에 이르게 된다.

15

벗을 사귈 때에는 모름지기 어느 정도 의협심을 지녀야 하고,
사람으로 처신함에 있어서는 어느 정도 순수한 마음을 간직해야 한다.

16

영예와 명리는 다른 사람보다 앞서 차지하지 말고, 도덕적 행위와 사
회 사업은 남에게 뒤쳐지지 말라. 분수에 넘게 받지 말고, 수양과 실천은
있는 힘껏 하라.

17

세상을 살아가는 데에는 한 걸음 양보하는 것이 뛰어난 행동이니, 물
러나는 것이 곧 나아가는 바탕이기 때문이다. 사람을 대할 때에는 너그
럽게 하는 것이 복이 되니, 남을 이롭게 하는 것이 실로 자신을 이롭게 하
는 바탕이기 때문이다.

18

세상을 뒤덮을 만한 공로도 자만이란 '긍'(矜) 한 글자를 당해낼 수
없고,
하늘에 닿을 듯한 죄악도 뉘우침이란 '회'(悔) 한 글자를 이겨내지 못
한다.

19

완전무결한 명성과 훌륭한 절의는 혼자 차지해서는 안 되니, 어느 정도는 다른 사람에게 나누어 주어야 화근을 멀리하고 몸을 보전할 수 있다.

치욕스러운 행위와 더러워진 이름은 다른 사람에게 전부 떠밀어서는 안 되니, 어느 정도는 내 탓으로 돌려야 재능을 간직하고 덕을 닦을 수 있다.

20

어떤 일이든지 여유로운 마음을 남겨 둔다면, 조물주도 나를 시기하지 못할 것이고, 귀신도 나를 해칠 수 없을 것이다.

만일 사업에서 꼭 완벽함을 구하고 공적에서 반드시 최고의 것을 구하고자 한다면, 반드시 내우외환이 있을 것이다.[12]

21

가정 안에 진정한 부처[13]가 있고 일상생활 속에 진정한 도리[14]가 있다. 사람이 성실한 마음과 온화한 기색, 즐거운 얼굴빛과 부드러운 말씨로 부모형제를 한 몸처럼 융화시키고, 뜻과 기개를 통하게 한다면, 호흡을

---

12. 원문은 '불생내변, 필소외우'(不生內變, 必召外憂)로 '안에서 변고가 생기지 않으면 반드시 밖에서 우환을 불러들일 것이다'라는 의미인데 의역을 하였다.
13. 원문은 '진불'(眞佛)이다. 불상이나 경전 속의 부처가 아닌 일상생활 속에 생생하게 살아 있는 진실한 인간의 모습을 말한다.
14. 원문은 '진도'(眞道)이다. 위의 진불(眞佛)과 마찬가지로 관념적·철학적 도가 아닌 실제 일상생활에서의 인간의 도리를 말한다.

고르거나 마음을 관조하는 것[15]보다 훨씬 나을 것이다.

22

움직임을 좋아하는 사람은 구름사이의 번개요 바람 앞의 등불이며, 고요함을 즐기는 사람은 식어버린 재요 말라죽은 나무라.

모름지기 머물러 있는 구름과 고여 있는 물 가운데에서도, 솔개가 날고 물고기가 뛰노는 기상[16]이 있어야 비로소 도의 본체를 갖추게 되리라.

23

다른 사람의 잘못을 비판할 때는 지나치게 엄격하게 하지 말고, 그가 그 책망을 감수할 수 있는가를 생각해야 한다. 다른 사람에게 선행을 가르칠 때는 너무 어려운 것을 기대하지 말고 그가 따라할 수 있게 해야 한다.

24

굼벵이는 몹시 더러우나 매미[17]로 변하여 가을 바람결에 맑은 이슬을 마시고 썩은 풀은 빛이 없으나 반딧불로 변화하여[18] 여름밤 밝은 빛을 발

---

15. 원문은 '조식관심'(調息觀心)이다. 조식은 도교(道敎)의 호흡법으로, 고요히 앉아 호흡을 고르고 기(氣)를 기르는 것을 말한다. 관심은 불교의 좌선관법 (坐禪觀法)으로 심성(心性)을 관찰하다, 자기의 본심을 살펴 보다는 뜻이다.
16. 원문은 '연비어약'(鳶飛魚躍)으로 생동감 있는 움직임을 비유한 것이다.
17. 원문은 '선'(蟬)으로, 매미를 말한다. 굼벵이에서 매미가 되기까지의 기간은 대략 2년 정도이나, 매미가 된 뒤의 생명은 불과 2~3주에 지나지 않아 수컷은 교미 후 곧 죽고, 암컷은 알을 낳은 후 죽게 된다.
18. 원문은 '형'(螢)이다. 옛날 사람들은 썩은 풀이 변해서 반딧불이 된다고 생각

한다.

그러므로 깨끗함은 항상 더러움에서 나오고, 밝음은 늘 어두움에서 나온다는 것을 알아야 할 것이다.

25

뽐내고 거만한 것은 객기일 뿐이니 객기를 누른 뒤에야 지극히 크고 굳센 기가 펴진다.

욕망과 의식[19]은 모두 망령된 마음이니 망령된 마음을 없앤 뒤에야 참된 마음이 나타난다.

26

배불리 먹고 난 뒤에 음식의 맛을 생각하면 맛있고 없다는 분별[20]이 모두 사라지게 되고, 성욕이 충족된 뒤에 음욕을 생각하면 이성에 대한 생각이 싹 가셔 버리게 된다.

그러므로 사람이 항상 일이 끝난 후에 뉘우칠 것을 생각하여 일에 착수할 때의 어리석음과 혼미함을 물리친다면, 본성이 안정되어 행동이 바르지 않음이 없을 것이다.

했다.

19. 의식(意識)은 시비, 이해, 득실 등을 판단하는 것을 말한다.
20. 원문은 '농담지경'(濃淡之境)으로, 맛이 진하고 엷음의 구별을 말한다. 즉 맛있는 음식과 맛없는 음식 및 여러 가지 음식의 맛에 대한 구별로, 경은 원래는 '경계'를 가리키나 여기에서는 '분별'·'구별'의 뜻으로 쓰였다.

27

높은 관직에 있어도 산림에 은거하여 명예와 이익을 구하지 않는 은자(隱者)의 고결한 풍취를 가져야 하고, 산림에 은거하면서도 모름지기 국가를 다스리는 포부를 지녀야 한다.

28

사회생활을 함에 있어서 무리하게 공로를 구하지 말라. 실수 없는 것이 바로 공이니까.

남을 도울 때 상대방이 은덕에 감격하기를 바라지 말라. 원망 듣지 않는 것이 은덕인 셈이니까.

29

근심하고 부지런히 힘씀[21]은 훌륭한 덕행이나, 과도하게 있는 힘을 다하면 마음을 즐겁고 상쾌하게 할 수 없다. 담박한 삶[22]은 고매한 풍격이나, 지나치게 인정이 메마르면 남을 돕고 세상을 이롭게 할 수 없다.

30

일이 막히고 형편이 좋지 않은 사람은 마땅히 본래 지녔던 마음을 돌

---

21. 원문은 '우근'(憂勤)으로, 대체적으로 제왕이나 혹은 조정에서 국사를 처리할 때 근심·걱정하며 부지런히 일하는 것을 가리킨다. 여기에서는 일을 함에 있어 근심하고 부지런히 함을 말한다.
22. 원문은 '담박'(澹泊)이다. 유유자적하며 명예나 이익을 탐내는 마음이 없음을 이른다.

이켜 보아야 하고, 공을 이루고 사업을 성취한 사람은 종국에 닥칠 어려움을 살펴야 한다.

31

부귀한 집안은 당연히 관대하고 어질어야 하는데 도리어 샘이 많고 모질면 부귀하면서도 그 행실을 가난하고 천하게 하는 것이니 어떻게 부귀를 누릴 수 있겠는가?

총명한 사람은 마땅히 그 재능을 깊이 간직해 두어야 하는데 도리어 잘난 듯 과시하면 총명하면서도 우매하게 그 병폐를 벗어나지 못하는 것이니 어찌 실패하지 않겠는가?

32

낮은 곳에 거처한 뒤에야 높은 곳에 오르는 것의 위태로움을 알 것이요, 어두운 곳에 있은 뒤에야 밝은 곳을 향함이 지나치게 드러난다는 것을 알 것이다.

평온함을 간직한 뒤에야 활동하기 좋아하는 것이 지나치게 고됨을 알 것이요, 침묵을 수양한 뒤에야 말 많은 것이 소란스럽다는 것을 알 것이다.

33

부귀공명을 추구하는 마음을 떨칠 수 있어야 평범한 단계를 벗어날 수 있고, 인의도덕에 얽매이는 마음을 떨칠 수 있어야 성인의 경지에 들어갈 수 있다.

34

이익과 욕심이 다 마음을 해치는 것이 아니다. 자신만이 옳다고 생각하는 독선이야말로 마음을 해치는 도적[23]이다. 음악과 성욕이 꼭 도덕수양을 방해하는 것이 아니다. 스스로 총명하다고 잘난 체하는 것이야말로 도덕수양의 장애물이다.

35

인정은 변하기 쉽고, 세상살이 험난하고 고생스럽기만 하다. 일이 순탄치 못할 때에는 반드시 한 걸음 물러나는 이치를 알아야 하고, 일이 거침없이 잘될 때에는 반드시 조금씩 양보하는 공덕을 더해야 한다.

36

소인[24]을 대할 때 엄격하게 하는 것은 어렵지 않으나 미워하지 않기가 어렵고, 군자를 대할 때 공손하게 받드는 것은 어렵지 않으나 예의 갖추기가 어렵다.

---

23. 원문은 '모적'(蟊賊)이다. 본래는 식물을 갉아먹는 두 종류의 해충, 즉 뿌리를 잘라먹는 해충 蟊와 식물의 마디를 갉아먹는 해충 賊을 뜻하는데 종종 백성이나 나라에 해를 끼치는 사람의 비유로 쓰이기도 한다. 여기에서는 양심(良心)을 갉아먹는 것을 가리킨다.

24. 소인(小人)은 덕(德)을 닦지 않아 품행이 방정하지 못하고 언행이 일치하지 않는 사람을 가리킨다. 흔히 군자와 대응되어 쓰인다.

부처님의 깨달음을 방해하는 악귀 마라의 무리들

37

차라리 순박함을 지키고 총명함을 물리쳐, 크고 굳센 기운을 남겨 천
지에 되돌리는 것이 나으며, 차라리 부귀영화를 버리고 담박한 삶을 즐
겁게 여겨, 깨끗한 이름을 남겨 천하에 두는 것이 낫다.

38

악귀를 항복시키기[25] 위해서는 먼저 자신의 마음을 항복시켜라. 마음

---

25. 원문은 '항마'(降魔)로, 악귀를 항복시킨다는 의미이다. 降은 '항복하다'라는
뜻으로, '내리다'의 뜻일 때에는 '강'으로 발음한다. 마(魔)는 범어(梵語) mara
의 음역(音譯)으로 '마라'(魔羅)의 약칭(略稱)이며, '파괴하다'의 뜻을 지니고
있다. 불교에서는 심신(心身)을 어지럽히는 것들과 수행을 방해하는 심리활
동을 모두 마라고 한다. 인도의 고대신화전설에서는 욕계(欲界)의 여섯 번째
하늘[第六天]의 주인인 파순(波旬)이 마왕(魔王)으로, 항상 악귀무리들을 이
끌고 다니면서 사람들이 선행하는 것을 방해하였다고 한다.

이 가라앉으면, 뭇 악귀들이 잠잠히 물러나 순종하게 된다.

횡포함을 제압하기 위해서는 먼저 자신의 횡포한 기질을 제어하라. 횡포한 기질이 평온해지면, 외부의 어떤 횡포함도 침범하지 못하게 된다.

39

제자를 가르치는 것은 마치 규중처녀를 기르는 것과 같아서, 출입함을 엄하게 단속하고 교제를 신중히 하는 것이 가장 중요하다. 만약 한번이라도 못된 사람을 가까이하면, 이는 청정한 밭에 한번 질 나쁜 씨앗을 뿌려 평생토록 좋은 곡식[26]을 길러내기 어렵게 되는 것과 같다.

40

욕망에 관한 일은 그 이로움을 즐겨 잠시라도 손을 대서는 안 되니. 한번 손을 대고 나면 곧장 만 길[27] 구렁텅이로 빠져들게 된다.

의리에 관한 일은 그 어려움을 꺼려 조금도 물러나서는 안 되니. 한번 물러나면 의리와 완전히 동떨어지게 된다.

---

26. 원문은 '가화'(嘉禾)이다. 자라는 모양이 특이한 벼를 말하며, 옛날 사람들이 상서로운 징조라고 생각하였다. 여기서는 튼튼하고 왕성하게 자라는 벼, 즉 좋은 곡식을 가리킨다.

27. 원문은 '만인'(萬仞)으로, 만 길을 말한다. 여기서는 아주 깊은 곳을 형용한다. 인(仞)은 주대(周代)의 길이의 명칭이다. 대개의 도량형의 기준이 그러하듯 시대에 따라 달라지므로 인(仞)도 그 크기를 정확히 가늠할 수 없다. 대체적으로 일인(一仞)이 7척(尺) 혹은 8척 정도일 것이라고 추측한다.

41

마음이 후한 사람은 스스로에게 후하고 남에게도 후하며 어디서나 후하고, 마음이 야박한 사람은 스스로에게 야박하고 남에게도 야박하며 모든 일에 야박하다. 그러므로 군자는 평상시의 기호가 너무 후하고 사치스러워도 안 되고 또한 지나치게 메마르고 각박해서도 안 된다.

42

상대방이 부를 가지고 나오면 나는 나의 인(仁)으로 대응할 것이요,[28] 상대방이 벼슬을 가지고 나오면 나는 나의 의(義)로 대응할 것이다.[29] 그러므로 군자는 진실로 군주와 재상에게 농락 당하지 않는다. 사람이 굳게 마음먹으면 운명도 이겨내고, 심지가 한결같으면 기질을 움직인다. 그러므로 군자는 또한 조물주가 부여한 운명도 받아들이지 않는다.

43

사회생활을 함에 한 걸음 높게 서지 않으면 먼지 속에서 옷을 털고 흙탕물 속에서 발을 씻는 것과 같으니 어떻게 남보다 뛰어나 목표를 이룰 수 있겠는가! 세상을 살아감에 한 걸음 물러서지 않으면 불나방이 등불로 날아들고 숫양이 울타리를 들이받는 것과 같으니 어떻게 몸과 마음이 편안하고 즐거울 수 있겠는가!

---

28. 원문은 '피부아인'(彼富我仁)이다. 이 구절은 동사가 모두 생략되어 있는 까닭에 문맥에 의거하여 이와 같이 의역(意譯)하였다.
29. 원문은 '피작아의'(彼爵我義)이다. 앞의 '彼富我仁'과 구조가 같다.

44

배우는 사람은 정신을 가다듬어 한 곳에 집중해야 한다. 덕을 닦으면서 공적이나 명예에 마음을 두면 반드시 깊은 조예가 없게 되고, 책을 읽으면서 시문을 읊조리는 데 흥취를 두면 결국 마음속 깊이 느끼지 못하게 된다.

45

누구든지 자비로운 마음을 지니고 있으니, 유마힐[30]과 백정, 망나니의 마음이 다른 마음이 아니며, 어디든지 참된 정취가 깃들여 있으니, 화려한 집과 오막살이가 다른 곳이 아니다. 다만 욕망과 욕정에 가리우고 막히면 지금의 작은 실수가 후에는 상상할 수 없는 큰 차이를 낳게 된다.

46

덕을 증진시키고 도를 닦는 데는 나무와 돌 같은 확고부동한 마음이 있어야 하니, 만일 조금이라도 외물의 유혹에 이끌려 물욕이 생긴다면, 바로 탐욕의 세계로 빠져들게 된다.

세상을 구제하고 나라를 다스리는 데는 구름과 물 같은 집착하지 않는

---

30. 원문은 '유마'(維摩)로, 유마힐(維摩詰)을 가리킨다. 유마힐은 석가와 동시대를 살면서 보살의 행업(行業)을 닦은 대거사(大居士)로 『유마경』(維摩經)의 주인공이기도 하다. 유마힐은 범어(梵語)로 그 의미를 풀면 '정명'(淨名)이다. 정(淨)은 깨끗하여 아무런 티끌도 없음을 뜻하고, 명(名)은 그의 명성이 널리 퍼짐을 의미한다.

정취[31]가 있어야 하니, 만약 조금이라도 부귀영화에 연연한다면, 바로 위태로운 지경에 떨어지게 된다.

47

착한 사람은 평소 언행이 침착하고 중후할 뿐만 아니라 잠자는 동안의 정신까지도 온화한 기운이 깃들여 있다. 흉악한 사람은 하는 일마다 포악하고 잔인할 뿐만 아니라 목소리와 웃음소리까지도 살기가 서려 있다.

48

간이 병들면 눈이 보이지 않게 되고, 신장이 병들면 귀가 들리지 않게 되니,[32] 병은 사람이 보지 못하는 곳에서 생기나 한 번 발병하면 모두가 볼 수 있게 된다. 그러므로 군자가 남들이 보는 곳에서 죄를 짓지 않으려면, 먼저 아무도 모르는 곳에서부터 죄를 짓지 말아야 한다.

---

31. 원문은 '운수적취미'(雲水的趣味)로 구름과 물 같은 정취를 말한다. 여기서는 떠가는 구름과 흐르는 물처럼 구애됨이 없어 외물에 집착하지 않는 무심한 정취를 말한다. 선가(禪家)에서는 행각승(行脚僧)을 운수(雲水)라 칭하니 그들이 어디를 가든 그곳을 집으로 삼고, 아무런 구애됨이 없이 마치 떠가는 구름, 흐르는 물과 같기 때문이다.

32. 고대 중국에서는 오행(伍行)사상에 기초하여 오장(伍臟)과 오관(伍官)의 관계를 설명하였다. 그리하여 간장(肝臟)은 눈, 신장(腎臟)은 귀, 폐장(肺臟)은 코, 비장(脾臟)은 입, 심장(心臟)은 혀와 관계가 있다고 생각했다. 본문 구절도 바로 여기에 기초한다.

49

일 적은 것보다 큰 복이 없고 마음 고생 많은 것보다 큰 화가 없으니, 일에 시달려 본 사람만이 일 적은 것이 복이라는 것을 알고, 마음이 평온한 사람만이 마음 고생 많은 것이 화라는 것을 안다.

50

태평성세에는 품행을 바르게 해야 하고, 난세에는 몸가짐을 원만하게 해야 하며, 말세[33]에는 방정함과 원만함을 아울러 겸해야 한다.

선량한 사람을 대할 때는 너그러워야 하고, 못된 사람을 대할 때는 엄격해야 하며, 평범한 사람을 대할 때는 너그러움과 엄격함을 아울러 지녀야 한다.

51

내가 남에게 베푼 공은 마음에 새겨서는 안 되지만, 내가 남에게 한 잘못은 마음에 새겨 두어야 한다. 남이 내게 베풀어 준 은혜는 잊어서는 안 되지만, 남이 내게 원한을 맺게 한 일은 잊어야 한다.

52

은혜를 베푼 사람이 속으로 자신이 한 일을 의식하지 않고 밖으로 보

---

33. 원문은 '숙계지세'(叔季之世)이다. 숙계(叔季)는 원래 형제의 순서를 나타내는 백중숙계(伯仲叔季)의 숙계를 말한다. 숙(叔)은 셋째, 계(季)는 막내를 뜻하며 여기서는 '끝', '말'(末)이라는 의미로 나왔다.

답을 바라지 않는다면 한 말의 곡식도 만 섬의 값어치가 있으나,[34] 재물로 남을 돕는 사람이 자신이 한 일을 염두에 두고 상대방이 보답해 주기를 바란다면, 비록 수많은 재물로도 하찮은 공로[35] 하나 이루기 어렵다.

53

사람이 처하는 환경이란 만족스럽게 갖춰진 경우와 그렇지 않은 경우가 있게 마련인데 자기만 유독 다 갖출 수 있겠는가? 자기의 감정도 이치에 순응하는 경우와 그렇지 않은 경우가 있게 마련인데 남들이 모두 이치에 순응하기만을 바랄 수 있겠는가? 이러한 도리로써 서로를 살피고 대조하여 문제를 해결하는 것 또한 하나의 융통성 있는 방법[36]이라 하겠다.

---

34. 원문은 '가당만종지혜'(可當萬鍾之惠)이다. 직역을 하면 만종의 은혜에 해당할 수 있다, 즉 만종의 곡식을 베푸는 은혜에 해당할 수 있다는 뜻이다. 만(萬)은 숫자상의 '만'이 아닌 아주 많다는 의미를 가진다. 종(鍾)은 옛날 도량형의 명칭이다. 대개의 도량형 기준이 그러하듯 종(鍾)의 용량 또한 시대에 따라 일정치 않았다. 대체적으로 일종(一鍾)이 ①여섯 섬 넉 말〔六斛四斗〕, ② 여덟 섬〔八斛〕, ③열 섬〔十斛〕이라는 세 가지 설이 있다.

35. 원문은 '일문'(一文)으로 아주 적은 돈을 가리킨다. 문(文)은 화폐의 단위로 중국에선 남북조(南北朝)시대 이래로 동전 한 닢을 일문(一文)이라고 하였다.

36. 원문은 '방편법문'(方便法門)이다. 방편은 범어 'upāya'의 역어로, 융통성 있고 편리한 방식으로 사람들에게 가르침을 베풀어 불법(佛法)의 진정한 의미〔眞義〕를 깨닫게 하는 것을 말한다. 여기에서는 융통성, 임시방편(臨時方便)을 의미한다. 법문은 원래 수행자(修行者)가 도(道)에 들어가는 방법 또는 불문(佛門)을 두루 가리키는 말로 쓰였다. 여기에서의 방편과 법문은 처세의 방법이나 수단을 말한다.

54

마음이 맑고 깨끗해야 비로소 글을 읽어 옛 성현의 훌륭한 언행을 배울 수 있다. 마음이 깨끗하지 않으면 훌륭한 행동을 보아도 훔쳐다가 자신의 사욕을 채울 줄만 알고, 좋은 말씀을 들어도 그것을 빌어다가 자신의 결점을 감싸는 데 쓸 줄만 아니, 이는 또한 침략자에게 무기를 빌려 주고 도둑에게 양식을 갖다 주는 일이 아니겠는가!

55

사치스러운 사람은 부유해도 만족을 느끼지 못하니, 어찌 검소한 이가 가난하면서 여유가 있는 것만 같겠는가?

재능 있는 사람은 수고롭되 남의 원망을 사니, 어찌 서투른 이가 한가로이 살면서 천성을 온전히 지키는 것만 같겠는가?

56

책을 읽으면서도 성현의 참모습을 보지 못하면 그저 글자나 베껴 쓰는 하인밖에 되지 못하고 관직에 있으면서도 백성을 사랑하지 않으면 관리의 허울을 쓴 도적일 뿐이다.

학문을 연마하면서도 실천을 중시하지 않으면 공허한 빈말이 될 뿐이고 업적을 세우고도 은덕 베풀 것을 생각지 않으면 눈앞에서 잠깐 피었다 시들어 버리는 꽃이 될 뿐이다.

57

사람 마음에 한 편의 참다운 문장이 있으나 온전치 못한 서적들에 가

리어 볼 수 없게 되었고, 한 곡의 진실한 음악이 있으나 요염한 가무에 파
묻혀 들을 수 없게 되었구나. 배우는 사람은 모름지기 외물의 유혹을 말
끔히 씻어 버리고 곧장 자신의 본성을 찾아야 비로소 학문의 진정한 가
치를 누리게 될 것이다.

58

고심하는 가운데 늘 마음을 기쁘게 하는 정취를 갖게 되고,
득의양양했을 때 곧 실의의 슬픔이 생겨난다.

59

부귀와 명예가 도덕으로부터 온 것은, 숲속의 꽃과 같아서 자연스레
무성히 커 나아가지만, 공적으로부터 온 것은 화분 속의 꽃과 같아서 변
화에 따라 영향을 받고, 권력으로부터 온 것은 꽃병 속의 꽃과 같아 뿌리
내리지 못하여 금세 시들어 버린다.

봄의 정취를 완상하는 한 선비의 산보
(남송, 마원의 「산경춘행도」, 대북 고궁 박물관 소장)

60

봄이 와 시절이 화창하면 꽃도 한 차례 예쁜 빛을 자아내고 새도 몇 가락 맑은 소리를 지저귄다.

선비가 다행히 반열에서 두각을 나타내고 게다가 호의호식하게 되었을 때 좋은 의견을 내고 좋은 일을 실행할 것을 생각하지 않으면 비록 백년을 살더라도 채 하루를 살지 않은 것과 같다.

61

배우는 사람은 조심하는 마음을 지녀야 하되 또한 소탈한 멋도 지녀야 한다. 만일 한결같이 단속하고 지나치게 청렴결백하기만 하면, 이는 쇠락해 가는 가을의 기운만 있고 소생하는 봄기운은 없는 것이니, 어떻게 만물을 자라게 할 수 있겠는가?

62

진정한 청렴함은 청렴하다는 이름조차 없으니, 청렴함을 내세우는 사람은 탐욕스럽기 때문이다. 가장 뛰어난 재주는 특별한 기교가 없으니, 기교를 부리는 사람은 졸렬하기 때문이다.

63

기울어진 그릇[37]은 가득 차면 엎질러지고 저금통[38]은 비어 있어야 온전할 수 있다. 그러므로 군자는 차라리 빈 상태에 있을지언정 욕망이 가득 찬 세계에 몸을 두지 않으며, 차라리 부족할지언정 완전무결함을 구하지 않는다.

64

명예에 대한 욕심을 뿌리뽑지 못한 이는 고관대작[39]을 대수롭지 않게 여기고 청빈한 생활을 달갑게 여길지라도, 결국에는 명예를 추구하는 욕망에 빠져들고 만다.

객기를 완전히 없애지 못한 이는 비록 많은 사람에게 은혜를 베풀고 오래도록 세상을 이롭게 하더라도, 끝내 군더더기 재주일 수밖에 없다.

65

마음의 본체가 광명정대하면 어두컴컴한 방안에서도 맑고 푸른 하늘이 있는 것 같고, 생각이 어둡고 어리석으면 밝은 태양 아래에서도 악마

---

37. 원문은 '기기'(敧器)이다. 기기는 물을 가득 담으면 엎어지고, 반쯤 담으면 바로 서 있고 물이 없으면 기울어진다고 전해지는 그릇이다. 이러한 성질 때문에 옛날 현명한 군주들이 매사에 모자라거나 넘침이 없이 중용(中庸)을 지키기 위해 항상 옆에 두고 경계로 삼았다고 한다.

38. 원문은 '박만'(撲滿)이다. 박만은 일종의 잔돈을 담아 두는 질그릇으로, 벙어리 그릇이라고도 하며 그 모양은 여러 가지다. 오늘날의 저금통과 같이 동전이 한 번 들어가면 다시 꺼낼 수 없게 되어 있어, 동전이 가득 찬 후에는 깨뜨려서 그 동전들을 꺼내야 한다. 그러한 까닭에 이 용기는 비어 있을 때는 깨뜨려지지 않지만 동전이 가득 차게 되면 곧 깨뜨려지게 되니, 비어 있을 때만 온전하게 보존될 수 있다.

39. 원문은 '천승'(千乘)이다. 승은 네 개라는 의미인데 고대에는 4마리 말이 수레 한 대를 끌었기 때문에 병거(兵車) 한 량을 승이라고 하였다. 또 병거의 많고 적음으로 국가의 대소강약을 나타내었는데 천승은 제후, 만승은 천자를 가리키기도 하였다.

의 마음이 생겨나게 된다.

66

사람들은 명예와 지위만이 즐거운 줄 알고 명예와 지위가 없는 가운데 참 즐거움이 있다는 것을 알지 못한다.

사람들은 굶주리고 추운 것만이 근심인 줄 알고 굶주림도 추위도 없는 가운데 더 큰 근심이 서려 있다는 것을 알지 못한다.

67

나쁜 일을 하고서 남이 알까 두려워하면, 악함 가운데에도 오히려 선을 향한 길이 있는 것이요, 착한 일을 하고서 남이 알아주기를 급급해하면 그 선행 속에 이미 악의 뿌리가 있는 것이다.

68

천지 기운의 변화는 헤아릴 수 없다. 억눌러 곤궁하게 했다가도 펼쳐서 영달하게 하기도 하고, 영달하게 했다가도 억눌러 곤궁하게 하니, 이는 모두 영웅호걸을 손에 넣고 마음대로 주무르는 것이다.

그러나 군자는 역경에 처해 있어도 그것을 순리로 받아들이고 편안한 곳에 있어도 위태로움을 생각하니, 이러한 까닭에 하늘도 군자를 어찌하지 못하는 것이다.

69

성질이 조급한 사람은 타오르는 불길 같아서 만나는 대로 태워 버리고, 인정이 메마른 사람은 얼음장 같이 매몰차서 닥치는 대로 얼려서 해치며, 앞뒤가 꽉 막힌 사람은 고여 있는 물, 썩은 나무와 같아 생기가 없으니, 이러한 사람들은 모두 큰 공적을 이루기도, 오래도록 복을 누리기도 어렵다.

70

복은 구한다고 해서 얻을 수 있는 것이 아니니, 즐겁고 활기찬 마음을 갖고 살아가는 것으로 복을 부르는 근본을 삼을 뿐이며, 화는 피한다고 피할 수 있는 것이 아니니, 남을 해치려는 마음을 갖지 않는 것으로 화를 멀리하는 방법을 삼을 뿐이다.

71

열 마디의 말 가운데 아홉 마디가 맞더라도 반드시 경이롭다고 칭찬해 주지는 않는다. 그러나 한 마디 말이 어긋나면 곧바로 온갖 비방과 책망이 한꺼번에 몰려든다.

열 가지 계책 중에 아홉 개가 성공하더라도 반드시 공로를 인정해 주지는 않는다. 그러나 한 가지 계책이 성공하지 못하면 곧바로 온갖 헐뜯음과 비난이 떼지어 일어난다.

그러므로 군자는 차라리 침묵할지언정 시끄럽게 떠들어 대지 않고, 차라리 우둔할지언정 자신의 재주를 보이지 않는다.

72

천지의 기운이 운행함에, 따뜻한 절기는 만물을 소생하게 하고, 차가운 절기는 만물의 생기를 앗아가 버린다. 사람도 이와 같은 까닭에, 냉정한 성품과 차디찬 기질을 지닌 사람은 그에 따라 누리는 복도 희박하고, 온화한 기운과 따뜻한 마음을 지닌 사람은 그에 따라 많은 복을 받고 은택 또한 오래간다.

73

천리의 길은 매우 넓어 잠시라도 마음이 여기에서 노닐면, 가슴이 문득 넓어지고 밝아지게 된다. 욕망의 길은 매우 좁아 한 걸음만 들여놓아도 눈앞은 모두 험난한 가시밭길과 진흙탕이 된다.

74

인생의 쓴 맛·단 맛을 다 겪어서 이뤄 낸 복이야말로 진정으로 오래 지속되는 복이고,

의심과 믿음을 참작하여 살핀 끝에 이룬 지식이야말로 진정으로 참된 앎이다.

75

사리사욕의 마음을 비우지 않아서는 안 되니, 이 마음을 비워야 의리가 와서 자리를 잡는다. 정의진리의 마음을 채우지 않아서는 안 되니, 이 마음을 채워야 물욕이 끼어 들 틈이 없어진다.

76

더러운 거름이 있는 땅에는 생물들이 잘 자라되, 너무 맑은 물에는 항

상 물고기가 살지 않는다. 그러므로 군자는 못된 사람을 포용하고 치욕을 참아내는 아량을 가져야 하며, 지나치게 고결한 것을 좋아하고 독단적인 행동을 하려는 지조를 가져서는 안 된다.

77

사나운 야생마도 잘 길들이면 몰 수 있고, 주조할 때 이리저리 튀는 금속도 잘 다루면 그릇을 만들 수 있다. 그러나 우유부단하기만 하고 분발하지 않으면 평생 아무런 발전이 없다.

"사람에게 허물 많은 것이 부끄러운 것이 아니니, 잘못을 고칠 줄 모르는 것이 부끄러운 것이다." 백사[40]의 이 말은 정말 맞는 말이다.

78

사람이 조금이라도 탐욕스런 마음이 생기면 강직함이 녹아 유약해지고 지혜가 막혀 혼미해지고 너그러움도 변하여 잔혹해지며 깨끗함도 물들어 더러워져서 평생 닦은 인품을 무너뜨려 버린다. 그러므로 옛 사람[41]은 탐내지 않음을 보배로 삼아 한 평생 물욕에서 초월했던 것이다.

---

40. 백사(白沙)는 명(明)나라 중기의 학자인 진헌장(陳獻章, 1428년~1500년)의 호이다. 진헌장의 자는 공보(公甫)이다. 백사에 은거하며 가르쳤기 때문에 문인들이 백사선생(白沙先生)이라고 불렀다. 그의 학문은 고요함[靜]을 주로 삼았으며, 학생들을 가르칠 때도 다만 단정히 앉아 마음을 맑게 밝혀, 고요함 가운데서 본성을 수양하도록 하였다. 그가 죽음에 문공(文恭)이라는 시호가 내려졌으며, 작품집으로는 『백사집』(白沙集)이 있다.

41. 원문은 '고인'(古人)으로 춘추시대 송(宋)의 자한(子罕)을 가리키는 것으로 보인다. 자세한 내용은 『좌전』(左傳) 「양공(襄公) 15년」에 나온다.

79

귀로 듣고 눈으로 보아서 생기는 욕망은 밖에서 침입해 온 적이요, 마음에 갖고 있는 욕망과 의식들은 내부에서 생겨난 적이다. 그러나 주인인 본마음[42]이 맑게 깨어 있어 다른 사물에 미혹되지 않고 중심에 확고히 자리잡고 있으면, 마음 안팎의 적들이 모두 감화되어 한 가족이 된다.

80

아직 이루지 못한 일에 대해 하염없이 망상에 빠지는 것은 이미 이룩한 일을 잘 지켜 지속해 나아가는 것만 못하다.

이미 지나간 잘못을 부질없이 후회하는 것은 장래에 일어날 수 있는 잘못을 미리 대비하는 것만 못하다.

81

기상은 높고도 넓게 트여야 하나 마음내키는 대로 하거나 상식을 벗어나지는 말아야 하고, 마음가짐은 치밀해야 하나 좀스럽게 굴지는 말아야 하며, 삶의 정취는 맑고 깨끗해야 하나 무미건조해서는 안 되고, 지조를 지킴은 엄격하고 분명해야 하나 지나치게 과격해서는 안 된다.

82

바람이 성긴 대숲에 불어 왔다가 지나간 뒤에 대나무는 소리를 남겨

---

42. 원문은 '주인옹'(主人翁)이다. 선가(禪家)의 용어로 글자 그대로 풀면 '집안의 주인'인데 인간이 본래부터 갖고 있는 불성(佛性)을 말한다.

두지 않고, 기러기가 차가운 연못 위로 날아 지나간 뒤에 연못은 그림자를 남겨 두지 않는다. 그러므로 군자는 일이 생기면 마음이 비로소 드러나 움직이고, 일을 맺고 나면 마음도 따라서 비운다.

83

심성이 맑고 깨끗하면서도 남을 포용할 줄 알고, 마음이 어질면서도 일에 대해서는 과감한 결단을 내릴 수 있으며, 지혜가 총명하면서도 까다롭게 살피지 않고, 행동은 강직하면서도 다른 사람의 잘못을 지나치게 따지지 않는다면, 이른바 꿀을 바른 음식이 지나치게 달지 않고 해산물이 지나치게 짜지 않은 것이니, 이것이 바로 아름다운 덕이다.

84

가난한 집도 청소를 깔끔히 해놓고 가난한 여인도 머리를 깨끗이 빗으면, 비록 겉모습은 화려하지 않지만 그 기품은 고상하고 우아하다. 그러하니 선비가 한때 곤궁과 실의에 빠진다 한들 어찌 자포자기하겠는가?

85

한가할 때 시간을 헛되이 보내지 않으면 바쁠 때에 그 덕을 볼 수 있고, 고요할 때 얼빠진 듯 멍청하게 보내지 않으면 일이 있을 때 그 덕을 볼 수 있으며, 남들이 보지 않는 곳에서 자기의 양심을 속이는 일을 하지 않으면 많은 사람들 앞에서 그 덕을 볼 수 있다.

86

불현듯 일어난 생각이 사사로운 욕심으로 치닫고 있음을 깨달으면, 얼른 도리의 길로 돌려와야 한다. 일어나자마자 깨닫고 깨달으면 곧 되돌리는 것, 이것이 전화위복·기사회생의 관건이니, 절대로 가벼이 지나쳐서는 안 된다.

87

고요할 때 생각이 맑고 깨끗하면 마음의 참모습을 보게 되고, 한가로울 때 기상이 차분하면 마음의 현묘한 이치를 알게 되며, 담담할 때 정취가 담박하고 평온하면 마음의 참 맛을 얻게 된다. 마음을 살피고 도를 깨닫는 데 있어 이 세 가지보다 나은 것은 없다.

88

고요한 환경 속에서 고요한 것은 진정한 고요함이 아니다.
소란스런 환경 속에서 고요함을 지켜야 본성의 참된 경지이다.
안락한 환경 속에서 즐거운 것은 진정한 즐거움이 아니다.
힘겨운 상황 속에서 즐거움을 지녀야 마음의 현묘한 이치를 볼 것이다.

89

자기 자신을 희생하려거든 머뭇거리지 말아야 하니, 자꾸 주저주저하면 애초에 희생하려던 마음이 모두 부끄럽게 된다. 남에게 베풀었거든 보답을 바라지 말아야 하니, 내심 보답을 구하면 애초에 베풀었던 선한 마음이 모두 위선이 된다.

90

하늘이 나에게 복을 적게 주면 나는 나의 덕을 후하게 하여 적은 복을 맞이하고, 하늘이 내 몸을 수고롭게 하면 나는 나의 마음을 편안히 하여 수고로움을 보익하며, 하늘이 내 처지를 불우하게 하면 나는 나의 도를 형통하게 하여 불우함을 뚫고 나가니, 하늘인들 나를 어찌하겠는가?

91

지조 있는 선비는 자신을 위해 복을 바라는 마음이 없으니, 하늘이 그의 이러한 마음을 통해 그 충정을 바르게 이끌어 준다.

간사한 사람은 일신의 안위를 위해 재앙을 피하는 데 급급하니, 하늘이 그 이러한 마음을 파고들어 그 넋까지 앗아가 버린다.

천지기운의 변화가 이처럼 신묘한데 인간의 지혜와 잔꾀가 무슨 소용이 있겠는가?

92

기생도 늘그막에 남편을 만나면, 이전의 화류계 생활은 장애가 되지 않는다.

정숙한 부인도 만년에 정절을 지키지 못하면, 평생 애써 지켜왔던 절개가 물거품이 된다. 옛말에 "사람을 보려면 그 인생의 후반부를 보라"고 한 것은 진실로 명언이다.

93

평민이라 할지라도 기꺼이 덕을 쌓고 은혜를 베푼다면 벼슬 없는 정승

[43]이 되고, 사대부라 할지라도 단지 권세를 탐내고 총애를 구한다면 결국 벼슬 있는 거지가 될 뿐이다.

94

무엇이 조상이 남긴 은덕인가? 내가 세상을 살며 누리는 모든 것이 다 그것이니, 은덕 쌓기의 어려움을 생각해야 한다.

무엇이 자손이 받을 복인가? 내가 세상을 살며 남기는 모든 것이 다 그 것이니, 복 뒤엎이는 것의 쉬움을 생각해야 한다.

95

군자이면서 위선적인 행동을 하는 것은 소인이 나쁜 일을 일삼는 것과 다름이 없다.

군자이면서 변절하는 것은 소인이 과거의 잘못을 뉘우치고 새 사람으 로 거듭나는 것만 못하다.

96

집안 사람에게 허물이 있을 때는 드러내놓고 화를 내서도 안 되고 대 수롭지 않게 넘겨 버려서도 안 된다. 그 잘못한 일에 대해 곧바로 말하기 어려울 때는 다른 일에 빗대어 넌지시 깨우쳐 주어야 하며, 만일 그 즉시

---

43. 원문은 '무위적공상'(無位的公相)이다. 이것은 벼슬 없는 대신, 즉 실제 그 직 위는 갖고 있지 않지만 그 직위에 해당하는 일을 함을 비유하고 있다. 공상 (公相)은 삼공재상(三公宰相)의 약칭이다. 삼공(三公)은 신하로서의 최고의 자리이며, 신상(宰相)은 천자를 보좌하여 백관을 다스리는 대신을 가리킨다.

깨닫지 못할 때에는 다음 기회에 다시 일러 주어야 한다.

봄바람이 얼어붙은 대지를 녹이듯, 따스한 기운이 얼음을 녹이듯 가족의 잘못을 깨우쳐 주는 것, 바로 이것이 가정을 화목하게 하는 방법이다.

97

자기 마음을 항상 원만하게 살필 수 있다면, 온 세상이 저절로 결함 없는 원만한 곳이 될 것이고, 자기 마음을 항상 관대하고 평온하게 할 수 있다면 온 세상에 저절로 사악한 인정이 없어질 것이다.

98

욕심이 없고 고결한 선비는 반드시 부귀명예와 사리사욕에 빠진 자들의 의심을 받게 되고, 행동이 바르고 엄격한 사람은 반드시 거리낌없이 제멋대로 행동하는 자들의 시기를 받게 된다.

군자는 이러한 상황에 처해 있을 때에 그 지조와 행실을 조금이라도 굽히지 말아야 하되, 또 자신의 예기를 드러내어 그들과 충돌하는 화를 초래하지도 말아야 한다.

99

일이 뜻대로 되지 않는 불우한 처지에서는 주위의 모든 것이 나를 단련시키는 좋은 침과 약이 되어, 저도 모르는 사이에 지조와 품행이 닦여진다.

일이 뜻대로 순조롭게 될 때에는 눈앞의 모든 것이 나를 해치는 흉기가 되어, 저도 모르는 사이에 육체와 정신을 썩어 문드러지게 한다.

100

부귀한 환경에서 성장한 사람은 욕심을 내는 것이 사나운 불길 같고 권세를 좋아함이 매서운 불꽃 같으니, 만일 이러한 사람이 청량하고 냉철한 정취를 지니지 않는다면, 그 불길이 남을 태우는 데 이르지 않더라도 반드시 스스로를 태워 자멸하게 될 것이다.

101

사람의 마음이 진실하면 오뉴월에도 서리를 내릴 수 있고, 견고한 성곽도 무너뜨릴 수 있으며 단단한 쇠와 돌도 뚫을 수 있다. 그러나 거짓되고 망녕된 사람은 형체만 인간의 모습일 뿐 마음은 이미 존재치 않는 것이니, 사람을 대하고 있는 그 모습은 참으로 가증스럽고, 혼자 있을 때는 자신의 그림자를 마주한 채 부끄러움을 느낀다.

102

최고의 문장은 남다른 기교가 있는 것이 아니라 그저 쓰고자 하는 내용에 꼭 알맞게 할 뿐이며, 최고의 인품은 남다른 특이함이 있는 것이 아니라 다만 인간 본연의 모습 그대로일 뿐이다.

103

덧없는 것으로 말하면 부귀공명뿐만 아니라 인간의 몸뚱이도 임시로 빌어 가진 형체일 뿐 자기 것이라 할 수 없지만, 물아일체의 경지에서 본다면 부모형제는 물론 만물도 모두 한 몸이 된다.

이것을 간파하여 참된 경지세계를 깨달은 사람은 세상의 큰일을 맡을 수 있고 세속적인 명예와 이익의 속박에서도 벗어날 수 있다.

104

입에 맞있는 음식은 모두 장을 해치고 뼈를 썩게 하는 독약이 되니, 적당히 먹어야 탈이 없을 것이다.

뜻대로 이루어져 마음에 유쾌한 일은 모두 몸을 망치고 덕을 잃게 하는 매개체가 되니, 지나치게 유쾌함에 빠져들지 않아야 후회가 없을 것이다.

105

남[44]의 사소한 잘못을 나무라지 말고, 남의 비밀을 들추어 내려 하지 말며, 남이 과거에 저질렀던 잘못을 마음에 두지 말아야 한다. 이 세 가지는 나의 덕을 기르고 해를 멀리 하는 방법이다.

106

선비는 몸가짐을 가벼이 해서는 안 되니 경솔하게 행동하면 외물에 따라 줏대 없이 흔들리다가 느긋하고 여유 있는 정취를 잃게 된다.

또한 선비는 마음 씀씀이가 지나치게 주도면밀해서는 안 되니, 너무 치밀하면 외물에 얽매이다가 소탈하고 활발한 기상을 잃게 된다.

---

44. 원문은 '소인'(小人)으로 흔히 군자와 대응되어 쓰여 도덕성이 없는 사람 등을 가리키나 여기서는 넓은 의미의 소인으로, 평범한 사람을 뜻하는 것으로 보아야 할 듯하다.

107

천지는 영원하나, 이 몸은 한 번 뿐.

백 년도 채 안 되는 인생, 시간은 왜 그리도 빨리 가는지.

다행히 지금 살아있는 사람들아! 인생의 즐거움을 깨닫고 허송세월 하지 말게나!

108

원망이란 은덕이 한쪽으로만 베풀어졌기 때문에 생기는 것이니 남들이 나의 은덕에 감사하기를 바라기 보다 은덕과 원망을 모두 담아두지 않게끔 하는 것이 낫다.

원수란 은혜를 골고루 베풀지 못했기 때문에 생기는 것이니 남들이 나의 은혜를 알게 하기보다 은혜와 원수를 모두 없애는 편이 낫다.

109

늙어서 들은 병은 모두 젊었을 때 몸을 제대로 돌보지 않아 불러들인 병이요, 영락할 때 받은 재앙은 모두 번창했을 때 도덕수양을 제대로 못하여 초래한 것이다. 그러한 까닭에 군자는 가득 찼을 때 기울 것을 근심하여 더욱 조심하고 경계한다.

110

사사로운 은혜를 남에게 베푸는 것보다 뭇 사람들의 공론을 지키는 것이 낫고, 새로운 친구를 사귀는 것보다 옛 친구와 우정을 돈독히 하는 것이 나으며, 영예로운 명성을 세우는 것보다 음덕을 쌓는 것이 더 낫고, 지조·절개를 숭상하는 것보다 평상시의 행동을 삼가는 것이 낫다.

111

공명정대한 논의에는 사사로운 이익 때문에 반대해서는 안 되니, 만일 한 번이라도 거스른다면 평생 오욕을 남기게 되리라.

권문세가의 사사로운 소굴에 발을 들여놓아서는 안 되니, 한 번 발을 들여놓으면 평생 오명을 남기게 되리라.

112

자신의 뜻을 굽혀서 남을 기쁘게 하느니 차라리 자신의 행실을 올곧게 하여 남의 미움을 받는 것이 낫다.

별로 잘한 일도 없이 남의 칭찬을 받느니 차라리 아무 잘못 없는 채로 남에게 흉잡히는 것이 낫다.

113

부모형제의 변고는 침착하게 처리해야 하니 감정에 북받쳐 일을 그르쳐서는 안 된다.

친구의 잘못은 적절하고 간절하게 충고해야 하니, 우유부단하게 망설여 내버려 두어서는 안 된다.

114

작은 일도 소홀히 하지 않고, 남들이 모른다고 해서 속이거나 숨기지 않으며, 실의에 빠져서도 낙담하지 않아야 진정한 영웅이다.

115

천금으로도 상대방에게 잠시의 환심조차 얻기 어려울 수도 있고,[45] 한 끼 식사대접만으로 상대방을 평생 감동시킬 수도 있다.[46]

사랑이 지나쳐 도리어 원한이 되기도 하고, 작은 은혜가 도리어 큰 즐거움이 되기도 한다.

116

뛰어난 재주를 갖고 있더라도 서툰 것처럼 행동하고, 지혜롭고 총명하더라도 그것을 드러내 자랑하지 않으며, 청렴결백하더라도 세상과 원만하게 어울리고, 한 걸음 물러서는 것으로 나아갈 발판을 삼는 것은, 진실로 세상의 거친 파도를 건너는 데 있어 천금값어치의 표주박[47]과 같은,

---

45. 원문은 '천금난결일시지환'(千金難結一時之歡)이다. 한말(漢末)에 관우(關羽)가 조조(曹操)의 병영(兵營)에 투항하자, 조조는 관우의 환심을 사기 위해 삼 일마다 한 번씩 작은 연회를 베풀고, 오 일마다 한 번씩 큰 연회를 베풀어 주었으며, 아울러 후(侯)라는 벼슬을 내려 주고 황금을 하사하면서 극진히 관우를 대우했다. 그러나, 관우는 유비(劉備)의 소식을 듣자마자, 이 모든 것들을 버리고 조조를 떠났다. 이 고사야말로 천금으로도 상대방에게 잠시의 환심조차 얻기 어려울 수도 있다는 것을 잘 보여준다.

46. 원문은 '일반경치종신지감'(一飯竟致終身之感)이다. 한신(韓信)의 다음과 같은 일화를 예로 들 수 있겠다. 한신은 어렸을 때 매우 가난하였는데, 빨래하는 아낙이 한신의 굶주린 모습을 보고 그에게 밥을 주었다. 후에 한신은 초왕(楚王)이 되자, 그녀를 불러 천금(千金)으로 보답하였다.

47. 원문은 '일호'(一壺)이다. 「할관자」(鶡冠子)에 '물을 건너다가 배를 잃게 되면, 하나의 표주박도 천금의 값어치가 나간다'[中流失船, 一壺千金]는 말이 있다. 호(壺)는 표주박으로, 가벼워서 물에 잘 뜨는 까닭에 옛날에는 간혹 이것을 여러 개 엮어서 허리에 차고 물을 건너기도 하였다. 그래서 요주(腰舟)라고

그리고 몸을 보전하는 데 있어 영리한 토끼가 파놓은 세 개의 굴[48]과 같은 훌륭한 방편이 된다.

117

쇠하여 쓸쓸하게 될 모습은, 한창 왕성하여 충만한 가운데 있고, 앞으로 피어날 역량은, 영락해 가는 가운데 있다. 그러므로 군자는 편안할 때에는 마땅히 조심하여 앞으로 있을 근심을 염려해야 하고, 변고를 당하면 백 번이고 참는 마음을 굳게 지녀 성공을 도모해야 한다.

118

신기한 것을 경탄하고 특이한 것을 좋아하는 자는 원대한 식견을 지니지 못하고, 지나치게 절의에 집착하고 특별한 행동을 고집하는 자는 변함없는 지조를 지니지 못한다.

119

분노의 불길이 타오르고 욕망의 파도가 끓어오를 때, 이것이 분명 옳지 않다는 것을 알면서도 도리어 버젓이 범하고야 만다.

일컫기도 한다. 배를 잃은 사람이 그것을 얻으면 익사하는 것을 면할 수 있는 까닭에, 변변치 못한 물건이라도 필요할 때에는 귀하게 여겨지는 것의 비유로 쓰인다.

48. 원문은 '삼굴'(三窟)이다. 『전국책』(戰國策)에 "영리한 토끼는 세 개의 굴을 파놓아서 가까스로 죽음을 면할 수 있다"고 하였다. 이후로 삼굴은 제 때에 몸을 피하여 보신할 수 있는 방편을 만들어 놓음을 의미한다.

아는 자는 누구이고 범하는 자는 누구인가? 그것은 모두 바로 자기 자신이다. 그러하니 분노와 욕망이 일어나려 하는 순간에 생각을 확 돌이키면 사악한 마귀도 본래의 참 마음으로 돌아갈 것이다.

120

한쪽 편의 말만을 믿다가 간사한 사람에게 속지 말아야 하며 자신의 역량을 과신하여 객기를 부려서도 안 된다.

내가 잘났다고 해서 남의 단점을 들추어 내지 말아야 하며 내가 서투르다고 해서 남의 능력을 시기해서는 안 된다.

121

상대방의 단점은 간곡하게 덮어 주어야 한다. 만약 상대방의 단점을 들추어 내어 널리 알린다면 이것은 자신의 단점으로 상대방의 단점을 공격하는 것이다.

성질이 검질기고 고집스런 사람은 잘 타일러 계발시켜 주어야 한다. 만일 상대방에게 화를 내고 미워한다면 이것은 자신의 완악함으로 상대방의 완악함을 조장하는 것이다.

122

음침하고 말이 없는 사람을 대할 때에는 스스럼없이 흉금을 털어놓아서는 안 된다. 상대방의 속마음을 알기 어려운 까닭이다.

성 잘 내고 잘난 척 하는 사람을 대할 때에는 말을 삼가야 한다. 주고받은 말을 누설하여 해가 올지 모르기 때문이다.

123

마음이 혼란하고 산만할 때는 자신을 잘 일깨울 줄 알아야 하고, 마음이 긴장되고 경직되었을 때는 탁 풀어놓을 줄 알아야 하니, 그렇지 않으면 어리석고 혼미한 병폐는 없어질지 모르나 뒤숭숭하고 어수선한 혼란이 또다시 찾아든다.

124

푸른 하늘도 갑자기 변하여 천둥번개가 치고, 세찬 비바람이 몰아치다가도 갑자기 변하여 맑은 하늘에 밝은 달이 떠오른다. 대자연의 변화[49]가 언제 조금이라도 멈춘 적이 있으며, 천체의 운행이 언제 조금이라도 막힌 적이 있었는가? 사람의 본 마음 또한 마땅히 이와 같아야 하는 것이다.

125

사리사욕을 이겨 제어하는 일에 대해, 어떤 사람은 사리사욕의 실체를 빨리 알지 않으면 의지대로 제어하기가 쉽지 않을 것이라 하고, 어떤 이는 사리사욕의 실체를 간파했더라도 그것을 찾아내어 제어할 수 있는 의지가 없다면 안 된다고 한다.

앎이란 사리사욕의 실체를 분명히 비출 수 있는 밝은 구슬이며, 의지

---

49. 원문은 '기기'(氣機)이다. 기(氣)는 음양(陰陽)의 두 기를 가리킨다. 우주의 온 갖 현상과 사물을 음양이라는 두 가지 대립 관념에 기초하여 설명한 것이 음양설(陰陽說)이다. 기(機)는 음양의 두 기가 결합하고 흩어짐으로써 일어나는 활동, 작용을 말한다. 여기서는 기후변화를 주재하는 대자연, 즉 대자연의 기상을 말한다.

는 사리사욕을 끊어 버릴 수 있는 보검이니, 이 두 가지 것은 모두 없어서는 안 될 것이다.

126

남이 나를 속이는 것을 알면서도 말로 드러내지 않고, 남에게 모욕을 당하더라도 낯빛이 변하지 않는다면, 이러한 태도 가운데 말로 표현할 수 없는 깊은 의미와 헤아릴 수 없는 효용이 담겨 있다.

127

역경과 곤궁은 영웅호걸을 단련시키는 화로와 망치이니, 역경과 곤궁의 단련을 감내해 낸다면 몸과 마음에 모두 이로울 것이요, 그 단련을 이겨내지 못한다면 몸과 마음에 모두 해로울 것이다.

128

내 몸은 하나의 작은 우주이니, 기뻐하는 감정과 성내는 감정이 서로 어긋남이 없도록 하고 좋아함과 싫어함을 법도 있게 한다면, 이것이 바로 자신의 몸을 조화롭게 다스리는 공부이다.

천지는 하나의 큰 부모이니, 백성에게 원망이 없도록 하고 만물에 재앙이 없도록 한다면 이 또한 천지만물이 화합을 이루는 기상이다.

129

'남을 해치려는 마음을 가져서는 안 되지만 남이 나를 해치려는 것에 대비하는 마음이 없어서도 안 된다'라는 말은 사려가 깊지 못함을 경계하는 것이다.

'차라리 남에게 속임을 당할지언정 남이 나를 속일 것이라고 미리 넘겨짚지 말아야 한다'라는 말은 지나치게 세심함을 경계하는 것이다.

이 두 가지 말을 염두에 두고 치우침 없이 실행한다면, 생각이 정치하고 밝아지며 덕이 원만하고 두터워질 것이다.

130

많은 사람들이 의심한다고 해서 자신의 견해를 굽혀서는 안 되고, 자기 의견만을 믿어 다른 사람의 말을 버려서는 안 된다. 작은 은혜로 사사로이 생색을 내어 큰 도리를 손상시켜서는 안 되고, 여론을 이용하여 자신의 사사로운 감정을 만족시켜서는 안 된다.

131

착한 사람과 지금 당장 친교를 맺을 수 없을 때는 그 사람의 장점을 미리 칭찬해서는 안 되니, 간사한 사람의 참소가 올까 염려스럽기 때문이다.

악한 사람을 쉽게 물리칠 수 없을 때는 섣불리 그 일을 발설해서는 안 되니, 재앙을 조장하는 화를 초래할 수 있기 때문이다.

132

푸른 하늘·빛나는 해와 같은 절의도 컴컴한 방안에서 자신을 속이지 않는 마음가짐으로부터 배양되어 나오고 천지를 휘두를 만한 경륜도 깊은 연못에 서 있는 듯 살얼음을 밟는 듯한 조심성에서 다듬어져 나온다.

133

어버이가 자식을 사랑하고 자식이 어버이께 효도하며 형이 아우를 아끼고 아우가 형을 공경하는 것은 비록 아주 잘 해내었다고 해도, 마땅히 그렇게 해야하는 것이므로 털끝만큼도 감격스럽게 생각할 것이 못된다.

만일 베푼 자가 생색을 내거나, 받은 자가 갚아야 한다는 생각을 지닌다면, 이것은 아무 관계도 없는 남남간의 일이요, 이익을 좇는 시정잡배나 하는 짓이다.

134

아름다움이 있으면 반드시 추함이 있어 서로 대비를 이루게 되니, 내가 아름다움을 자랑하지 않으면 누가 나를 추하다 하겠는가?

깨끗함이 있으면 반드시 더러움이 있어 서로 대비를 이루게 되니, 내가 깨끗함을 좋아하지 않으면 누가 나를 더럽다 하겠는가?

135

인정이 변덕스러운 것은 부귀한 사람이 가난한 사람보다 더하고, 질투하고 시기하는 마음은 골육간이 생면부지의 사람보다 더하다. 이러한 때 만약 냉철한 마음으로 대처하고, 평정한 기운으로 제어하지 않는다면, 하루도 번뇌 속에서 헤어나기 어렵게 된다.

136

공과 죄에 대한 상벌은 분명해야 한다. 만일 흐리터분하게 하면 사람들이 나태한 마음을 품으리라.

은혜와 원수는 너무 분명히 구분 짓지 말아야 한다. 지나치게 구분하면 사람들이 배반하고 의심하는 마음을 일으키리라.

137

관직은 너무 높은 데까지 올라서는 안 되니, 관직이 너무 높아지면 위태롭기 때문이다.

자신의 특별한 재능은 다 드러내지 말아야 하니, 다 드러내놓게 되면 곤궁한 지경에 빠지게 되는 까닭이다.

품행은 너무 고상하게 해서는 안 되니, 너무 고상하면 남들의 빈축을 사기 때문이다.

138

나쁜 짓은 아무도 보지 않는 곳에서 행해지는 것이 가장 염려가 되니, 보는 이가 없다면 어떤 일도 못할 것이 없기 때문이다. 착한 일은 남들이 보는 곳에서 행해지는 것이 가장 근심이 되니, 보는 이가 있다면 선행을 했던 마음이 순수해지지 못하기 때문이다. 그러한 까닭에 나쁜 짓을 드러내 놓고 하는 사람은 그 죄가 적되 은밀하게 하는 사람은 그 죄가 크고, 착한 일을 드러내 놓고 하는 사람은 그 공이 적되 알려지지 않게 하는 사람은 그 공이 크다.

139

덕은 재능의 주인이요, 재능은 덕의 하인이다. 재능만 있고 덕이 없는 것은 주인 없는 집에 하인이 집안 일을 마음대로 하는 것과 같으니, 어찌 도깨비처럼 제멋대로 날뛰지 않겠는가?

140

사악한 무리를 제거하고 아첨하는 무리를 막으려면 먼저 도망갈 수 있는 길을 터 주어야 한다. 만일 몸 둘 곳을 없게 하면, 쥐구멍을 틀어막는 것과 같으니 달아날 길이 다 막혀 버리면 소중한 물건들을 사정없이 물어뜯고 깨뜨릴 것이다.

141

과실에 대한 책임은 다른 사람과 같이 할지언정 공적은 같이 하지 말지니 공적을 같이하면 서로 시기하게 되리라.

어려움은 다른 사람과 같이 할지언정 안락은 공유하지 말지니 안락을 같이 하면 서로 원수가 되리라.

142

선비[士君子]는 가난하여 재물로써 다른 사람을 구제할 수 없더라도, 어리석고 방황하는 사람을 만나서는 한 마디 명철한 말로 깨우쳐 인도할 수 있고, 위급하고 곤란한 상황에 처한 사람을 만나서는 한 마디 지혜로운 말로 곤경에서 구해낼 수 있으니, 이 또한 헤아릴 수 없는 공덕이다.

143

배고프면 달라붙었다가 배부르면 떠나 버리고, 따뜻하면 재빨리 다가왔다가 추워지면 가버리니, 이것이 세상 인정의 병폐이다.

그러므로 군자는 마땅히 냉철하고 객관적인 안목을 길러야 하고, 삼가 강직한 기질을 간직하여 경거망동하지 않아야 한다.

144

덕은 그 사람의 도량에 따라 증진되고, 도량은 그 사람의 식견에 따라 커진다.

그러므로 자신의 덕을 증진시키고자 하면 먼저 그 도량을 크게 하지 않을 수 없고, 자신의 도량을 크게 하고자 하면 우선 그 식견을 높이지 않을 수 없다.

145

밤, 희미한 등불 아래 천지만물[50]이 모두 조용한 이 때는 우리 인간이 편안히 쉴 때요, 새벽에 꿈에서 깨어나 만물이 아직 활동하기 전은 우리 인간이 혼돈[51]으로부터 깨어날 때이다. 바로 이 때를 타서 잠시 자신이 본래부터 갖고 있는 지혜의 빛을 되돌려 스스로를 살펴보면 비로소 알 것이니, 이목구비는 모두 마음의 지혜를 구속하는 것이오, 정욕과 욕심

---

50. 원문은 '만뢰'(萬籟)로 천지만물의 소리를 가리킨다. 이 말은 『장자』(莊子), 「제물론」(齊物論)에 나오는데, 크게 천뢰(天籟 . 바람이나 새, 물 등의 자연계가 내는 소리로, 소리의 근원이 됨), 지뢰(地籟 . 바람으로 인해 지상의 동굴에서 나는 소리), 인뢰(人籟 . 사람이 악기를 연주해서 내는 소리)의 세 가지로 나뉜다.
51. 원문은 '혼돈'(混沌)이다. 혼돈은 천지개벽 이전의 원기 상태, 즉 음양이 아직 나누어지지도 않고 만물의 구별이 확연하지도 않은 때를 말한다. 여기서는 밤 사이 깊이 잠든 상태를 형용한다.

은 모두 우리 심성을 타락시키는 것일 따름이다.

146

늘 스스로를 반성하는 사람은 부딪치는 일마다 자신에게 이로운 약이 되고, 남만 탓하는 사람은 마음씀씀이 하나하나가 모두 자신을 해치는 흉기가 된다.

하나는 모든 선행의 길을 여는 것이되, 다른 하나는 온갖 악행의 근원을 깊어지게 하는 것이니, 둘 사이가 결국에는 하늘과 땅처럼 멀어지게 된다.

147

사업과 문장은 육체를 따라 사라져 버리지만 고귀한 정신은 오랜 세월의 흐름 속에서도 항상 새롭다.

부귀와 공명은 시대에 따라 변화하지만 기개와 절조는 언제까지 변함없다.

그러한 까닭에 군자는 진실로 문장과 사업, 부귀와 공명으로써 고귀한 정신, 기개와 절조를 바꾸지 말아야 하는 것이다.

148

고기 잡는 그물을 쳐 놓았는데 기러기가 물고기를 탐내다가 그 그물에 걸려들고, 사마귀가 먹이를 노리고 있을 때 참새가 그 뒤에서 사마귀를 노리고 있는 것처럼, 계략 속에 계략이 감추어져 있고, 이변 밖에 이변이 생기니, 자신의 지혜와 잔꾀를 어떻게 믿을 수 있겠는가?

149

사람됨이 조금이라도 진실하고 성실한 생각이 없으면 이는 거지와 다름없으니, 어떤 일을 하든지 매사가 부질없다. 세상을 살아감에 원만하고 활달한 맛이 없으면 나무인형과 같으니 곳곳마다 장애가 있으리라.

150

수면은 물결이 일지 않으면 저절로 평온하고 거울은 먼지가 끼지 않으면 자연히 밝다. 그러므로 마음도 굳이 맑게 할 필요가 없으니 마음속의 번뇌를 없애면 본래의 맑음이 절로 드러나며, 즐거움도 굳이 찾을 필요가 없으니 괴로움을 없애면 즐거움이 절로 깃들인다.

151

사소한 생각이 귀신이 금하는 것을 범하고 사소한 실언이 천지의 조화를 해치며, 사소한 일이 후손들에게 화를 미치니 마땅히 깊이 경계하고 삼가야 한다.

152

성급하게 서둘러서 분명하게 해결되지 않던 일이 차근차근히 해나가면 의외로 쉽게 자명해질 수 있으니, 너무 조급하게 서둘러 일을 불안하게 만들어서는 안 된다.

시켜서 말을 잘 듣지 않던 사람도 내버려 두면 의외로 따르는 수가 있으니, 엄하게 제어하는 데만 급급하여 그의 불순함을 조장해서는 안 된다.

153

절의가 굳어 고관대작 앞에서도 당당할 수 있고 문장이 아름다워 흰 눈[52]보다 고결할 수 있다. 그러나 만일 그것이 덕의 수양을 통해 나오지 않았다면, 절의는 한낱 사사로운 혈기일 뿐이고, 문장의 아름다움도 그저 말단의 기교일 뿐인 것이다.

154

공훈과 업적이 가장 융성할 때 사직해야 하고, 남과 다툴 일이 없는 곳에 처신해야 한다.

155

도덕을 삼가 지킬 때는 반드시 아주 미세한 일에서부터 해야 하고, 은덕을 베풀 때는 보답할 처지가 못되는 사람에게 더욱 힘써 해야 한다.

156

시장의 상인과 사귀는 것은 산속의 노인과 벗함만 못하고, 부귀권세가 있는 집안에 굽실거리는 것은 오막살이에 사는 평민과 친하게 지냄만 못하며, 항간에 떠도는 유언비어에 귀기울이는 것은 나무꾼과 목동의 노랫소리에 귀기울임만 못하고, 살아 있는 이의 부도덕과 그릇된 행실을 입

---

52. 원문은 '백설'(白雪)이다. 보통 전국(戰國)시대의 악곡(樂曲)이름인 「백설」(白雪)이라고 보고 있으나, 백설이 고아한 시문(詩文)의 비유로 쓰이기도 하므로 여기서는 그러한 '흰 눈'의 상징성을 따랐다.

에 올리는 것은 옛 사람의 명언과 선행을 얘기함만 못하다.

157

덕은 사업의 토대이니, 기초가 튼튼하지 않고서 견고하고 오래가는 집
은 없다.

마음은 훗날 자손의 뿌리이니, 뿌리를 제대로 내리지 않고서 가지와
잎이 무성한 나무는 없다.

158

옛 사람⁵³이 말하였다. "자기 집의 무진장⁵⁴한 보물을 내버려 둔 채 밥
그릇을 가지고 남의 집 대문을 기웃거리며 거지처럼 구하고 있구나"

또 말하기를 "벼락부자여, 일장춘몽 같은 부귀를 자랑하지 말라. 어느
집인들 아궁이에 불때면 연기가 없겠는가?"라고 하였다.

앞의 말은 스스로 가지고 있는 것에 대하여 혼미함을 깨우치는 것이
요, 뒤의 말은 자신이 가진 것을 자랑함을 경계하는 것이니, 학문하는 사

---

53. 원문은 '전인'(前人)이다. 여기서는 중국 명대(明代)의 사상가인 왕양명(王陽
明, 1472년~1528년)을 가리키며, 다음 두 구절은 그의 시 '영량지사수시제
생'(詠良知四首示諸生)에서 따온 것이다. 그 내용은 자기에게 갖추어져 있는
양지(良知)를 알지 못하고 덮어 놓은 채 다른 곳에서 구하는 어리석음을 경계
하고 있다.

54. 본래는 불교용어인 '무진장해'(無盡藏海)로서, 영원불변하는 진리의 법성(法
性)이 삼라만상을 끌어안고 있는 것이 마치 바다가 만물을 포용하고 있는 것
과 같음을 이르는 말이다. 후에는 한없이 쓸 수 있는 것을 가리키는 뜻으로
쓰였다.

람에게 간절한 격언이라 하겠다.

159

도는 모든 사람이 쓰는 공중의 사물[55] 같은 것이니 어떤 사람이건 간에 이끌어 도덕을 닦고 행하게 해야 한다. 학문은 늘 먹는 끼니 같은 것[56]이니 어떤 것을 배울 때는 늘 경계하고 주의를 기울여야 한다.

160

다른 사람을 믿는 것은, 그 사람이 반드시 진실해서가 아니라 자기 자신이 진실하기 때문이다. 다른 사람을 의심하는 것은, 그 사람이 반드시 속여서가 아니라 자기 자신이 먼저 속이기 때문이다.

161

마음이 관대하고 후덕한 사람은 봄에 만물을 길러내는 온화한 바람 같아서, 만물이 그를 만나면 생기가 충만해지고, 마음이 시기하기 좋아하고 각박한 사람은 겨울에 만물을 얼어붙게 하는 음산한 눈보라 같아서 만물이 그를 만나면 생기를 잃어버린다.

---

55. 원문은 '공중물사'(公衆物事)이다. 도덕은 성현(聖賢)이나 군자와 같은 특별한 사람에게만 해당되는 것이 아니라, 인간이면 누구나 수양하고 또 행해야 하는 보편적인 것이기 때문에 공중의 사물이라고 한 것이다.

56. 학문은 특별한 것도, 어려운 것도 아니라 늘 먹는 끼니 같은 것이어서, 자칫 소홀히 여기면 병이 들거나 몸에 해가 되는 까닭에 늘 관심을 두고 있어야 함을 비유하는 것이다.

162

착한 일을 했을 때는 비록 그 이로움이 겉으로 당장 드러나지는 않지만, 수풀 속의 동과[57]처럼 모르는 사이에 자연스레 뻗어 나온다.

나쁜 일을 저질렀을 때는 비록 그 해로움이 겉으로 당장 보이지는 않지만, 뜰 앞의 봄눈처럼 깨닫지 못하는 사이에 녹아 버린다.[58]

163

옛 친구를 만나면 소홀히 대하기 쉬우니, 마음가짐을 더욱 새롭게 해야 한다. 은밀한 일을 처리할 때는 자신을 기만하기 쉬우니, 마음가짐을 더욱 공명정대하게 해야 한다. 연로한 분을 대할 때는 예의를 갖추어 더욱 존경해야 한다.

164

부지런함이란 원래 도덕과 의리에 민첩함을 가리키는 말인데 세상사람들은 그저 잘살기 위해 열심히 돈을 버는 것이라 생각하고 부산을 떤다.

검소함이란 본디 재물과 이익에 탐욕이 없음을 말하는데 세상사람들

---

57. 원문은 '동과'(冬瓜)이다. 박과의 일년생 재배식물로, 줄기는 굵고 모가 졌다. 덩굴손 식물로 다른 것에 기어오르며 자란다. 잎은 서로 어긋나게 맞추어 나고 심장 모양이다. 여름에 노란 꽃이 피고, 가을에 호박 비슷한 열매를 맺는다. 열매는 타원형이고 표면에는 하얀 가루나 혹은 털이 나 있으며, 보통 채소로 식용한다. 씨앗과 껍질은 약용으로도 쓰인다. 보통 박과의 식물들은 사람 눈에 잘 띄지만 풀 속에서 자라므로 눈에 잘 띄지 않는 것이 보통이다.
58. 원문은 '당필잠소'(當必潛消)이다. 초봄에 내린 눈이 금세 흔적도 없이 사라지듯 자기도 모르는 사이에 망하게 된다는 의미를 담고 있다.

은 인색하기만 하면 되는 줄 알고 검소한 체한다.

군자가 몸을 수양하는 방법인 부지런함과 검소함이, 도리어 소인배들에게 사리사욕을 추구하는 방편이 되고 말았으니, 아! 안타까운 일이로다.

165

기분이나 충동에 치우쳐 한 일은 시작하자 마자 곧 그만 두게 되니 어찌 물러서지 않는 수레바퀴[59]처럼 지속될 수 있겠는가? 감정과 지식으로 깨달은 이치는 깨닫자 마자 바로 혼미하게 되니, 끝내 영원토록 밝게 비추는 등불[60]이 되지 못한다.

---

59. 원문은 '불퇴지륜'(不退之輪)이다. 불퇴지륜은 곧 불퇴전지법륜(不退轉之法輪)을 말한다. 법륜(法輪)은 교법, 즉 불교에서 교리를 언어나 문자로써 설법하는 것을 가리킨다. 부처님의 교법이 중생의 번뇌·망상을 없애는 것이 마치 전륜왕(轉輪王)의 무기인 윤보(輪寶)가 산과 바위를 부수는 것 같으므로 법륜이라고 하였다. 또한 불교의 설법은 한 사람 혹은 한 곳에만 머물러 있지 않고 늘 굴러서 모든 사람에게 전해지는 것으로 마치 수레바퀴가 굴러가는 것과 같아 법륜이라고 이르는 것이다. 보살이 이러한 법륜을 얻어 깨달음을 증진하고 수양하여, 한 번 도달한 곳으로부터 뒤로 물러서지 않는 까닭에 불퇴전(不退轉)이라고 이른다.

60. 원문은 '상명지등'(常明之燈)이다. 불교에서는 오래도록 밝은 법(法)을 등(燈)에 비유하였다. 여기서는 항상 미혹의 세계를 비추는 부처님의 지혜를 등으로 비유한 것으로 지혜의 광명이 늘 영원히 넓게 비춘다는 의미이다. 상명지등은 상명등(常明燈), 장명등(長明燈), 무진등(無盡燈)이라고도 한다.

166

남의 잘못은 마땅히 너그럽게 용서해야 하나, 자신의 허물은 용서해서는 안 된다.

내가 겪고 있는 곤궁과 굴욕은 마땅히 참고 견디어야 하나, 다른 사람이 당한 곤궁과 굴욕은 수수방관하지 말아야 한다.

167

세속에서 초탈할 수 있어야 기인이니, 일부러 기이한 일을 숭상하는 자는 기인이 아니라 이상한 사람일 뿐이다.

세속의 더러움에 물들지 않을 수 있어야 청렴한 사람이니, 아예 세속과 담을 쌓고서 청렴함을 구하는 자는 청렴한 사람이 아니라 과격한 사람일 뿐이다.

168

은덕을 베풀 때는 처음에는 박하게 하다가 점점 후하게 해야 한다. 만일 처음에는 후하게 하다가 나중에 박하게 하면 사람들이 그 은혜를 잊게 된다.

위엄을 보일 때는 처음에는 엄하게 하다가 점점 너그러워져야 한다. 만일 처음에 너그럽게 하다가 나중에 엄하게 하면 사람들이 그 가혹함을 원망하게 된다.

169

마음속에 잡념이 없어야 자기의 본성이 드러나니, 잡념을 끊지 않고 본성을 보려하는 것은 물살을 헤쳐서 달을 찾으려는 것[61]과 같다. 뜻이 깨끗하면 마음이 맑아지니, 뜻을 명확히 알지 못하고 마음이 맑기를 구하는 것은 깨끗한 거울을 바라면서 거울에 먼지를 덧씌우는 것과 같다.

170

내가 귀함에, 사람들이 나를 떠받드는 것은 내 몸에 걸친 이 높은 관과 큰 띠를 떠받드는 것이며,

내가 비천함에, 사람들이 나를 업신여기는 것은 내 몸에 걸친 이 베옷과 짚신을 업신여기는 것이다.

그렇다면 애초부터 내 참모습을 떠받들지도 업신여기지도 않았는데 기뻐하고 화낼 이유가 무엇이란 말인가?

171

'쥐를 위하여 항상 밥을 남겨 놓으며, 나방을 불쌍히 여겨 등불을 켜지 않는다'고 하는 옛 사람[62]의 이러한 생각은, 우리들로 하여금 만물을 화육케하는 계기가 된다. 이러한 계기가 없다면 이른바 형체만 사람이지 실은 목석과 다름없는 존재가 될 뿐이다.

---

61. 원문은 '발파멱월'(撥波覓月)이다. 물속에 달이 있는 것이 아닌데 물결을 헤치고 달을 구하려고 한다는 의미로, 텅 비어 있고 실체가 없어 구해도 얻지 못하는 것을 비유하는 말이다.
62. 원문은 '고인'(古人)으로 여기서는 소동파(蘇東坡, 1036년~1101년)을 가리킨다. 앞의 두 구는 소동파의 「차운정혜흠장로견기」(次韻定慧欽長老見寄)라는 시에 나온다.

172

마음의 본체가 바로 우주의 본체이다. 그러한 까닭에 한 순간의 즐거운 마음은 상서로운 별과 구름이고, 한 순간의 성낸 마음은 사나운 우레와 폭우이며, 한 순간의 자비로운 마음은 따뜻한 바람과 단 이슬이고, 한 순간의 엄격한 마음은 이글거리는 태양과 찬 서리이니, 어느 것인들 없을 수 있겠는가? 다만 이러한 감정들이 때와 상황에 따라 일어났다가 사라져 광활하게 막힘이 없어야 우주와 하나가 되는 것이다.

173

일이 없을 때에는 마음이 혼미해지기 쉬우니, 마땅히 고요한 가운데 깨어 있어야 하며, 일이 있을 때에는 마음이 따라 분주해져 경솔해지기 쉬우니, 마땅히 깨어 있는 가운데 고요함을 유지해야 한다.

174

일을 논의하는 자, 일 밖에 몸을 두어[63] 이해득실을 잘 따져야 할 것이요, 일을 맡은 자, 일 가운데 몸을 두어[64] 이해타산을 생각지 말지어다.

175

선비는 권세 있고 높은 자리에 있어도 몸가짐과 행실은 엄격하고 분명

---

63. 원문은 '신재사외'(身在事外)로, 일을 결정하기에 앞서 객관적 입장에서 그 일을 냉철하게 검토해야 한다는 의미이다.
64. 원문은 '신거사중'(身居事中)으로, 일을 시작하면 이해에 사로잡히지 말고 오직 그 일에 집중해서 열심히 해야 한다는 의미이다.

해야 하고 마음과 기분은 온화하고 부드럽게 해야 한다. 조금이라도 방종하여 사리사욕을 일삼는 무리를 가까이해서도 안 되고, 또한 지나치게 격분하여 악랄한 소인배들을 건드려서도 안 된다.

176

절의를 내세우는 사람은 반드시 절의 때문에 비난을 받게 되고 도학을 내세우는 사람은 도학[65] 때문에 원망을 사게 된다. 그러한 까닭에 군자는 나쁜 일을 가까이하지 않으며 좋은 명성을 세우지도 않는다. 다만 원만하고 온화한 태도를 갖고 사는 것이야말로 세상살이의 가장 좋은 방법이다.

177

속임수를 잘 쓰는 사람을 만나면 성실한 마음으로 감동시키고, 포악한 사람을 만나면 온화한 기운으로 감화시키며, 부정을 일삼는 사람을 만나면 대의명분과 절의로 감발시키고 격려해야 한다. 이와 같이 하면 이 세상의 어떤 사람이라도 나의 교화에 감화를 받지 않는 이가 없게 된다.

178

한 순간의 자비로운 마음이 천지간의 온화한 기운을 빚어낼 수 있고, 가슴속 한 치의 청렴결백한 마음이 고결한 덕행을 영원히 남길 수 있다.

---

65. 원문은 '도학'(道學)이다. 송대(宋代)에 정호(程顥) · 정이(程頤)를 이어 주희(朱熹)가 집대성한 철학 사상으로 성리학(性理學)이라고도 한다. 여기서는 그러한 도학만을 가지고 모든 것의 근본으로 삼아 전부를 다루려고 하는 융통성 없는 학문을 비유하고 있다.

179

음모와 괴벽·기행과 잡기는 모두 세상을 사는 데 재앙의 씨앗이 되니, 오직 평범한 덕과 평범한 행동만이 타고난 본성을 온전히 하여 평안을 불러들일 수 있다.

180

옛말에 '산에 오를 때는 험한 길을 인내해야 하고, 눈 덮인 곳을 갈 때에는 위험한 다리를 인내해야 한다'고 하였으니, 여기에서 '인내'라는 말 한 마디는 참으로 깊은 뜻을 담고 있다. 산길처럼 험악한 인정과 눈 덮인 다리처럼 위태로운 세상 역정에서, 만약 '인내'라는 말을 마음 깊이 간직하고 의지하지 않는다면, 어떻게 가시덤불과 구렁텅이에 빠지지 않을 수 있겠는가?

181

공적을 과시하고 문장을 자랑함은 모두 자신의 밖에 있는 사물에 기대어 행동하는 것이다. 마음의 본체는 본래 밝은 까닭에 이 본체를 잃지 않으면 한 치의 공적이나 한 글자의 문장이 없을지라도 저절로 정정당당히 행동할 수 있다는 것을, 사람들은 너무나도 알지 못하는구나.

182

바쁜 와중에도 여유를 가지려면 모름지기 먼저 여유 있을 때 의지할 근거를 찾아 두어야 하고, 소란스런 와중에도 고요함을 유지하려면 모름지기 먼저 고요할 때 중심을 세우고 있어야 한다. 그렇지 않으면 내 삶의

잣대가 환경에 따라 바뀌고 사정에 따라 흔들리게 된다.

183

내 마음을 어둡게 하지 않고 남을 야박하게 대하지 않으며 재물을 낭비하지 않는 것. 이 세 가지는 세상에 내 마음을 확고하게 세우는 길이고 뭇 사람들에 대해 생활을 평안하게 해주는 것이며 자손을 위해 복을 쌓는 일이다.

184

관직에 있는 사람이 명심해야 할 두 마디 말이 있으니, '공평무사해야 명확한 판단이 생기고 청렴결백해야 위신이 생긴다'는 것이다.

가정을 꾸리는 사람이 명심해야 할 두 마디 말이 있으니, '너그러워야 집안이 화목하고 검소해야 살림이 넉넉하다'는 것이다.

185

부귀한 처지에 있을 때는 가난한 사람의 고통을 알아야 하고,

젊을 때에는 노쇠한 사람의 괴로움을 생각해야 한다.

186

몸가짐은 지나칠 정도로 고결하게 해서는 안 되니, 온갖 더럽고 치사한 것들을 모두 감내할 수 있어야 한다.

사람들과 사귈 때에는 선을 긋듯이 지나치게 분명히 해서는 안 되니, 좋은 사람, 나쁜 사람, 똑똑한 사람, 아둔한 사람을 모두 포용할 수 있어

야 한다.

187

소인과 원수를 맺지 말라. 소인은 그에게 걸맞은 적수가 있기 때문이다. 군자에게 아첨하지 마라. 군자는 원래 사사로운 은혜를 베풀지 않기 때문이다.

188

본능에 따라 제멋대로 행동하는 병은 고칠 수 있으나, 편협한 견해를 고집하며 스스로 옳다고 하는 병은 고치기가 어렵다. 구체적 사물로 인해 일어나는 장애는 없앨 수 있으나, 의리의 판단으로 인해 일어나는 장애는 제거하기 어렵다.

189

심신수양은 수없이 쇠를 단련하는 것과 같이해야 하니, 만약 성취하는 데만 급급하면 정밀하고 깊은 수양을 할 수 없다. 일을 추진할 때는 마치 아주 무겁고 큰 근의 쇠뇌[66]를 당기 듯 신중해야 하니, 대충대충 경솔하게 행동하는 사람은 큰 공적을 이루지 못한다.

---

66. 원문은 '천균지노'(千鈞之弩)로, 삼천 근이나 나가는 크고 무거운 쇠뇌를 말한다. 쇠뇌는 여러 개의 화살이나 돌을 잇따라 쏠 수 있는 큰 활을 말한다.

190

차라리 소인에게 헐뜯음을 당하는 대상이 될지언정 소인배가 아첨하는 대상이 되어서는 안 된다.

차라리 군자의 질책을 받을지언정 군자가 감싸는 대상이 되어서는 안 된다.[67]

191

이익을 좋아하는 사람은 애초부터 도의의 밖으로 벗어나 있으니, 그 폐해가 비록 분명히 드러나지만 깊지는 않다.

명예를 좋아하는 사람은 겉으로는 도덕군자인 체 행동하면서 암암리에 온갖 불의를 행하니, 그 폐해는 잘 드러나지 않지만 심하기 그지없다.

192

남에게서 받은 큰 은혜는 갚지 않으면서 자잘한 원한은 굳이 보복하지 못해 안달하고, 다른 사람의 분명하지 않은 잘못은 믿어 의심치 않으면서 다른 사람의 선행은 무조건 의심한다. 이것은 너무나 몰인정하고 각박한 것이니 마땅히 깊이 경계해야 할 것이다.

---

67. 학문이 깊고 덕이 높은 군자는 가능성 있는 사람에게는 질책과 훈시 등을 통해 좋은 일을 권하고 덕을 닦기를 요구하나, 아예 가능성이 없고 별볼일 없는 대상에 대해서는 책망 없이 그냥 너그럽게 감싸주고 포용할 뿐이다. 그러니 군자에게서 후자와 같은 대우를 받고서도 아무런 자책감이 없다면 이는 자포자기한 사람이다. 어찌 이런 삶을 살 수 있겠는가?

193

중상모략과 비방을 일삼는 사람이 하는 짓은 마치 한 조각 구름이 태양을 가린 것과 같으니, 비록 훼방을 당하더라도 오래지 않아 그 진상이 저절로 밝게 드러난다.

아양과 아첨을 떠는 사람이 하는 짓은 마치 틈새로 불어 들어온 바람이 살갗에 스미는 것과 같으니, 비록 처음에는 별 해가 없는 듯하더라도 저도 모르는 사이 큰 피해를 입게 된다.

194

산세가 높고 험준한 곳에는 나무가 자라지 않으나 굽이굽이 감돌아 흐르는 계곡에는 수풀이 무성하고, 물살이 세찬 곳에는 물고기가 살지 않지만 깊고 고요한 연못에는 온갖 물고기들이 가득하다.

그러한 까닭에 군자는 지나치게 고상한 행동과 편협하고 조급한 마음을 깊이 경계한다.

195

공로와 업적을 이루는 사람은 대체로 겸허하고 원만한 선비요, 일을 그르치고 기회를 잃는 자는 반드시 앞뒤가 꽉 막힌 고집불통인 사람이다.

196

세상을 살아감에 세속에 휩쓸려서도 안 되지만 그렇다고 세속과 담을 쌓아도 안 된다.

일을 추진할 때에는 남들의 미움을 받아서도 안 되지만 그렇다고 남들의 비위를 맞추려해서도 안 된다.

197

날이 저물어 감에 안개와 노을이 오히려 눈부시도록 아름답고, 한 해가 저물어 감에 잘 익은 밀감이 더욱 향기롭다.

그러므로 군자는 마땅히 인생의 황혼에 더욱 힘껏 분발하여 정신을 가다듬어야 한다.

198

매가 몸을 세우고 있을 때 마치 조는 듯하고, 호랑이가 길을 어슬렁거릴 때 마치 병든 듯하니, 이것이 그들이 사람을 잡아채고 무는 방법이다. 그러므로 군자는 자신의 총명함을 드러내지 않고 재주를 자랑하지 않아야, 비로소 중요하고 큰일을 맡을 수 있는 역량을 갖추게 된다.

199

검소함은 미덕이지만 도가 지나치면 탐욕스럽고 인색하게 되어 인정과 도리를 해치게 된다.

겸양은 좋은 행동이지만 도를 넘어서면 지나치게 겸손하며 소심하게 되어 기심이 생기는 경우가 많게 된다.

200

일이 뜻대로 되지 않는다고 근심하지 말고, 생각대로 잘된다고 기뻐하지 말라.

오래도록 편안할 것이라고 믿지 말며, 처음에 어렵다고 꺼리지 말라.

201

음주와 연회의 즐거움을 일삼는 집안은 좋은 집안이 아니고, 세속의 명성에 지나치게 물든 사람은 훌륭한 선비가 아니며, 높은 지위에 대한 생각에 사로잡힌 사람은 좋은 관리가 못된다.

202

세상 사람들은 자신의 뜻대로 일이 이루어지는 것을 즐겁다고 여겨서, 즐거움만을 쫓다가 도리어 괴로운 상황에 빠져들게 된다.

사물의 이치에 통달한 사람은 마음에 어긋나는 일에서도 즐거움을 찾으니, 마침내는 괴로움이 즐거움으로 바뀌게 된다.

203

모든 일이 만족할 만한 상태에 있는 사람은 물이 넘칠 듯 말 듯 하는 것과 같으니, 한 방울이라도 더하는 것을 깊이 삼가야 한다.

위험하고 절박한 상황에 있는 사람은 나무가 꺾일 듯 말 듯 하는 것과 같으니, 조금이라도 건드리는 것을 깊이 경계해야 한다.

204

냉철한 눈으로 상대방을 살피고 냉철한 귀로 상대방의 말을 들으며 냉철한 감정으로 자신의 생각을 주관하고 냉철한 마음으로 이치를 생각해야 한다.

205

어진 사람은 마음의 바탕이 너그럽고 평온하여 복을 후하게 누리고 좋은 일도 오래가며 일마다 너그럽고 평온한 기상을 지니게 된다.

비루한 사람은 생각이 좁고 급하여 제대로 복을 누리지 못하고 은택도 오래가지 못하며 하는 일마다 규모가 보잘것없게 된다.

206

어떤 사람의 나쁜 점을 듣게 되더라도 바로 미워해서는 안 되니, 그 사람을 헐뜯으려는 자가 분풀이로 지어낸 것일 수도 있기 때문이다.

어떤 사람의 좋은 점을 듣게 되더라도 바로 가까이 해서는 안 되니, 간사한 자들의 출세길을 열어 줄 수도 있기 때문이다.

207

성미가 조급하고 마음이 거친 사람은 한 가지 일도 제대로 이룰 수 없으나, 마음이 온화하고 기품이 평온한 사람은 온갖 행복이 절로 모인다.

208

사람을 쓸 때에는 너무 각박하게 대하지 말아야 하니, 너무 각박하면 열심히 일하려고 했던 사람이 떠나게 된다.

친구를 사귈 때에는 함부로 사귀지 말아야 하니, 함부로 아무나 사귀다보면 아첨하는 자들이 오게 된다.

209

비바람이 세차게 몰아칠 때는 넘어지지 않기 위해 다리를 안정되게 해야 하고,

꽃·버들 화려하고 고울 때는 현혹되지 않기 위해 눈을 높은 데 두어야 하며,

길이 위태롭고 험할 때에는 빨리 생각을 바꾸고 돌아서야 한다.

210

절개와 의리를 지키는 사람은 지나치게 강직하여 자칫 남과 타협할 줄 모르기 쉬우니, 원만하고 온화한 마음을 지녀야 남과 다투는 길을 열지 않게 될 것이다.

공적과 명예를 지닌 사람은 곧잘 오만하고 잘난 척하기 쉬우니, 겸손한 마음을 지녀야 질투의 문을 열지 않게 될 것이다.

211

선비가 관직에 있을 때는 편지 한 장이라도 절도가 있어야 하니, 사람들이 보기 어렵게 하여 요행의 단서를 방지해야 하기 때문이다.

벼슬자리에서 물러나 시골에 있을 때는 지나치게 고고한 자세를 취하지 말아야 하니, 사람들이 자주 찾아와 옛 정을 돈독하게 할 수 있게끔 해야 하기 때문이다.

212

대인을 경외해야 하니, 대인을 경외하면 거리낌없이 함부로 행동하는

마음이 없을 것이고, 백성을 두려워해야 하니, 백성을 두려워하면 교만하고 포악하다는 오명을 남기지 않을 것이다.

213

일이 여의치 않을 때는 나보다 못한 사람을 생각하라. 그리하면 하늘을 원망하고 남을 탓하는 마음이 저절로 사라질 것이다.

마음이 게을러질 때는 나보다 나은 사람을 생각하라. 그리하면 정신을 가다듬어 분발할 수 있을 것이다.

214

기쁨에 들떠서 아무 일이나 경솔하게 승낙해서는 안 되며, 술 취했다고 해서 나중에 주워담지 못할 화를 내서도 안 된다.

일이 순조롭게 진행된다고 해서 아무 일이나 충동적으로 벌여 놓아서는 안 되며, 싫증난다고 해서 지금 추진하는 일을 흐지부지하게 끝맺어서도 안 된다.

215

독서를 잘하는 사람은 손이 춤추고 발이 절로 뛰노는 경지[68]에 이르러야만 비로소 통발과 올무 같은 글자와 문장에 얽매이지 않으며,[69] 사물을

---

68. 원문은 '수무족도'(手舞足蹈)이다. 너무나 기쁜 나머지 저도 모르는 사이에 춤을 추는 것을 형용하는 말이다.

69. 원문은 '불락전제'(不落筌蹄)이다. 전(筌)은 물고기를 잡는 기구인 통발이고, 제(蹄)는 토끼 같은 것을 옭아 잡는 올가미로, 이것들은 모두 물고기나 토끼

잘 관찰하는 사람은 마음과 정신이 융합되어 물아일체의 경지에 이르러
야만 비로소 겉으로 드러난 형상에 구속되지 않는다.

216

하늘이 한 사람을 택해 지혜롭게 하여 뭇 사람들의 어리석음을 깨우쳐
주게 하였으나, 총명해진 사람들은 제 잘난 것만 자랑하며 다른 사람들
의 단점을 들추어 내고 있다.

하늘이 한 사람을 택해 부유하게 하여 뭇 사람들의 곤궁함을 구제하게
하였으나, 부귀해진 사람들은 자신이 가진 재물을 뻐기며 가난한 사람들
을 업신여기고 있으니, 이러한 사람들은 참으로 천벌을 받을 죄인이다.

217

도덕과 학문이 높은 사람은 어떠한 근심이나 염려도 없고, 어리석은
사람은 배운 것이 없어 아는 것이 없으니, 이 두 부류의 사람과는 함께 학
문을 논할 수 있고 또 공적도 세울 수 있다.

그러나 그도 저도 아닌 중간의 재주나 지혜를 가진 사람은 생각과 지
식이 늘어나면 늘어날수록 억측과 의심도 따라 깊어지니, 이 부류의 사
람과는 함께 일을 하기 어렵다.

를 잡기 위한 도구요 수단일 뿐이다. 마찬가지로 문자라는 것은 진리를 밝히
는 도구요 형식일 뿐이지 그 자체가 진리는 아닌 까닭에, 독서를 할 때는 그
문자에만 얽매이지 말고 그 속에 담긴 의리(義理)를 깊이 구해야 한다는 것을
비유하고 있다.

218

입은 마음의 문이니 입을 잘 단속하지 못하면 마음속의 비밀까지 누설하게 된다.

뜻은 마음의 발이니 뜻을 엄중히 지키지 않으면 그릇된 길로 빠져들게 된다.

219

남을 꾸짖을 때는 그의 허물 중에도 그나마 잘못이 적은 부분을 가지고 일러 주어야 하니, 그렇게 해야 상대방의 마음이 평온하게 진정되어 내 충고를 귀담아 듣게 되는 것이다.

나를 꾸짖을 때는 허물이 없는 평상시라도 미진한 부분을 찾아 반성해야 하니, 그렇게 해야 자신의 덕업이 날로 진보하게 되는 것이다.

220

어린이는 어른의 씨앗이요, 선비[70]는 관리[71]의 씨앗이다. 그러한 까닭에 어릴 때와 선비일 때 몸과 마음을 부지런히 수양하고 공부하지 않으면, 마치 화력이 모자라 질그릇과 주물을 정밀하게 만들지 못해 결국 좋은 물건이 될 수 없는 것과 같으니, 훗날 세상을 살아가거나 조정에서 벼슬살이를 할 때 쓸모 있는 인재가 되기 어렵다.

---

70. 원문은 '수재'(秀才)이다. 수재는 과거시험에 합격하여 관리로 나아가려는 사람을 가리킨다.
71. 원문은 '사부'(士夫)이다. 사부는 곧 사대부로 관직에 있는 사람을 일컫는다.

221

군자는 어려운 지경에 처해도 근심에 빠지지 않으며, 즐겁고 편안할 때에도 쾌락에 젖어들지 않고 다음을 생각한다.

군자는 권력과 부귀를 가진 자를 만나도 두려워하지 않으며, 불쌍하고 외로운 사람을 대할 때면 마음 아파한다.

222

복숭아꽃·오얏꽃이 제아무리 고운들 잠시 피었다 시들어 버리니, 어찌 사시사철 푸르른 소나무·잣나무의 굳은 절개에 견줄 수 있겠는가?

배·살구가 제아무리 달다지만 쉽게 문드러지니, 어찌 오래도록 변치 않는 누런 등자·푸른 귤의 맑은 향기만 하겠는가?

곱지만 일찍 시드는 것이 담박하고 오래감만 못하고, 일찍 꽃망울을 터뜨리는 것이 서서히 영글어 가는 것만 못하다는 것은 진정 거짓이 아니로다.

223

세상 풍파가 걷혀 바람 잔잔하고 물결 고요한 가운데 인생의 참된 경지를 볼 수 있고, 인간의 욕망을 떨쳐 맛이 담박하고 소리 드문 곳에서 마음의 본래 모습을 알 수 있다.

후집 채근담

1

속세를 떠나 산림에 사는 것이 즐겁다고 얘기하는 사람이 반드시 자연에 은둔하는 진정한 참 맛을 체득한 사람은 아니며, 명예와 재물이 싫다고 말하는 사람이 반드시 병리에 대한 생각을 완전히 떨쳐 버린 사람은 아니다.

2

낚시하는 것은 고아한 일이나 오히려 물고기의 생명이 거기에 달려 있고, 바둑 두는 것은 청아한 놀이지만 도리어 싸우고 다투는 마음이 일어나게 된다. 그러하니 일에 참견하는 것을 좋아하는 것보다 아무 일 없는 것이 한가로와 좋고, 다재다능한 것보다 무능한 것이 본성을 지킬 수 있어 좋다.

3

꾀꼬리가 노래하고 꽃이 활짝 피어 온 산과 골짜기를 가득 채워도, 이 모두는 천지자연의 헛된 모습일 뿐이니, 계곡의 물이 마르고 나뭇잎이 떨어져 바위와 벼랑만이 앙상하게 남아 있어야 비로소[1] 천지자연의 참 모습을 볼 수 있다.

4

세월은 본래 장구한데 조급한 사람은 스스로 때가 왔다고 생각해 버린다. 천지는 본래 광활한데 속 좁은 사람은 스스로 세상을 좁다고 생각

---

1. 원문은 '석수애고'(石瘦崖枯)이다. 가을날 산골짜기의 물이 말라 버려 시든 이끼만 남은 돌들이 앙상하게 드러나고, 초목이 시들고 나뭇잎은 다 떨어져 산언덕이 황량하게 메마른 모습을 형용한 것이다.

가을달을 완상하는 사람들(명, 심주의 「춘추상월도」, 보스턴 미술관 소장)

한다.

바람, 꽃, 눈, 달 등 사계절의 경치는 마음에 여유를 주는 것들인데 세상에 찌든 사람은 즐길 여유도 없이 쓸데없이 분주하구나.

5

정취를 느끼기 위해 많은 것이 필요한 것은 아니니, 작은 연못이나 조그마한 돌에도 안개와 노을이 깃든다.

경치를 즐기기 위해 먼 데까지 갈 필요는 없으니, 쑥으로 얽은 창과 대나무로 이은 집에도 바람과 달빛이 넉넉하다.

6

고요한 밤에 울리는 종소리는 속세의 덧없는 꿈^{2}을 일깨우고, 맑은 연못에 비친 달그림자는 내면의 참선[3]을 보게 한다.

7

새 지저귐과 벌레 소리는 모두 천지자연의 이치를 전하는 비결이며,[4] 꽃송이와 풀빛은 모두 천지자연의 도를 드러내는 문채이다. 배우는 사람은 천기[5]를 맑고 깨끗하게 하고 마음을 영롱하게 해야 하니, 이와 같이

---

2. 원문은 '몽중지몽'(夢中之夢)이다. 꿈은 본래 진실이 아닌 세계이며 본심을 잃은 상태인데, 이 꿈 가운데서 또 꿈을 꾸니 미혹의 세계가 연거푸 더해짐을 가리킨다. 앞의 몽(夢)은 덧없는 속세를 비유하며, 뒤의 몽(夢)은 그 속세에서 일장춘몽같은 명리를 좇는 부질없는 마음을 비유한다.

3. 원문은 '신외지신'(身外之身)이다. 연못에 비친 달이 진짜 달이 아니듯, 현재 이 육체 이외에 천지자연의 본체인 참 육체가 있음을 뜻한다. 앞의 신(身)은 육신을 가리키고, 뒤의 신(身)은 내면의 마음을 가리킨다.

4. 원문은 '전심지결'(傳心之訣)이다. 불교에서는, 진리는 문자나 경론(經論)에 의하지 않고 마음을 통해 전해진다고 여겼다. 이를 이심전심(以心傳心)이라고 한다. 여기서는 새 지저귐이나 벌레 소리 속에서도 천지자연의 이치가 담겨 있음을 말하고 있다.

5. 『채근담』에는 천기가 여러 차례 등장하고, 진기(眞機), 기(機) 등의 개념도 자주 보인다. 기는 원래 활에서 화살을 발사하는 부분을 가리킨다. 이 곳은 일종의 기계로 중요하고 오묘한 부분이므로 기계, 관건, 교묘하다, 오묘하다라는 뜻이 파생되었다. 그리하여 기가 들어간 단어는 대체적으로 이러한 의미를 갖고 있다. 천기(天機)가 처음 보이는 문헌은 『장자』이다. 세 편에 걸쳐 4차례 등장하는데 각각의 의미가 약간씩 다르다. "욕심이 많은 사람은 천기가 얕다."(其者欲深者, 其天機淺)「대종사」(大宗師), "성인은 물(物)의 정(情)에 통하고, 하늘의 명(命)에 따르며 천기는 움직이지 않아도 오관(伍官)은 제각기 일을 하니, 이것을 일러 천락이라 하며, 말없는 가운데 마음은 즐거운 것이다"(聖也者達於情而 於命也, 天機不張, 而伍官備之謂天樂 無言而心說)「천운」(天運), "이제 나는 내 천기를 움직이면서도 그 까닭을 모르네"(今予動吾

하면 어떠한 대상을 접하든지 마음속에 깨달음이 있으리라.

8

사람들은 글자로 된 책은 읽을
줄 알지만 글자 없는 책은 읽을
줄 모르며, 현 있는 거문고는 탈
줄 알지만 현 없는 거문고는 탈
줄 모른다. 형체를 통해서만 즐
길 줄 알고 정신을 통해서는 그
정취를 깨닫지 못하니, 어떻게
거문고와 책에 담긴 참 정취를
느낄 수 있겠는가?

현 없는 거문고를 탔던 도연명의 정취
(명, 진홍수의 「도연명도」, 호놀룰루 예술원 소장)

9

욕심 없는 마음은 가을 하늘·잔잔한 바다요,

天機而不知其所以然〕"천기의 움직임을 어떻게 바꿀 수 있겠는가?"〔夫天其之
所動 何可易也〕「추수」(秋水) 이상의 예에서 살필 수 있듯이 천기는 첫째, 타고
난 천진한 마음. 둘째, 자연의 중추기관, 근본정신 셋째, 천연의 모습, 천지의
조화와 작용 등의 복합적 개념으로 형성되어 있다. 물론 이러한 천기는 인간
만이 소유한 것이 아니라 천지만물이 다 갖고 있는 것이며 천기의 개념 또한
후대에 오면서 변화 발전되었다. 『채근담』에 나오는 천기도 그 함의는 다양
하겠지만 대체적으로 '하늘에서 부여받아 자연적으로 갖고 있는 영묘한 능
력 내지 마음의 움직임' 정도로 볼 수 있을 듯하다. 본 역서에서는 문맥에 맞
게 적절하게 해석하였고 세세한 근거는 부연하지 않았다.

음악과 책이 있는 삶은 은자(隱者)의 거처·신선의 세계라.

10

친구들과 모여 마음껏 마시고 실컷 놀다가, 어느덧 시간은 다 가고 촛불은 가물거리며[6] 향불이 꺼지고 차도 식고 나면 저도 모르는 사이 슬픔만 남고 흥취는 사라진다. 아! 세상만사가 모두 이와 같거늘 어째서 빨리 깨닫지 못하는가?

11

사물 가운데 있는 참 의미를 이해하면 세상의 아름다운 경치[7]가 모두 내 마음속에 깃들고, 눈앞에 일어나는 천지조화의 작용을 깨달으면 천년 전의 영웅호걸들도 모두 내 손안에 있게 된다.

---

6. 원문은 '루진촉잔'(漏盡燭殘)으로 본래 시간은 다 가고 촛불은 가물거린다는 의미이다. 여기서는 연회가 끝나갈 무렵임을 뜻한다. 루(漏)는 옛날 시간을 재던 기구로서, 청동 항아리에 물을 담아, 바닥에는 구멍 하나를 뚫고, 항아리 가운데 눈금을 새긴 화살(漏箭)을 세워 놓은 것이다. 항아리(漏壺)의 물이 조금씩 구멍을 통해 떨어져, 화살 위에 새겨 놓았던 눈금이 차례로 드러나면, 그 때의 시간을 알 수 있게 고안되었다.

7. 원문은 '오호지연월'(伍湖之煙月)이다. 오호(伍湖)는 중국 고대에 경치가 아름다운 다섯 호수로, 요주(饒州)의 파양호(鄱陽湖)·윤주(潤州)의 단양호(丹陽湖)·악주(岳州)의 청초호(靑草湖)·악주(鄂州)의 동정호(洞庭湖)·소주(蘇州)의 태호(太湖)가 그것이다. 다섯 개의 호수가 정확히 어느 것인가에 대해서는 이외에도 여러 설이 있다. 연월(煙月)은 안개와 달빛이 드리워진 것과 같은 아름다운 경치, 경관을 말한다.

12

산천과 대지도 하나의 티끌일진대, 하물며 티끌 속의 아주 작은 티끌인 인간에 있어서랴! 인간의 육신도 죽고 나면 없어질 물거품이나 그림자일진대, 하물며 인간의 그림자 같은 부귀공명에 있어서랴!

탁월한 지혜를 지닌 자가 아니면 이 진리를 분명히 깨닫지 못할 것이다.

13

부싯돌에 번쩍 하고 마는 불꽃같은 인생에서 서로 길고 짧음을 다툰들 그 세월이 얼마나 되겠는가?

달팽이 뿔 끄트머리 만한 세상에서 서로 잘났다고 겨룬들,[8] 그 세상이 얼마나 되겠는가?

14

꺼진 등불은 불꽃이 없고 해진 모피는 온기가 없으니 이것은 모두 쓸쓸한 풍경[9]이다. 몸은 말라죽은 나무 같고 마음은 싸늘하게 식은 재 같다

---

8. 원문은 와우각상(蝸牛角上)이다. 달팽이 뿔의 끝이라는 뜻으로, 그에 대한 이야기는 『장자』에 있다. 옛날 달팽이의 왼쪽 뿔에 촉씨(觸氏)라는 나라가 있고, 오른쪽 뿔에 만씨(蠻氏)라는 나라가 있었는데, 수시로 땅을 다투어 전쟁을 일으켜, 죽은 자가 수만에 이르렀다고 하는 내용으로, 사소한 이해득실에 얽매여 끊임없이 서로 싸우고 빼앗는 인간의 모습을 적나라하게 비판하고 있다.

9. 원문은 '파롱광경'(播弄光景)이다. 등불이 싸늘하게 불빛을 잃고 모피가 다 해져서 온기를 잃은 것은 결코 본래의 담박하고 청량한 상태가 아니라 천지 자연의 조화가 사물을 조종하여 낡고 사라져 가게 함으로써 그러한 쓸쓸한

면 공(空)만을 고집하는 데[10] 빠져들고 말뿐이다.

15

사람이 즉시 세속의 욕심을 끊고 쉴 수 있다면, 번뇌도 곧 사라져 버리나, 만약 굳이 욕심을 끊을 적당한 시기를 찾은 후 쉬려 한다면, 그 때는 영원히 오지 않는다. 이는 마치 혼례를 치르고 나면 아무 일도 없을 것 같으나 여전히 일이 많고, 또 승려나 도사가 되면 마음의 욕심을 완전히 뿌리칠 것 같으나 실은 그렇지 못하는 것과 같다.

옛 사람이 "지금 손을 놓고 쉴 수 있으면 당장 그렇게 해야 하니, 만일 그칠만한 적당한 시기를 따로 찾으려 한다면 영원히 쉴 수 없으리라!"고 한 말은, 참으로 뛰어난 견해이다.

16

차분한 상태에서 열광하던 때를 생각해야, 흥분하여 때의 분주함이 아무런 보탬이 안 됨을 알게 되고, 번잡한 곳에서 한가한 곳에 자리한 뒤에야 한가한 즐거움이 가장 오래감을 깨닫게 된다.

17

부귀를 뜬구름처럼 여기는 기품이 있더라도, 굳이 산속에 파묻혀 수

상태가 된 것이다.

10. 원문은 '완공'(頑空)이다. 모든 것이 공(空)하다는 논리에만 집착하는 것, 즉 공의 진리를 궁극이라고 알고 더 이상의 진리를 살피지 않는 것이다.

양할 필요가 없고, 자연에 심취하는 경지[11]가
아니라도, 술 한잔, 시 한 수는 즐길 줄 알아
야 한다.

한 선비의 유유자적함
(명. 구영의 「옥동선원도」
북경고궁박물원 소장)

18

명예와 이익을 좇는 일일랑 남에게 맡기고
거기에 빠지든 말든 관여하지 말라. 욕심 없
고 소탈함은 나의 본성을 따르는 것이니 나
홀로 명예와 이익에 취하지 않고 깨어 있음을
자랑하지 말라. 이것이 바로 부처가 말한 '일
체의 사물과 도리에 얽매이지 않고 허무의 이
치에도 얽매이지 않는 것'이요, 몸과 마음이
모두 자유로운 것이다.

19

시간의 길고 짧음은 생각하기 나름이고 공간의 좁고 넓음은 마음먹기
나름이다. 그렇기 때문에 마음이 한가로운 사람은 넉넉하여 하루를 천년
보다 길게 느끼고, 마음이 넓은 사람은 좁은 방도 하늘과 땅 사이만큼 넓

---

11. 원문은 '고황천석'(膏肓泉石)으로 자연을 사랑함이 마치 고황에 병이 든 것처
럼 깊다는 의미이다. 고황(膏肓)은 본래 고대 의학에서 심장과 횡경막 사이를
가리키는 것으로 이 곳은 몸속의 아주 깊은 곳인 까닭에, 만약 이 곳에 병이
나면 어떤 약으로도 구제할 수 없는 불치의 장소로 여겼다. 여기에서는 자연
을 사랑하는 것이 고황에 병이 들 정도로 깊음을 말한다.

게 여긴다.

20

물질적인 욕망을 덜고 덜어 꽃을 가꾸고 대나무를 심으니, 일체의 물욕이 사라지고,[12] 번잡한 생각을 잊고 잊어 향을 사르고 차를 끓이니, 일체의 사물에 개의치 않는도다.[13]

21

내 앞에 놓인 현실에 만족할 줄 알면 바로 그곳이 신선의 세계요, 만족할 줄 모르면 그저 욕망 가득한 속세일 뿐이다. 세상의 온갖 인연을 잘 쓰면 어디서나 생기가 충만하나, 잘 쓰지 못하면 곳곳마다 살기가 가득할 것이다.

---

12. 원문은 '오유선생'(烏有先生)이다. 오유선생은 사마상여(司馬相如)의 「자허부」(子虛賦)에 등장하는 가공인물의 이름으로, 오유(烏有)는 '어찌 ~이 있으랴?'라는 풍자적인 의미를 지니고 있다. 이 이름에서 알 수 있듯이 아무것도 가질 필요가 없다는 소탈한 정취를 지니는 까닭에, 여기에서는 일체의 물질적 욕망이 없는 마음의 상태를 가리키고 있다.

13. 원문은 '백의동자'(白衣童子)이다. 백의동자는 하얀 옷을 입은 심부름꾼으로, 보통 술을 전해 주는 심부름꾼을 말한다. 『속진양추』(續晉陽秋)에 나오는 이야기로, 도연명(陶淵明)이 중양절(重陽節)에 집 근처 국화 밭에 앉아 있는데 왕홍(王弘)이라는 사람이 심부름꾼(白衣人)을 보내 도연명에게 술을 보내었다고 한다. 여기서는 외물에 대해 묻지 않는, 개의치 않는 마음의 상태를 가리키고 있다.

22

권세에 빌붙다가 초래한 재앙은 몹시 참혹하고도 빨리 닥치지만,
욕심 없이 평안하게 지내는 정취는 참으로 담백하면서도 오래간다.

23

소나무 우거진 산골짜기 냇가에 지팡이를 짚고 홀로 거닐다 문득 멈추
니 해어진 옷에서 구름이 일고,
대나무 무성한 창문 아래에 책을 베개삼아 편히 누워 졸다 문득 깨어
나니 낡은 담요에 달빛이 스며드네.

24

색욕이 불길처럼 일어나더라도 병들 것을 생각하면 싸늘한 개처럼 식
어 버리고 명예와 이익이 사탕처럼 달콤할지라도 죽을 것을 생각하면 밀
랍 씹는 것처럼 아무 맛도 없게 된다. 그러므로 사람이 항상 죽음을 걱정
하고 병을 근심하면, 헛된 짓을 삼가고 도를 구하는 마음[14]을 기를 수 있
을 것이다.

---

14. 원문은 '도심'(道心)이다. 유가와 불가에서 말하는 도심은 다르다. 유가에서
  도심이라 하면 천리(天理), 의리(義理)를 말하는 것으로, 인심(人心)과 대비되
  어 의리에 발하는 마음이기 때문에 도심이라고 한다. 불가에서의 도심은 보
  리심(菩提心)이다. 도(道)는 보리(菩提)를 번역한 말로 원만한 지혜를 뜻하니
  도심은 원만한 지혜인 보리, 즉 도를 구하는 마음이다. 여기서는 문맥에 의거
  불가의 도심으로 파악하였다.

25

앞을 다투는 길은 좁으니 한 걸음 물러나면 그만큼 넓어지고,

진하고 기름진 맛은 금방 싫증나니 조금 맑고 담백하면 그만큼 오래가리라.

26

바쁠 때 본성을 어지럽히지 않으려면 한가할 때 마음을 맑게 길러야 하고, 죽음을 앞두고 마음이 흔들리지 않으려면 살아 있는 동안 사물의 이치를 깨달아야 한다.

27

속세를 떠나 자연에 은거하는 삶에는 영화도 욕됨도 없고 도의를 지키는 삶에는 변덕스런 세속의 인정이 없다.

28

더위 그 자체는 없앨 수 없지만 덥다는 생각을 버리면 몸은 늘 시원한 누대에 있고, 가난 그 자체는 떨칠 수 없지만 가난하다는 생각을 버리면 마음은 항상 안락한 보금자리에 머문다.

29

한 걸음 나아갈 때 한 걸음 물러날 줄 알아야 진퇴양난에 빠지는 화[15]

---

15. 원문 '촉번지화'(觸藩之禍)로, 촉번(觸藩)은 저양촉번(羝羊觸藩)의 약어(略語)

를 면할 수 있으며, 일을 시작할 때 일을 멈출 것을 생각해야 위태로운 곤경[16]에서 벗어날 수 있다.

30

욕심부리는 사람은 금을 나눠 주면 옥을 못 가져서 불평하고, 공(公)의 작위를 내려 주면 제후를 못받아서 원망하니, 권력과 부귀를 가졌으면서도 구걸하고 빌어먹는 거지노릇을 달갑게 여긴다.

그러나 만족할 줄 아는 사람은 명아주 국같이 초라한 음식도 진수성찬보다 맛있어 하고, 거친 베옷도 모피보다 따뜻하게 여기니, 평범한 백성이더라도 그 넉넉한 마음은 왕후장상(王侯將相)에 뒤지지 않는다.

31

명성을 자랑함이 명성을 피하는 멋만 못하니, 일에 능수능란함이 어떻게 일을 줄여 한가로움만 같겠는가?

32

속세를 떠나 고요함을 즐기는 사람은 흰 구름이나 기이한 암석을 보면

이다. 숫양이 울타리를 떠받다. 곧 숫양이 울타리를 떠받다가 뿔이 걸려 꼼짝하지 못하게 된다는 뜻으로 앞만 보고 저돌적으로 행동하다가 나아가지도 물러나지도 못하고 진퇴양난(進退兩難)에 빠짐을 비유한다.

16. 원문은 '기호지위'(騎虎之危)이다. 호랑이를 타고 있어 그냥 있을 수도 내릴 수도 없는 처지의 위태로움, 곧 어떤 일을 중도에서 그만두거나 손을 뗄 수 없어 이러지도 저러지도 못하는 상황을 가리킨다.

서 현묘한 이치를 깨닫고, 속세에서 영리를 좇는 사람은 맑은 노래와 아름다운 춤을 즐기면서 피로를 잊는다. 그러나 스스로 도를 깨달은 선비는 시끄러움이나 고요함·번영함과 쇠퇴함에 대한 미련이 없는 까닭에, 어느 곳이나 자유로운 세상 아님이 없다.

33

산골짜기에 피어난 한 조각 구름, 가고 머묾에 얽매임이 없고,
하늘에 걸린 밝은 달, 고요하고 소란스러움에 개의치 않네.

34

유장한 정취는 맛좋은 음식을 먹는 부귀한 생활에서 얻어지는 것이 아니라 콩죽을 먹고 물을 마시는 소박한 생활에서 얻어진다. 쓸쓸한 감회는 고요하고 적막한 생활 속에서 생기는 것이 아니라 음악을 연주하는 데서 생겨난다. 그러므로 농후한 맛은 항상 짧고 담박한 맛 가운데 참됨이 있음을 알라.

35

선의 종지를 드러내는 말 중에 '배고프면 밥 먹고 피곤하면 잠을 잔다'는 표현이 있고, 시의 묘지를 드러내는 말 가운데 '눈앞의 경치를 사실대로, 평이한 말로 묘사한다'는 표현이 있다. 대체로 지극히 고원한 진리는 아주 평범한 가운데 깃들어 있고 지극히 어려운 경지는 가장 평이한 곳에서 나온다. 그러므로 일부러 의도하면 오히려 멀어질 것이요, 마음을 비우면 저절로 가까워지리라.

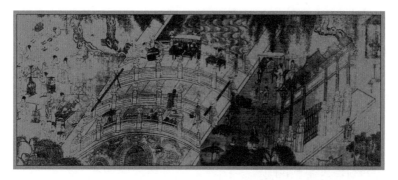

명대의 상거래 모습을 담은 『황도적승도』의 일부(중국역사박물관 소장)

36

물이 소리내어 흐르나 사방은 고요하니, 소란함 속에서 고요함을 깨닫는 정취를 얻을 것이요, 산이 높아도 구름은 거리낌없이 흘러가니, 유심에서 무심으로 들어가는 이치를 깨달을 것이다.

37

산과 숲은 경치 좋은 곳이지만 일단 집착하면 시장판이 되어 버리고, 글과 그림은 고아한 일이지만 일단 탐내어 빠져들면 상품이 되어 버린다. 마음에 탐하고 집착함이 없으면 속세도 신선의 세계가 되고, 마음에 얽매이고 연연함이 있으면 즐거운 세상도 고해가 된다.

38

소란스럽고 번잡할 때에는 평소에 늘 기억하던 것도 멍하니 잊어버리고, 청정하고 편안한 곳에서는 전에 잊었던 일도 또렷하게 떠오른다. 그러므로 고요함과 소란스러움이 조금만 나뉘어도 마음의 어둡고 밝음이 판이하게 달라짐을 알 수 있다.

39

갈대꽃 분분히 날리는[17] 아래에서 흰 눈을 침대 삼아, 구름 속에 잠들면 한 방 가득한 야기[18]를 온전히 간직할 것이요, 대나무 잎 비친 술잔[19] 기울이며 맑은 바람에 시를 읊조리고 밝은 달을 완상하면, 티끌 가득한 이 속세를 벗어나리라.

40

예복을 차려입은 고관이 모인 곳에 명아주 지팡이를 짚은 은자가 한 사람 있으면 고상한 풍취가 한층 더해지되, 어부와 나무꾼이 오가는 거리에 옷을 잘 차려입은 관리가 한 사람 있으면 오히려 속된 기운만한층 더해지니, 진실로 진함은 담박함만 못하고 속됨은 고아함만 못함을 알리라.

41

속세를 초탈하는 방법은 세상을 살아가는 가운데 있으니, 굳이 인연을

---

17. 원문은 '노화피'(蘆花被)이다. '솜 대신에 갈대꽃을 넣어 만든 이불'로 보기도 하나 여기서는 갈대꽃이 어지러이 날려 이불처럼 내 몸을 덮는 모습을 형용하는 것으로 보았다.
18. 원문은 '야기'(夜氣)이며 『맹자』(孟子)에 보인다. 밤의 청명한 기운이란 뜻으로 맑고 깨끗한 심경을 비유한다.
19. 원문은 '죽엽배'(竹葉杯)이다. '죽엽청주'(竹葉清酒)라는 술이름으로 보기도 한다.

끊고 세상을 피해야만 되는 것은 아니다. 마음을 깨닫는 공부는 마음을 다하는[20] 데 있으니, 굳이 욕심을 끊고 차가운 마음을 지닐 필요는 없다.

42

이 몸이 항상 한가로운 곳에 머무는데, 세속의 영화와 굴욕·얻음과 잃음이 어찌 나를 부릴 수 있으며, 이 마음이 항상 평온함을 지니는데, 세상의 옳음과 그름·이로움과 해로움이 어찌 나를 농락하겠는가?

43

대나무 울타리 아래에서 개 짖고 닭 우는 소리 문득 들리니 구름 속 신선의 세계에 있는 듯 황홀하고, 서재 안에서 매미와 까마귀 우는 소리 맑게 들리니 고요함 속의 별천지를 알겠구나.

44

내가 영화를 바라지 않는데 어찌 이익과 봉록의 달콤한 미끼를 근심할 것이며, 내가 공명을 앞다투지 않는데 어찌 벼슬살이의 위기를 두려워하겠는가?

45

자연 속을 거닐다 보면 속세의 더럽혀진 마음이 점차 사라지고, 책과

---

20. 『맹자』「진심」(盡心)에서 "그 마음을 다한다는 것은 자신의 본성을 아는 것이요, 자신의 본성을 안다는 것은 하늘을 안다는 것이다"라고 하였다.

그림을 보고 있노라면 속세의 기운이 차츰 없어진다. 그러므로 군자는 사물을 완상함에 거기에 빠져 본래의 마음을 잃어서는 안 되지만 또한 항상 외부의 사물을 통해 마음을 가다듬어야 한다.

46

봄날의 경치는 화려하고 아름다워 사람의 마음을 유쾌하게 하지만 가을날의 경치만 못하다. 가을에는 흰 구름에 맑은 바람이 불고 난초와 계수나무 향기 은은하며 수면은 하늘과 한 빛깔을 이루고 하늘의 달이 물결 위로 비치어, 사람의 몸과 마음을 모두 상쾌하게 만든다.

47

글자 한 자 몰라도 시적인 감성을 지니고 있다면 시인의 참 멋을 알 것이요, 게송 한 구 배운 적 없어도 선의 정취를 갖고 있다면 선종의 가르침에 담긴 현묘한 이치를 깨달으리라.

48

마음이 동요되면 활 그림자가 뱀처럼 보이고[21] 누워 있는 돌이 엎드린 호랑이처럼 보이니[22] 이 가운데는 모두 살기가 서려 있다. 마음이 안정되

---

21. 원문은 '궁영의위사갈'(弓影疑爲蛇蝎)로 '활 그림자를 뱀으로 잘못 알다'는 의미이다. 진(晉)나라 악광(樂廣)이라는 사람을 찾아 온 손님이, 벽에 걸려 있는 각궁(角弓)의 그림자가 잔 속의 술에 비친 것을 뱀으로 오인하고서, 그 술을 마신 후 병이 완쾌되었다는 고사에서 유래하였다.
22. 원문은 '침석시위복호'(寢石視爲伏虎)로 '누워 있는 돌을 엎드려 있는 호랑이

면 석호 같은 포악한 사람도 갈매기처럼 온순하게 변하고[23] 시끄러운 개구리 울음소리도 아름다운 음악소리로 들리니[24] 어디에서나 참된 이치를 보리라.

49

몸은 매이지 않은 배와 같으니 물 흐름에 따라 떠가든 멈추든 내 맡기며 마음은 이미 재가 된 나무와 같으니 칼로 쪼개든 향을 바르든 무슨 상관이 있겠는가.

강물을 따라 노니는 모습
(명, 당인의 「계산어은도」 일부, 대북고궁박물원 소장)

로 잘못 보다'는 의미이다. 활쏘기의 명수인 이광(李廣)이 어느 날 사냥을 나가서 풀밭에 누워 있는 돌을 엎드려 있는 호랑이로 잘못 보고 활을 쏘자, 그 화살이 돌에 꽂혔다. 그래서 다시 돌에 화살을 쏘아 보았으나, 화살이 더 이상 돌에 꽂히지 않았다는 고사에서 유래하였다.

23. 원문은 '석호가작해구'(石虎可作海鷗)로 '성질이 흉악한 석호라는 사람이 갈매기처럼 온순하게 된다'는 의미이다. 후조(後趙)의 왕이었던 석호는 포악하기 이를 데 없는 임금이었으나, 후에 한 천축승(天竺僧)에게 감화를 입어 갈매기처럼 온순하게 되었다고 하는 고사에서 유래하였다.

24. 원문은 '와성가당고취'(蛙聲可當鼓吹)로 '시끄러운 개구리 울음소리도 아름다운 음악소리로 들린다'는 의미이다. 남제(南齊)에 공규(孔珪)라는 사람이 세속의 일을 싫어하고 집은 풀만 무성하게 자라는 대로 놓아둔 채, 시끄러이 울어대는 개구리 소리를 아름다운 연주 소리라고 말했다는 고사에서 유래하였다.

50

사람의 감정은 꾀꼬리 소리를 들으면 즐거워하고, 개구리 소리를 들으면 싫어하며, 꽃을 보면 북돋아 주려 하고, 풀을 보면 뽑아 버리려 한다. 그러나 이것은 겉으로 드러난 형체와 기질을 가지고 사물을 판단한 것이다. 만약 사물의 본성으로 살핀다면, 어느 것인들 하늘로부터 부여받은 자신의 능력을 울린 것이 아니며 어느 것인들 자신의 생기를 펼친 것이 아니겠는가?

51

머리카락은 성글고 이가 빠짐은 덧없는 육체가 시들고 늙어 가는 대로 내맡기고, 새 우짖고 꽃 피는 모습 속에서 만물의 변함없는 진리를 깨달아야 한다.

52

마음속에 욕심이 가득 찬 사람은 차가운 연못에서도 끓어오르고, 한적한 숲속에서도 그 고요함을 모른다. 마음을 비운 사람은 무더위 속에서도 청량함을 느끼고, 아침시장에서도 그 소란스러움을 알지 못한다.

53

많이 가진 자 크게 망하니 가난해도 걱정없이 사는 것이 부유한 것보다 나음을 알 수 있고, 높이 오른 자 빨리 자빠지니, 비천해도 항상 편히 사는 것이 고귀한 것보다 나음을 알 수 있다.

54

이른 새벽 창가에서 『주역』을 읽다가 소나무에 맺힌 이슬로 붉은 먹을 갈고, 낮에는 책상에서 불경을 담론하다가[25] 대숲 바람결에 경쇠소리[26] 흩어 보낸다.

55

꽃이 화분에 있으면 끝내 생기를 잃고, 새가 새장 속에 갇히면 곧 천연의 정취를 잃으니 산속에서 꽃과 새가 한데 어울려 멋진 무늬를 이루고 자유롭게 날아다니며 스스로 한가롭고 즐거운 것만 못하리라.

56

세상사람들이 '나'라는 존재를 너무 진실한 것으로 알기 때문에, 모든 일을 자기 위주로 생각하여 갖가지 기호와 번뇌를 낳는다. 옛 사람이 말하기를 "내가 있음을 생각지 않는데 어찌 사물의 귀중함을 알겠는가!"라 하고, 또 "이 육신이 본래 내 소유가 아닌 줄 알진대 번뇌가 어떻게 나를 침범하겠는가!"라 하였으니, 참으로 정곡을 간파한 말이라 하겠다.

---

25. 원문은 '담경'(談經)이다. 『채근담』의 문장은 대부분 대구로 이루어져 있다. 앞에 이미 『역경』(易經)이 나와 있으니 여기에서의 경(經)은 『오경』(伍經)에 속한 것이 아닐 것이다. 더욱이 불전(佛典)을 독송할 때 치는 악기인 경(磬)이 있는 것으로 볼 때 불경(佛經)으로 보는 것이 타당할 듯하다.

26. 원문은 '보경'(寶磬)이다. 경(磬)은 중국 고대의 악기로, 본래는 집이나 절·사당에서 모셔 놓은 신상(神像)이나 위패(位牌) 위에 청동으로 사발 형태의 악기를 만들어 놓고, 제사 때에 이 악기를 쳐 소리를 냈다고 하며, 불전을 독송할 때에도 쓰인다.

57

노쇠했을 때의 입장으로 지금의 젊은 시절을 바라보아야 분주하게 공명을 좇는 마음을 제거할 수 있고, 영락했을 때의 입장으로 지금의 영화로움을 바라보아야 사치스럽게 부귀를 추구하는 생각을 끊을 수 있다.

58

사람 마음과 세상일이란 잠깐 사이에도 수없이 변하니, 어떤 일도 지나치게 진실하다고 믿어서는 안 된다. 요부[27]가 이르기를, "어제 나의 것이, 지금부터는 저 사람 것이니 모르겠구나, 오늘 나의 것이 뒤에는 누구의 것이 될지"라고 하였다. 만약 사람이 항상 이러한 자세를 지닌다면, 마음속에 얽혀 있는 일체 번뇌의 속박에서 벗어날 수 있으리라.

59

정신없이 바쁘더라도 냉철한 안목을 가진다면 많은 고민거리를 줄일 수 있고 어려운 상황에 있을 때에도 열정을 지닌다면 많은 참 멋을 얻으리라.

60

안락함에 처해 있으면 고통스러운 상황이 재빨리 따라와 마주하고, 좋

---

27. 요부(堯夫)는 북송대(北宋代)의 유학자 소옹(邵雍, 1011년~1077년)의 자로, 시호(諡號)는 강절(康節)이다. 하남(河南) 사람으로 호는 안락선생(安樂先生)이다.

은 환경에 놓이면 금세 좋지 않은 환경이 쫓아와 나란히 한다. 그러하니 평소 집에서 먹는 식사와 자신이 현재 처한 환경이 안락한 보금자리라 하겠다.

61

발 친 창문을 활짝 열어 푸른 산 맑은 물이 구름과 안개를 삼키고 토하는 것을 보면 천지자연의 자유자재한 조화를 느끼게 되고 대나무 숲 무성한 곳에 새끼 제비와 지저귀는 비둘기가 계절을 보내고 맞이하는 것을 보면 대자연과 내가 홀연히 하나 됨을 깨닫게 된다.

62

성공이 있으면 반드시 실패가 뒤따르게 마련이니, 이러한 이치를 알면, 굳이 성공을 구하는 마음에 맹목적으로 집착할 필요가 없어진다. 생명이 있으면 반드시 죽음이 뒤따르게 마련이니, 이러한 이치를 알면, 굳이 생명을 오래 유지하려는 방법에 가슴 태우며 매달릴 필요가 없어진다.

꽃이 시든 산천의 정취
(명, 심주의 『낙화시』 중에서)

63

옛 고승[28]이 "바람에 흔들린 대나무의 그림자가 섬돌 위를 쓸고 지나
가도, 섬돌 위의 티끌은 전혀 흩날리지 아니하고, 밤하늘의 달빛이 연못
끝까지 환히 비추어도, 수면에는 조금의 자취도 남기지 않는다"고 말하
였다. 또 한 유학자[29]는 "물의 흐름이 거세도 사방은 고요하고, 꽃잎 산
산이 흩어져도 마음은 한가롭네"라고 말하였다. 사람들이 항상 이러한
마음을 지닌다면, 세상을 살아감에 몸과 마음이 모두 자유로울 것이다.

64

숲속의 솔바람 소리·바위에 흐르는 물소리를 가만히 귀기울여 들으
면, 이것이 천지자연의 오묘한 음악[30]임을 알게 되고, 풀숲에 피어오른
안개의 풍경·수면에 드리워진 구름의 그림자를 유유히 바라보면, 이것
이 천지간의 가장 아름다운 무늬임을 알게 된다.

65

눈이 서진의 가시밭을 보면서도 오히려 날카로운 칼날을 과시하고, 몸

---

28. 원문은 '고덕'(古德)이다. 고덕은 고대에 인품이 뛰어났던 사람을 말하는데
    여기서는 당(唐)나라 때 고승인 설봉(雪峰: 821년~908년)을 가리킨다.

29. 소옹(邵雍)을 가리킨다. 후집 58번 각주 참조.

30. 원문은 '명패'(鳴佩)이다. 원래는 패옥의 소리를 가리키나, 여기에서는 자연
    의 오묘한 음악 소리를 가리킨다. 패(佩)는 중국 고대의 높은 관리나 귀인들
    이 허리에 차고 다니는 물건으로, 걸을 때에 패옥이 서로 부딪혀 소리를 내는
    데, 이 소리로 걸음의 속도나 자세를 조절하였다.

은 북망산의 여우와 토끼 차지인데도 오히려 황금을 아끼는구나.

옛말에 이르기를 '맹수는 길들이기 쉬우나 사람의 마음은 길들이기 어렵고, 계곡은 메우기 쉬우나 사람의 마음은 만족시키기 어렵다'고 하였으니 참으로 옳은 말이다.

66

마음에 번뇌라는 풍파가 없으면, 발길 가는 곳마다 모두 푸른 산 푸른 나무와 같이 속세에 물들지 않은 청정한 경지일 것이요, 타고난 본성 가운데 만물을 기르는 기운이 있으면, 눈길 닿는 곳마다 물고기가 연못에서 뛰어오르고 솔개가 하늘로 날아오르는 것과 같은 생기 넘치는 자유로움을 보리라.

67

고관대작이라도 때로 도롱이와 삿갓을 걸치고 아무런 근심 없이 유유자적하는 은자를 보면, 자기생활의 고뇌와 수고로움을 한탄하지 않을 수 없으며, 고대광실에 사는 부자라도, 때로 성긴 발을 드리우고 깨끗한 책상에 앉아 유유자적하는 사람을 보면 사모하는 마음이 들지 않을 수 없다.

세상사람들이여! 어찌하여 수단과 방법을 가리지 않은 채 부귀공명을 좇을 줄만 알고[31] 자기의 본성을 따라 유유자적하게 살 것을 생각지 아니

---

31. 원문은 '구이화우, 유이풍마'(驅以火牛, 誘以風馬)이다. 중국 춘추전국시대(春秋戰國時代)에 연(燕)나라 군사가 제(齊)나라의 칠십여 성(城)을 함락시켰다. 전단(田單)이 그 때 즉묵(卽墨)을 지키고 있었는데, 성내에 있던 소 천여 마리를 모아, 소의 몸에 모두 붉은색 천을 둘러 그 위에 화려한 용 문양을 그려 넣

하는가?

68

　물고기가 물을 만나 유유히 헤엄쳐 다님
에 자기가 물에 있음을 잊고, 새가 바람을
타고 창공을 날아다님에 자신이 바람 속에
있음을 알지 못한다. 사람이 만약 이러한 이
치를 깨닫는다면, 몸은 비록 세속에 있더라
도 마음은 바깥 사물의 얽매임으로부터 초
탈하여 천기를 즐길 수 있다.

유유히 노니는 물고기
(청, 주답의 「거상유어도」,
북경영보재 소장)

고, 소의 뿔에는 병기를 묶어 놓았으며, 소꼬리에다가는 기름에 적신 갈대풀
을 묶어 놓았다. 그리고는 소꼬리에 한꺼번에 불을 놓고, 야밤을 틈타 연나라
군사를 기습해 큰 승리를 거두었다. 이것이 바로 '전단의 화우계'(火牛計)로,
여기서는 수단과 방법을 가리지 않고 부귀공명만을 좇는다는 의미를 지닌
다. 한편 춘추시대(春秋時代)에 제(齊)나라 환공(桓公)이 여러 제후들을 거느
리고 채(蔡)나라를 치고, 다음으로 초(楚)나라를 공격했다. 이때 초왕(楚王)이
사자를 보내, "환공께서는 북해(北海)에 계시고 저는 남해(南海)에 있어, 발정
기가 된 말이나 소도 이르지 못할 거리인 까닭에, 여기까지 오실 줄은 생각
지도 못했습니다. 어쩐 일이십니까?"라고 비꼬는 고사에서 나온 말이다. 풍
(風)은 발정기가 되다, 암내를 내다라고 보는 설과, 제멋대로 풀어놓다, 방목
하다로 보는 설 두 가지가 있다. 위의 화우(火牛)와 마찬가지로 수단과 방법
을 가리지 않고 부귀공명만을 좇는 의미를 지닌다.

69

여우가 잠자는 허물어진 섬돌과 토끼가 달리는 황폐해진 누대는 모두 그 옛날 노래하고 춤추던 곳이요, 이슬 맺힌 국화와 안개 어린 시든 풀만 무성한 이 곳은 모두 그 옛날 전쟁터라네. 아! 흥망성쇠가 어찌 항상 한 결같을 수 있으며, 그 옛날 강자와 약자는 모두 어디에 있는가? 이를 생각하면 부귀영화를 탐하는 마음이 싸늘한 재처럼 식어 버릴 것이다.

70

영화와 굴욕에 놀라지 않음이 마치 뜰 앞에 피었다 지는 꽃을 한가하게 바라보는 것과 같고, 관직에 나아감과 물러남에 마음을 두지 않음이 마치 하늘 위에 펼쳐졌다 걷히는 구름을 무심히 좇는 것과 같구나.

71

맑은 하늘과 밝은 달빛이 있어 어딘들 날아갈 곳이 없을까마는, 부나비는 스스로 촛불에 몸을 던지고, 맑은 샘물과 푸르게 깔린 풀잎이 있어 어딘들 먹을 것이 없을까마는, 올빼미는 굳이 썩은 쥐를 즐겨 먹는다. 아! 이 세상에 부나비·올빼미와 같지 않은 사람이 도대체 얼마나 되겠는가?

72

뗏목을 타고 건너자마자 뗏목을 버릴 것을 생각하면, 이는 어떤 것에도 구애되지 않는 깨달음을 얻은 사람이다. 만약 나귀를 타고 있으면서도 오히려 나귀를 찾아 헤맨다면,[32] 결국 진리를 깨닫지 못한 선사가 될 뿐이다.

73

권력과 부귀를 가진 자들이 용이 날뛰듯 다투고 영웅호걸들이 범이 으르렁거리듯 싸우는 모습을 냉철한 눈으로 살펴보면, 마치 개미떼가 비린내 나는 것에 꼬이는 것과 같고 파리떼가 다투어 피를 빠는 것과 같이 추하다. 시시비비를 가리는 논의가 벌떼처럼 일어나고 이해득실을 따지는 의견이 고슴도치 가시처럼 곤두서도 냉철한 마음으로 판단하면, 풀무로 쇠를 녹이듯 끓는 물로 눈을 녹이듯 사라진다.

74

물질적인 욕망에 얽매이면 우리네 삶이 애달프다는 것을 알게 되고, 천성대로 유유자적하게 살면 인생의 즐거움을 깨닫게 되니, 그 애달픔을 알면 세속의 욕심이 순식간에 깨어질 것이요, 그 즐거움을 알면 성인의 경지에 저절로 이를 것이다.

75

마음 가운데 조금이라도 물질적인 욕망이 없으면, 온갖 번뇌는 마치 화롯불에 눈이 녹고, 태양 빛에 얼음이 녹듯 사라지고, 눈앞에 절로 맑고

---

32. 불성(佛性)이 내 안에 있음을 모르고 엉뚱한 데서 구하는 것을 비유하는 말이다.

밝은 광명이 있으면, 언제나 밝은 달이 하늘 높이 떠 있고 달빛이 물결 위에 반짝임을 보게 되리라.

76

시를 짓는 영감은 자연과 어우러진 파릉교[33] 위에 있으니, 나직이 읊조리노라면, 수풀과 골짜기 모두 호연하게 메아리쳐 화답한다. 대자연의 흥취는 맑고 고요한 경호[34]의 기슭에 있으니, 홀로 거니노라면, 산과 물이 자연스레 서로를 비춰 그윽한 멋을 자아낸다.

시를 읊는 굴원의 모습
(명, 진홍수의 「굴자행음도」)

77

오래 엎드려 있던 새는 반드시 높이 날고, 일찍 핀 꽃은 빨리 시든다.

---

33. 파릉교(灞陵橋)는 파교(灞橋)라고도 하며, 섬서성(陝西省) 장안현(長安縣) 동쪽에 있는 다리로, 그 주위의 풍경이 아름답다고 한다. 다리가 파수(灞水) 위에 있었는데, 옛날 사람들이 여기에서 많은 이별을 했던 까닭에 소혼교(銷魂橋)라는 명칭이 붙기도 하였으며, 또 다리에서 이별할 때 이 다리의 버드나무 가지를 꺾어 석별의 정표로 삼았다는 절양류(折楊柳)의 이야기도 유명하다.

34. 경호(鏡湖)는 지금의 절강성(浙江省) 소흥현(紹興縣) 남쪽에 위치했던 호수로서, 거울 같이 맑고 아름다웠다고 한다. 당(唐)나라 현종(玄宗)이 비서감(秘書監)이었던 하지장(賀知章)에게 '경호섬천(鏡湖剡川)의 곡(曲)'을 하사하였던 까닭에, 경호를 하감호(賀監湖)라 부르기도 한다. 그러나 송(宋)나라 희령(熙寧)황제 이후에는 호수가 점점 메워져서 밭이 되었다.

이러한 이치를 알면 발을 헛디디는[35] 근심을 면할 수 있으며, 성급하게 일을 이루려는 생각도 사라질 것이다.

78

나무는 가을에 낙엽 지고 뿌리만 남은 뒤에야, 꽃의 화려함과 잎가지의 무성함이 한낱 헛된 영화라는 것을 알게 되고, 사람은 죽어서 관 뚜껑을 덮은 뒤에야 자식과 재물이 아무 소용없음을 알게 된다.

79

일체의 사물에 대한 고정적인 관념을 초월하는 것이 공을 깨닫는 것은 아니다.[36] 사물의 모습에 집착[37]하면 본래의 진실을 분명히 볼 수 없지만, 반대로 사물의 모습에 미혹됨[38]을 부정하고 깨뜨린다고 해서 반드시

---

35. 발을 헛디딘다는 것은 실세(失勢), 즉 세력을 잃음을 비유한다.
36. 원문은 '진공불공'(眞空不空)이다. 글자대로 풀면 '참된 공(眞空)은 빈 것(空)이 아니다'가 된다. 진공(眞空)은 색(色)과 상(相)에 대한 의식으로부터의 한계를 초월한 경지를 말한다. 만물은 고정적 실체, 불변의 존재가 아님을 설명하는 것이 공(空)이나, 이 공(空)을 진리(眞理)라 여긴다면, 다시 고정적인 관념에 묶여 버리게 되는 까닭에 진공불공(眞空不空)이라 한 것이다.
37. 원문은 '집상'(執相)으로 불교용어이다. 바깥 세계에 나타난 사물의 모습에 집착하는 것을 말한다.
38. 원문은 '파상'(破相)이다. 이것은 바깥 세계에 나타난 사물의 모습으로 인한 미혹됨을 깨뜨려 없애는 것을 말하는 불교용어이다. 모든 법은 다 인연으로 생겼고, 인연으로 생긴 까닭에 자성(自性)이 없다. 그러므로 모든 법은 공(空)한 것이고, 그 공한 것도 역시 공하다 하여 유상(有相)과 공상(空相)을 모두 깨뜨려 없애는 것을 일컫는다.

본래의 진실을 볼 수 있는 것은 아니다. 만약 세존[39]께 이에 대해 여쭈면 뭐라고 하실까? 아마 이렇게 답하시리라. "세속에 있으면서 세속을 초탈함이여. 욕망을 좇는 것은 당연히 고통스러운 일이지만, 일체의 욕망을 끊는 것 또한 고통스러운 일이니 다만 우리 각자의 수양에 내맡겨 둘 뿐이다."[40]

80

의로운 선비는 큰 나라도 사양하고, 탐욕스러운 사람은 한 푼의 돈도 다툰다. 그들의 인격은 비록 하늘과 땅 차이나, 명예를 탐냄[41]은 이익을 좋아함과 결국 다를 바 없다. 임금은 국가의 정사를 경영하고, 거지는 음식을 구걸한다. 그들의 지위는 비록 하늘과 땅 차이나, 임금이 나라를 위해 애태워 고심함과 거지가 끼니를 위해 애태우며 구걸하는 소리는 결국 다를 바 없다.

---

39. 부처님께 있는 공덕(功德)을 일컫는 열 가지 칭호 중의 하나이다. 부처님은 온갖 공덕을 원만히 갖추어 세상을 이롭게 하여 세간에서 존경을 받으므로 세존(世尊)이라 하며, 또 세상에서 가장 높다는 의미도 지닌다.

40. 이 구절은 홍자성이 세존을 가탁하여 한 말로 보인다.

41. 천승의 큰 나라를 사양하는 것은 보통사람들이 할 수 있는 일이 아니다. 그러나, 만일 진심에서가 아니라 큰 나라를 사양했다는 명성과 평판을 듣기 위해서 했다면, 그것은 영예를 탐한 것이니 욕심쟁이가 한푼 돈을 다투는 것과 다를 것이 없게 된다.

81

세상살이의 단맛·쓴맛을 다 맛본 사람은 그저 변화무쌍[42]한 인정세태에 내맡기고 눈뜨고 쳐다보기조차 귀찮아한다. 인정의 냉혹함과 따뜻함을 다 느껴본 이는 비난을 하건 칭찬을 하건 개의치 않고 그저 고개만 끄덕일 뿐이다.

82

요즘 사람들은 온 힘을 다해 잡념을 없애려 하나 끝내는 없애지 못한다. 그렇다면 잡념은 어떻게 없애는가. 과거에 있었던 일에 대한 고민을 마음속에 남겨두지 않고, 앞으로 있을 일을 미리 기대하지 말고서 다만 현재의 일을 인연의 이치에 따라[43] 해결해 나간다면, 자연히 점차 잡념이 없는 경지에 들게 될 것이다.

83

마음에 문득 깨닫는 바가 있으면 이것이 가장 좋은 경계요, 사물은 자연 그대로의 상태에 있어야 비로소 참모습을 볼 수 있다. 만약 조금이라

---

42. 원문은 '복우번운'(覆雨翻雲)이다. 논바닥을 뒤집으면 구름이 되고, 다시 뒤집으면 비가 된다(翻手作雲覆手雨)라는 구절이 두보의 「빈교행」(貧交行)에 보인다. 비가 내렸다 흐렸다 하는 변덕스러운 날씨를 말하는데 주로 세상의 일이나 인정세태가 변화무쌍하여 헤아릴 수 없음을 비유한다.

43. 원문은 '수연'(隨緣)으로 인연의 이치를 따른다는 불교용어이다. 어떤 일이 일어나게 되는 계기를 그대로 따르며 어떠한 인위적 요소도 더하지 않음을 뜻한다. 즉 물이 바람이란 연(緣)을 따라 물결이 일어남과 같이, 다른 영향을 받아 움직임을 말하는 것이다.

도 인위적으로 고쳐놓으면, 마음의 흥취는 오히려 줄어들게 된다. 백거이[44]가 "생각은 아무 일 없을 때 가장 평안하고, 바람은 자연 속에서 불 때 가장 상쾌하다"고 하였는데, 참으로 음미해 볼 만한 말이다.

84

천성이 맑으면, 끼니나 때우고 목을 축일 정도의 초라한 생활을 하더라도, 몸과 마음은 더할 나위 없이 편안하다. 그러나 마음이 혼미하면, 비록 선(禪)을 이야기하고 게송을 읊는 청아한 생활을 하더라도, 정신과 영혼을 헛되이 희롱하는 것에 지나지 않는다.

85

사람의 마음속에는 하나의 진실한 경지가 있다. 그 경지를 얻은 사람은 거문고나 피리로 연주하는 음악이 없어도[45] 마음이 절로 편안하고 유쾌하며, 향을 피우거나 차를 끓이지 않아도 마음은 절로 맑고 그윽한 향기로 가득하다. 모름지기 마음을 깨끗이 하고, 사물에 대한 집착을 비우며, 사리를 분별하는 생각을 없애고, 육체의 속박에서 벗어나야, 비로소 그 오묘한 경지에서 자유롭게 소요할 수 있다.

---

44. 원문은 '백씨'(白氏)이다. 당(唐)나라의 백낙천(白樂天, 772년~846년)으로 이름은 거이(居易)고, 호는 향산거사(香山居士)다.
45. 원문은 '비사비죽'(非絲非竹)이다. 본래 사(絲)는 거문고 등의 현악기를 가리키고 죽(竹)은 피리 등의 관악기를 가리키나, 여기서의 사와 죽은 그것이 연주하는 음악을 의미한다.

86

금은 광석에서 나오고, 옥은 돌에서 나오니 변화를 거치지 않으면 참모습을 드러낼 수 없다. 술 마시는 가운데 도를 깨닫고[46] 복숭아 꽃 핀 곳에서 별천지를 만남[47]은 비록 고아한 일이지만 세상일을 겪는 가운데서 얻어진 것이 아닌지라 속세를 벗어날 수 없다.

87

천지간에는 온갖 사물들이 있고, 인간 관계에는 온갖 감정들이 있으며, 세상에는 온갖 일들이 벌어진다. 이것들을 세속의 눈으로 바라보면 어지러이 흩어져 제각기 다르지만, 진리의 눈으로 바라보면 모두가 영원불변하니, 어찌 구태여 제멋대로 판단하여 구별할 필요가 있겠으며, 군이 좋은 것을 취하고 나쁜 것을 버릴 필요가 있겠는가?

88

거친 베 이불을 덮고 좁은 방에서도 즐겨 잘 수 있으면 대자연의 평화로운 기상을 얻을 수 있고, 명아주 국에 거친 밥에도 만족을 느낄 수 있으

---

46. 원문은 '도득주중'(道得酒中)으로 술 마시는 가운데 도를 깨닫는다는 의미이다. 진(晉)나라 때의 죽림칠현(竹林七賢)이 술을 마시고 취한 가운데 노자(老子)의 도를 깨달았다는 이야기에서 유래한다.
47. 원문은 '선우화리'(仙遇花裡)로 복숭아 꽃 핀 곳에서 별천지를 만난다는 의미이다. 도연명의 『도화원기』(桃花源記)에 등장하는 이야기로, 무릉(武陵)의 한 어부가 복숭아꽃을 따라 올라가다가 별천지에 이르게 되었고, 그 곳에서 진(秦)나라 때의 난을 피해 외부와 단절된 채 가족과 살았다고 하는 고사에서 유래한다.

면 욕심 없이 소탈한 인생의 참 의미를 알 수 있다.

89

외부의 사물에 얽매이느냐 자유로워지느냐는 오직 내 마음에 달려 있
다. 마음에 깨달음이 있으면 푸줏간과 주막집도 청정무구한 세계가 될
것이요, 마음에 깨달음이 없으면 아무리 거문고를 타고 학을 벗삼고 화
초를 가꾸며 취미를 고상하게 할지라도 깨달음을 방해하는 악마가 결국
마음에 머무르고 만다. 옛말에도 "일체의 번뇌를 없애면 속세도 진리의
세계가 되지만 깨달음이 없으면 절도 세속의 보통 집과 다를 바 없다"고
하였으니, 그 말이 참으로 맞도다.

90

조그만 방에서도 온갖 상념을 모두 버릴 수 있다면, 어찌 왕발이 '아름
답게 채색한 기둥에 구름이 날고, 영롱하게 장식한 주렴으로 저녁 비를
거둔다'[48]고 노래한 것과 같은 화려한 누각의 모습을 말할 필요가 있겠는
가? 잔 기울여 석 잔 술을 마신 후 진리를 스스로 깨달으면 그저 아무 장
식 없는 거문고를 달빛 아래 빗겨 타고, 짧은 피리를 바람결에 부는 즐거
움을 알뿐이다.

---

48. 원문은 '화동비운, 주렴권우'(畵棟飛雲, 珠簾捲雨)이다. 이 구절은 당(唐)나라
    왕발(王勃)의 「등왕각서」(滕王閣序)에서 인용되었으며, 여기에서는 집이나
    건축물이 화려하고도 웅장함을 형용한다.

91

모든 소리가 고요해진 가운데 문득 새 한 마리 지저귀는 소리를 들으면 온갖 그윽한 흥취가 일어나며, 모든 초목이 시들어 버린 뒤에 어디선가 나뭇가지 하나 빼꼼이 솟아남을 보면 곧 무한한 생기가 촉발되어 움직인다. 여기에서 만물의 본성이 항상 메마른 적 없고 기미의 현묘함이 일어남을 알리라.

92

백거이는 "몸과 마음을 자유롭게 풀어놓아 아련히 오묘한 자연의 이치에 내맡기는 것이 낫다"고 했고, 조보지[49]는 "몸과 마음을 단속하여 흔들림 없이 고요한 상태로 돌아가는 것이 낫다"고 했다. 그러나 몸과 마음을 풀어놓기만 하면 제멋대로 날뛰게 되고, 단속하기만 하면 도리어 생기조차 잃고 마는 지경에 빠지게 된다. 오직 심신을 잘 다스리는 사람만이 치우침 없이 중심을 잡아 풀어놓음과 거둠을 자유자재로 할 수 있다.

93

눈 내린 밤 달 밝은 하늘을 대하면 사람의 심경도 티없이 맑아지고, 봄바람 온화한 기운을 만나면 사람의 정취도 자연과 더불어 융화되니, 천지자연의 조화와 사람의 마음이 하나되어 아무런 틈조차 없구나.

---

49. 원문은 조씨(晁氏)이다. 북송(北宋) 때의 시인 조보지(晁補之, 1053년~1110년)를 가리킨다. 자는 무구(無咎)이다.

94

문장은 조촐함을 지켜 사물의 본모습을 묘사해야 발전이 있고, 도덕은 조촐함을 지켜 실행해야 이룸이 있으니, 이 '조촐함'이란 한 마디는 무한한 뜻을 담고 있다. 예컨대, 도연명의 「도화원기」에서 '복숭아꽃 핀 마을에 개가 짖고, 뽕나무밭 사이에서 닭이 운다'고 묘사한 문장은 얼마나 순수하고 질박한가? 그러나 '깊고 찬 연못에 달빛 비치고, 마른나무에 까마귀 머무네'와 같은 문장표현은, 인위적인 기교 가운데, 오히려 쓸쓸하고 처량한 기운만을 느낄 뿐이다.

95

자신이 주체가 되어 사물을 움직이면, 얻는 것이 있어도 기뻐하지 않고 잃는 것이 있어도 근심하지 않아, 드넓은 대지 어디서나 자유롭게 소요한다. 그러나 이와 반대로 사물이 주체가 되어 내가 부림을 당하면, 일이 뜻대로 안 되는 것에 원망하고 뜻대로 되는 것에 애착하여 터럭 만한 사소한 일에도 얽매이게 된다.

96

본체가 고요하면 현상도 따라 고요하니, 현상을 제쳐두고 본체에 집착하는 것은 그림자를 버리고 형체만 남기려는 것과 같이 불가능하다. 마음이 공허하면 바깥 세계도 따라 공허하니, 바깥 세계를 버리고 마음만을 남겨두려는 것은 비린내 나는 것을 모아 둔 채 파리를 쫓으려는 것과 같이 무모하다.

97

세속을 떠난 사람의 청아한 풍류는 모두 자기 마음이 즐거워하는 바를 좇아 유유자적하는 데 있다. 그러므로 술은 권하지 않는 것으로 기쁨을 삼고, 바둑은 승패를 다투지 않는 것으로 이김을 삼으며, 피리는 구멍이 없는 것으로 자연스런 본래의 음을 느끼고, 거문고는 현이 없는 것으로 가장 고상한 풍취를 느끼며, 만남은 기약하지 않는 것을 진솔하게 여기고, 손님을 맞거나 전송하지 않는 것을 가장 편하게 여긴다. 만약 번거롭고 불필요한 형식이나 모습에 얽매인다면, 바로 티끌지고 괴로운 속세의 경계[50]로 전락하고 만다.

98

이 몸이 태어나기 전에는 어떤 모습이었을까를 생각해 보고 또 이 몸이 죽은 뒤에는 어떤 모습일까를 생각하면, 모든 잡념이 싸늘한 재처럼 식어 버리고 마음이 고요해져, 현실의 세계를 초월하여 만물이 생겨나기 이전의 세계에서 소요할 수 있으리라.

99

병든 뒤에야 건강의 소중함을 알고, 어지러운 세상에 처한 뒤에야 평화로운 세상의 행복함을 아는 것은 선견지명이 아니다. 요행으로 복을

---

50. 원문은 '고해'(苦海)이다. 이것은 불교용어로서, 생사유전(生死流轉)이 쉴 새 없는 미계(迷界), 즉 욕계(欲界)·색계(色界)·무색계(無色界)의 삼계(三界)를 말한다. 삼계에는 고통이 가득 차서 한이 없으므로 바다에 비유한 것이다.

얻기를 바라는 것이 재앙의 근본임을 미리 알고, 불로장생을 희구하는 것이 죽음의 원인임을 앞서 아는 것이야말로 탁월한 식견이다.

100

배우가 흰 분을 바르고 연지를 찍어가며 화장 붓의 가느다란 끝을 놀려 자유자재로 미인과 추녀로 분장을 한다. 그러나 잠시 후 음악이 끝나고 연극이 막을 내리면, 그 고움과 추함은 어디에 있는가? 바둑을 두는 사람이 뒤질세라 앞을 다투어 바둑돌을 놓으면서 승패를 겨룬다. 그러나 얼마 후 한 판 대국도 끝나 바둑돌을 거두고 나면, 그 지고 이김은 어디에 있는가?

101

바람과 꽃의 청량하고 깨끗함과 눈과 달의 넓고 청명함은 오직 마음이 고요한 사람만이 이러한 자연의 즐거움을 만끽하는 주인이 된다. 물과 나무의 무성함과 메마름, 대나무와 돌의 소멸과 생장은 오직 유유자적하는 사람만이 이러한 자연의 즐거움을 누리는 권리를 갖는다.

담박한 시골 농부의 정취
(남송, 마원의 「답가도」,
북경고궁박물관 소장)

102

시골의 농부나 산간의 노인들은 맛

좋은 닭고기와 시원한 탁주 얘기를 하면 기꺼이 즐거워하되, 고급 요리를 물으면 알지 못한다. 또한 무명옷과 짧은 베옷을 얘기하면 유유히 즐거워하되, 화려하고 귀한 옷에 관해 물으면 알지 못한다. 그들의 본성이 온전한 까닭에 그 욕망 또한 따라 담박하니, 이것이 사람이 살아가는 데 있어 가장 높은 경지이다.

103

마음속에 망상이 없는데, 어찌 자신의 마음을 살펴볼 필요가 있겠는가? 불가에서 이르는 "자신의 본심을 살펴보라"함은 도리어 마음속의 망상을 더하는 것일 뿐이다. 만물이 본래 하나의 물인데 어찌 다시 가지런하게 할 필요가 있겠는가? 장자가 말했던 "만물을 평등하게 본다"[51]함은 오히려 그 동등한 것을 스스로 무분별하게 구별짓는 것일 뿐이다.

104

생황과 노랫소리가 한창 무르익는 때에, 미련 없이 옷자락을 떨치고 자리를 떠남은 도에 통달한 사람이 벼랑에서 손을 놓고 걸어감과 같으니 부러운 일이고, 시간[52]이 이미 다했는데도 오히려 밤길을 쏘다니는 것은 속세의 선비가 고해에 몸을 담그는 것과 같으니 가소로운 일이다.

---

51. 원문은 '제물'(齊物)이다. 사물을 만물 일체의 입장에서 보는 사상으로 이에 대해서는 『장자』·「제물론」(齊物論)에 상세히 나와 있다.
52. 원문은 '경루'(更漏)로 시간을 재는 물시계를 말한다. 옛날에는 물방울을 떨어뜨려 시간을 재었고, 밤에는 물시계가 경(更)을 나타내는 까닭에 경루라고 부른다.

105

마음가짐이 아직 확고하지 않을 때에는, 마땅히 속세의 번잡함을 차단하여, 마음이 물질에 대한 욕망에 미혹되지 않게 함으로써 자기 본래의 청정한 본체를 깨닫도록 해야 한다. 이미 마음을 확고하게 다잡았을 때에는, 다시 마땅히 자신을 번잡한 세상에 던져 마음이 물질에 대한 욕망에도 여전히 미혹되지 않게 함으로써 세속에 얽매이지 않은 유유자적한 정신을 기르도록 해야 한다.

106

한적함을 좋아하고 시끄러움을 싫어하는 사람은 곧잘 사람들이 북적대는 세상에서 도피하여 고요함을 구한다. 그러나 아무도 없는 곳에 뜻을 두면 오히려 자신에 얽매이게 되고, 마음을 고요함에 집착하면 도리어 동요의 원인이 된다. 이러한 것들을 깨닫지 못한다면, 어떻게 나와 남을 하나로 보고 시끄러움과 고요함의 구분을 잊는 경지에 이를 수 있겠는가?

107

산에 머무르면 가슴이 맑고 상쾌해져 어떤 것을 대하든 모두 아름다운 생각을 갖게 한다. 홀로 떠 있는 구름과 들판의 학을 보면 세속을 초월하는 생각이 일고, 계곡의 물과 흐르는 샘을 만나면 맑고 깨끗한 생각이 우러나며, 늙은 전나무와 한 겨울의 매화를 어루만지면 굳은 절개가 곧게 서고, 물가 갈매기와 사슴 무리를 벗하면 기심이 순식간에 사라진다. 그러나 만약 이 고요한 경지를 떠나 번잡한 세속에 몸을 들여놓기만 하면,

다른 사물과 관계를 맺지 않는다 하더라도, 이 몸은 다만 부질없는 군더더기가 될 뿐이다.

108

홍취가 문득 일어남에 향기로운 풀밭을 맨발로 거닐면, 들새가 경계하는 마음을 잊은 채 때때로 다가와 친구가 되네. 대자연의 풍경이 내 마음과 하나가 됨에 흩날리는 꽃 아래서 옷깃 헤치고 태연히 앉아 있으면, 흰 구름이 말없이 다가와 유유히 곁에 머무네.

109

사람의 행복과 재앙은 모두 마음[53]이 만들어 낸 것이다. 그러므로 불가에서 말하기를 "이익과 욕망의 마음이 치솟으면 인생은 불타는 지옥이 되고, 탐욕과 집착하는 마음에 빠져들면 인생은 곧 고통의 바다가 되며, 일순간 마음이 맑고 깨끗하면 맹렬한 불길이 청량한 연못을 이루고, 찰나에 마음이 깨달으면 고통의 바다를 건너던 배도 어느새 피안[54]에 다다른다"고 하였다. 마음가짐이 조금만 달라도 그 상황은 확연히 달라지니, 어찌 신중하지 않을 수 있겠는가?

---

53. 원문은 '염상'(念想)이다. 어떠한 사건이나 사물에 대해 주관적으로 또는 상대적으로 판단하려는 마음을 의미한다.

54. 원문은 '피안'(彼岸)이다. 도피안(到彼岸)을 일컫는 것으로, 바라밀다(波羅蜜多)를 번역한 말이다. 모든 번뇌에 얽매인 고통의 세계인 생사고래를 건너서 이상경(理想境)인 열반(涅槃)의 저 언덕에 도달하는 일 또는 그 이상적(理想的)·궁극적(窮極的) 경지를 가리킨다.

110

먹줄도 꾸준히 톱 삼아 쓰면 나무를 베고, 물방울도 오래도록 떨어지면 돌을 뚫는 법![55] 도를 배우는 사람은 모름지기 힘써 노력해야 한다. 물이 모이면 절로 시내를 이루고 오이가 익으면 꼭지가 자연히 떨어지는 법! 도를 깨달으려는 사람은 모든 것을 천기(天機)에 내맡겨야 한다.

111

기심이 사라지면 달빛 맑게 드리우고 바람 불어 와 마음이 절로 밝아지리니 인간 세상이 꼭 고뇌에 찬 곳이겠는가? 마음이 속세를 벗어나면 절로 수레먼지와 말발굽의 번잡함이 없어 유유자적하리니 하필 산속만을 고집하겠는가?

112

초목은 잎이 시들어 떨어지면 어느새 뿌리 밑에서 싹이 빠끔히 돋고, 겨울이 아무리 춥더라도 결국에는 동지[56]에 양기가 돌아와 봄이 된다. 만

---

55. 원문은 '승거목단, 수적석천'(繩鋸木斷, 水滴石穿)이다. 먹줄은 본래 나무를 자르는 성질을 지니지 않으며, 물은 본래 돌을 뚫는 성질을 지니지 않았으나, 계속하여 꾸준히 하면 그렇게 할 수 있다. 그래서 힘은 비록 작으나 오래도록 노력하여 해내기 어려운 일을 능히 해냄을 비유하는 데 쓰인다.

56. 원문은 '비회'(飛灰)이다. 율관(律管)에서 날아 나오는 갈대를 태운 재라는 뜻으로 양기가 돌아오기 시작하는 동지를 가리킨다. 음력 10월에 음기가 최대가 되었다가 11월의 동지에는 양기가 나기 시작해 봄을 예고하는데, 그것이 바로 일양래복(一陽來復)이다. 옛날 사람들은 악기의 율관에 갈대를 태운 재[葭灰]를 넣어 절기(節氣)를 헤아렸는데, 동지절에 율(律)이 황종(黃鐘, 십일월

물이 쇠락하는 와중에도 끊임없이 만물을 생성하는 생명력이 항상 대자연의 주체가 되니, 여기에서 천지 조화의 마음을 알 수 있다.

113

비 개인 후 산색을 보면 그 경치가 신선하고 아름다우며, 고요한 밤에 종소리를 들으면 그 소리가 더욱 낭랑하고 은은하다.

114

높은 곳에 오르면 마음이 넓어지고 흐르는 물을 보면 생각이 심원해지며 눈과 비 내리는 밤에 책을 읽으면 정신이 맑아지고 산마루에 올라 시를 읊조리면[57] 흥취가 솟구친다.

115

마음이 넓으면 어마어마한 부귀[58]도 질그릇 같이 하찮게 보이고, 마음이 좁으면 터럭 같이 사소한 일도 수레바퀴처럼 크게 보인다.

의 동지가 있는 달에 해당된다)의 관에 부딪치면 갈대를 태운 재가 날아 나오기 때문에 이것으로 시기를 알고 음률을 조정하였다.

57. 원문은 '서소'(舒嘯)이다. 휘파람 소리를 내다.

58. 원문은 '만종'(萬鍾)이다. 종(鍾)은 고대의 도량형의 일종으로, 일종(一鍾)은 육곡사두(六斛四斗, 여섯 섬 네 말)이다. 일설에는 십곡(十斛, 열말 즉 한 섬)이라고도 한다. 만종은 재물과 봉록이 풍성함을 형용하는 말이다.

116

바람, 달, 화초, 버들 같은 경물이 없으면 천지의 조화는 이루어지지 못하고 욕망과 기호 같은 인간의 속성이 없으면 본래의 마음은 갖추어지지 못한다. 다만 자신이 주체가 되어 사물을 움직이고[59] 사물에 부림을 당하지 않는다면, 기호와 욕망도 천기(天機) 아닌 것이 없으며, 속세의 정도 이상적인 경지 아님이 없다.

117

내 몸에 나아가 내 자신을 깨닫는 사람이라야 만물을 만물에 맡길 수 있으며, 천하를 천하에 되돌릴 수 있는 사람이라야 속세에 있으면서도 속세를 초탈하리라.

118

사람은 너무 한가하면 슬그머니 딴 생각이 생기고, 너무 바쁘면 본성이 드러나지 않는다. 그러므로 선비는 몸과 마음에 근심[60]을 지니지 않을 수 없으며 또한 청풍명월의 정취를 즐기지 않을 수 없다.

119

사람의 마음은 대체로 동요하는 가운데 참 본질을 잃는다. 만약 조금

---

59. 원문은 '이아전물'(以我轉物)이다. 물(物)은 '나'를 제외한 외부의 모든 것을 가리킨다.

60. 원문은 '심신지우'(心身之憂)이다. 바깥 사물에 의해 몸과 마음이 영향받지 않도록 자신을 수양하는 문제와 관계된 근심을 말한다.

의 잡념도 일으키지 않고, 마음이 맑은 상태에서 고요히 앉아 있으면, 구름이 피어오르면 유연히 함께 흘러가고, 비가 내리면 서늘히 더불어 상쾌해지며, 새 지저귀면 그 소리에 즐거이 느끼는 바가 있고, 꽃이 지면 그 모습에 초연히 깨닫는 바가 있다. 이러한 경지에 이르면, 어느 곳인들 진리의 세계가 아니겠으며, 어느 것엔들 오묘한 이치가 없겠는가?

120

아기가 태어나려 할 때는 어머니가 수시로 산고의 위험을 겪고, 돈 꾸러미가 쌓여갈 때는 도적들이 수시로 틈을 노리니, 어느 기쁨인들 근심이 없을 수 있겠는가? 가난은 씀씀이를 절약하게 만들고 병환은 몸을 아끼게 만드니, 어느 근심인들 기쁨이 없을 수 있겠는가? 그러므로 사물의 이치에 통달한 사람은 일이 잘되고 안됨을 매한가지로 보아 슬픔과 기쁨을 모두 잊는다.

121

귀를 거센 바람이 계곡에 불어 큰 소리를 내더라도 바람이 지나가면 소리도 따라 없어지는 것처럼 한다면, 시비를 가리는 소리가 멀어질 것이요,

마음을 달빛이 연못에 비춰 달 그림자 지더라도 달이 사라지면 수면에 그림자를 남기지 않는 것처럼 한다면, 사물과 나를 구별하려는 생각이 모두 사라질 것이다.

122

세상사람들은 영예와 이익에 얽매여 있는 까닭에 걸핏하면 '티끌 세상, 괴로움의 바다'라고들 말한다. 그러나 그들은 정작 아름다운 자연의 모습을 알지 못하니, 흰 구름과 푸른 산, 흐르는 시냇물과 우뚝 선 바위, 반가운 듯 활짝 핀 꽃과 웃는 듯 지저귀는 새, 그리고 대답하듯 메아리치는 계곡과 나무꾼의 흥얼거리는 노래 가락이 바로 이 세상을 아름답게 하는 것들이다. 이 세상은 티끌 세상도 아니요, 괴로운 바다도 아니건만 사람들 스스로가 그렇게 느낄 따름이다.

123

꽃은 반쯤 피었을 때가 가장 아름답고, 술에는 은근히 취했을 때가 가장 기분 좋다. 만약 꽃이 다 피어 버리고 술에 곤드레만드레 취한다면, 이는 이미 보기 흉한 지경이 되고 만다. 그러므로 사람들은 일이 더없이 잘될 때 마땅히 이 점을 염두해야 한다.

124

산나물은 사람들이 물을 주며 가꾸어 주지 않아도, 들짐승은 사람이 먹이를 주며 길러 주지 않아도, 그 맛이 좋고 향기롭다. 우리 사람들도 속세의 법도에 물들지 않는다면 그 지향이 훨씬 남달라지지 않겠는가?

125

꽃과 대나무를 심어 가꾸고, 학과 물고기를 완상할 때에도 또한 스스로 터득함이 있어야 한다. 만일 한갓 눈앞의 풍경에만 빠져 아름다운 사물만을 보고 즐긴다면, 이는 유가에서 말하는 '그저 귀로 듣고 입으로 내뱉는 학문[61]'일 뿐이요, 불가에서 말하는 '공에만 집착하는 선[62]'일 뿐이니, 무슨 좋은 정취가 있겠는가?

126

산림의 은사는 비록 곤궁하나 세속을 초월한 정취가 절로 넉넉하고, 들판의 농부는 비록 촌스러우나 타고난 본성을 온전히 갖추고 있다. 만약 이와 달리 시장의 모리배로 전락한다면 차라리 산골에 파묻혀 죽어 정신과 육체의 깨끗함을 온전히 지니는 것만 못하다.

127

분수에 맞지 않는 복과 이유 없이 얻는 이익은 조물주가 재앙을 내리기 위해 준 미끼이거나 인간들이 위기에 빠뜨리기 위해 쳐놓은 함정이다. 이러한 상황에서 안목을 갖고 멀리까지 살피지 않는다면, 그 술책에 빠지지 않을 사람이 거의 없다.

128

인생이란 본래 한낱 꼭두각시 놀음과 같은 것이니, 오직 근본이 되는

---

61. 원문은 '구이'(口耳)이다. 귀로 듣고 입으로 내뱉는 소인배의 얕은 학문을 가리킨다. 이에 반해 군자의 학문은 귀로 들으면 마음에 새기고 다시 온 몸에 스며들게 된다.
62. 원문은 '완공'(頑空)이다. 현실에서 도피하여 공(空)에만 집착하는 선(禪), 즉 공(空)에 대한 망령된 생각, 집착을 뜻한다.

부침목을 잡고, 한 가닥 줄도 헝클어짐 없이 감고 펴기를 자유자재로 하여 움직임과 멈춤을 내 맘대로 하고 털끝만큼도 남의 조종을 받지 않고 나서야, 이 꼭두각시 연극에서 초탈할 수 있다.

129

일이 생기면 폐해도 따르게 되니, 이 세상에서는 항상 아무 일 없는 것이 복이 된다. 옛 사람[63]의 시에 이르기를 '그대여, 전쟁의 공으로 제후가 된 일을 말하지 마소. 한 장수가 전공을 세우기 위해 수만 명이 죽었다오'라 하였고, 또 '천하가 길이 무사태평 한다면, 무기야 상자 속에서 천년을 썩어도 아깝지 않다네[64]라 하였다. 이러한 시를 읽으면, 비록 영웅의 야심과 용맹한 기개가 있더라도 저도 모르는 사이 눈 녹듯 사라지리라.

130

음란한 여인이 거짓으로 비구니가 되기도 하고, 명예와 이익에 몰두한 사람이 한 때의 충동으로 화상이 되기도 하니, 청정한 불문이 곧잘 음란하고 사악한 무리의 소굴이 되는 것은 바로 이러한 이유 때문이다.

---

63. 원문은 '전인'(前人)이다. 여기서는 당(唐)나라의 조송(曹松)을 가리킨다. 조송의 자는 몽징(夢徵)이며, 서주(舒州)사람이다. 광화(光化) 년간에 진사(進士)에 급제하였는데, 그 때 나이가 칠십 여세였다. 후에 교서랑(校書郎)이 되었고, 시에 능했다. 본문에 인용된 시는 조송이 「기해세」(己亥歲)라고 제목을 붙인 시의 일부분으로써, '황소(黃巢)의 난' 때 사회의 혼란을 읊었다.
64. 이 시는 명(明)나라 유윤문(兪允文)의 「보검편」(寶劍篇)에 보인다.

131

파도가 하늘에 닿을 듯 몰아쳐도 배 안의 사람은 그 두려움을 모르나, 밖에서 바라보는 사람은 간담이 서늘하고, 연회석에서 술 취한 사람이 난리법석을 피워도 동석한 사람들은 경계할 줄을 모르나, 밖에서 듣는 사람들은 못마땅하게 여겨 혀를 찬다. 그러므로 군자는 몸이 비록 일을 하는 와중이라도, 마음은 일에 휩쓸리지 않고 초연할 수 있어야 한다.

132

인생이란 덜어 버린 만큼 초탈할 수 있으니, 불필요한 관계를 줄이면 번거로움에서 벗어날 수 있고, 불필요한 말을 줄이면 과실이 적어지며, 불필요한 생각을 줄이면 정신력이 소모되지 않고, 총명함을 내세우지 않으면 타고난 본성을 온전히 할 수 있다. 그러나 덜어 버릴 줄 모르고 오히려 날마다 더하는 데 힘쓰는 자는 참으로 자신의 인생을 속박하는 사람이다.

담박한 생활의 죽림칠현

133

계절의 변화에 따른 추위와 더위를 피하기는 쉬우나 시시각각으로 변하는 염량 세태를 없애기는 어렵다. 그러나 혼란스럽고 흔들리는 마음을 벗어나는 일은 변덕스러운 염량 세태를 없애는 일보다 훨씬 더 어렵다.

마음의 혼란스러움을 제거한다면, 마음이 온화한 기운으로 가득 차고, 어디를 가든지 따스한 봄바람이 불게 된다.

134

좋은 차를 굳이 구하지 않으면 차 주전자가 항상 마르지 않을 것이요, 좋은 술을 굳이 구하지 않으면 술 동이가 항상 비지 않을 것이다. 소금[65]

---

65. 원문은 '소금'(素琴)이다. 줄이 없는 금(琴), 즉 줄이 없어 소리가 나지 않는 금을 말한다. 줄이 있는 금에서 나는 유한한 음악과는 달리 우주의 무한한 음악을 향수할 수 있다. 소(素)는 원래 물들이지 않은 비단이라는 뜻인데 여기에서 '아무것도 없는 상태', '소박함'이라는 의미가 나오게 되었다. 소금이 장

은 줄이 없어 음악을 연주할 수 없어도 내 마음을 조화롭게 하고 단적[66] 은 구멍이 없어 소리를 낼 수 없어도 내 마음껏 즐길 수 있다. 그러므로 이와 같이 할 수 있다면, 복희 황제[67]의 인위적이지 않고 소박한 경지를 뛰어넘기는 어려워도 혜강과 완적[68] 같은 죽림칠현의 담박한 생활과는 비견될 수 있을 것이다.

135

불가에서 만사가 인연에 따른다고 하는 '수연'(隨緣)과 유가에서 처지에 따라 마땅하게 행동한다고 하는 '소위'(素位)의 네 글자는 인생이란 바다를 건너가는 구명구(救命具)와 같은 것이다. 인생의 바닷길은 아득한데 한결같이 모든 일마다 완전함을 구하려 한다면 온갖 잡념이 어지러이 일어날 것이요, 상황에 따라 마음을 편하게 갖으면 어디에서든 만족을 얻으리라.

식이 없는 소박한 금을 나타내기도 하는 것은 바로 이러한 이유에서다.

66. 원문은 '단적'(短笛)이다. 단적은 원래 나무로 만든, 횡으로 부는 관악기를 말하는데 후대에는 짧은 피리를 널리 일컫게 되었다. 여기서는 구멍이 없는 피리라는 뜻으로 쓰였으며 소금과 대응된다.

67. 원문은 '희황'(羲皇)이다. 삼황(三皇) 중에 한 사람으로 복희씨(伏羲氏)라고 한다. 백성에게 고기잡이와 수렵, 목축을 가르치고 팔괘(八卦)를 그렸으며 문자를 만들었다고 전해지는 전설상의 제왕이다. 여기에서는 소박한 태고(太古)의 사람을 뜻한다.

68. 원문은 '혜완'(嵇阮)으로 혜강(嵇康)과 완적(阮籍)을 말한다. 이 두 사람은 진(晉)나라 때의 은자(隱者)로 죽림칠현(竹林七賢)에 속한다. 여기서는 자연과 벗하며 풍류를 즐기며 담박한 생활을 하는 사람임을 뜻한다.

菜根譚

原文

前集

1

棲守道德者, 寂寞一時, 依阿權勢者, 凄涼萬古.

達人觀物外之物, 思身後之身, 寧受一時之寂寞, 毋取萬古之凄涼.

棲守(서수) : 깃들여 지키다. 고수(固守)하다.

寂寞(적막) : 원래는 소리가 없음을 말하나 여기서는 세상에 드러나지 못함, 쓸
　　　　　쓸하고 외로움을 가리킨다.

依阿(의아) : 자기의 뜻을 굽히고 상대방의 의견에 순종하다, 빌붙어 아부하다.

達人(달인) : 사물의 이치에 통달한 사람.

物外之物(물외지물) : 사물 밖의 사물 즉, 세상 밖의 사물을 말한다. 앞의 物은
　　　　　세속의 형상적인 것들로, 명예, 권세, 부귀 따위를 말하고 뒤의 物은 세
　　　　　속을 초월한 진리를 가리킨다.

身後之身(신후지신) : 몸뚱이 이후의 몸. 앞의 身은 살아 있는 육체를 말하고,
　　　　　뒤의 身은 죽은 뒤의 정신적인 몸, 곧 현세의 몸이 죽은 뒤의 명예나 평
　　　　　판을 말한다.

寧(녕) : 차라리 ~할지언정. 주로 뒤에 놓인 부정사를 동반한 절과 함께 쓰여,
　　　　　'차라리 ~할지언정 ~하지는 말라' 등의 의미를 나타낸다. 뒤에 놓이는
　　　　　부정사는 무(毋), 물(勿), 불(不) 등 다양하다.

一時(일시) : 잠깐, 잠시.

萬古(만고) : 오랜 세월, 영원히. 보통 萬古는 연대가 까마득하게 멀고 오래 됨
을 말한다. 만대(萬代), 만세(萬世)와 같다.

2

涉世淺, 點染亦淺, 歷事深, 機械亦深.

故君子與其練達, 不若朴魯, 與其曲謹, 不若疎狂.

涉世(섭세) : 세상일을 겪다. 涉은 겪다, 거치다, 경험하다.

淺(천) : 적다, 많지 않다.

點染(점염) : 오염되다, 더러워지다. 點은 더럽히다, 오염되다. 染은 때묻다, 더
러워지다.

歷事(역사) : 일을 겪다, 세상일을 경험하다. 앞의 섭세(涉世)와 비슷하다.

機械(기계) : 교묘하게 속임, 권모술수, 임기응변.

與其(여기)~ : ~하느니, ~할지언정. 주로 與其ⓐ 不若(不如, 寧)ⓑ의 형식으
로 쓰여 ⓐ보다 ⓑ를 택하겠다는 의미이다.

練達(연달) : 유능하고 노련하여 거침없이 통한다. 여기서는 경험이 많고 세상물
정이 밝음을 뜻한다. 練은 노련하다, 능숙하다. 達은 통달하다.

不若(불약)~ : ~만 같지 못하다. ~보다 못하다. 不若 뒤에는 상대적으로 뛰어
난 대상이 위치한다.

朴魯(박로) : 소박하고 둔하다. 朴은 꾸밈이 없다. 거짓됨이 없다. 魯는 둔하다,
무디다.

曲謹(곡근) : 작은 일에 얽매이고 세세한 행동까지 삼가 경계하다. 사소한 것에
너무 신경을 쓴 나머지 소심하게까지 되는 것을 가리킨다. 曲은 세세한
일, 사소한 일. 謹은 삼가다, 경계하다.

疎狂(소광) : 도량이 커서 작은 일에 구속받지 않는다. 소광(疏狂), 소광(疎狂)으로
도 쓴다. 疎는 쾌활하다, 초탈하다. 狂은 마음대로 하다, 하고 싶은 바를

한껏 하다.

3

君子之心事, 天靑日白, 不可使人不知.

君子之才華, 玉韞珠藏, 不可使人易知.

之(지) : '～ 의'라는 뜻으로, 수식어와 피수식어 사이에 놓여 종속 및 수식 관계
    등을 나타낸다.

心事(심사) : 마음속으로 생각하고 있는 바 혹은 기대하고 있는 일.

天靑日白(천청일백) : 하늘이 새파란 것처럼, 태양이 맑고 깨끗한 것처럼 드넓
    고 맑아서 사악함이 없음을 비유한다.

使(사) : ～로 하여금 ～하게 하다.

才華(재화) : 뛰어난 재능, 재주.

玉韞珠藏(옥온주장) : 옥과 구슬을 소중하게 보관하고 남에게 보이지 않는 것처
    럼 잘 간직해 둠을 비유한다. 韞과 藏은 모두 감추다, 숨기다, 은닉하다.

4

勢利紛華, 不近者爲潔, 近之而不染者爲尤潔.

智械機巧, 不知者爲高, 知之而不用者爲尤高.

勢利(세리) : 권세(權勢)와 재리(財利)

紛華(분화) : 원래는 웅대하고 화려하다는 뜻으로, 여기서는 재산이 많고 지위가
    높은 영화, 곧 부귀영화를 말한다.

潔(결) : 깨끗하다, 청렴결백(淸廉潔白)하다.

不染者(불염자) : 오염되지 않는 사람. 染은 더러워지다. 물들다. 오염되다.

尤(우) : 더욱, 한층 더.

智械機巧(지계기교) : 권모술수(權謀術數). 智械는 지혜의 활동, 機巧는 약삭빠르다. 교묘하다.

5

耳中常聞逆耳之言, 心中常有拂心之事, 纔是進德修行的砥石.

若言言悅耳, 事事快心, 便把此生埋在鴆毒中矣.

拂心之事(불심지사) : 마음에 거슬리는 일. 拂은 어기다. 위반하다.

纔(재)~ : 비로소, 어떤 조건이나 원인이 있고 난 뒤에서야 ~하게 된다.

進德修行(진덕수행) : 도덕을 증진시키고 행동을 닦다.

的(적) : ~의. 관형격 조사로 수식관계를 표시한다.

砥石(지석) : 숫돌. 砥는 결이 고운 숫돌. 참고로 砥보다 결이 거친 숫돌은 려(礪)라 한다.

若(약) : 만약. 가정(假定)을 나타내는 접속사.

悅耳(열이) : 귀를 즐겁게 하다.

快心(쾌심) : 마음에 들다. 마음에 맞.

便(변) : 곧, 즉, 바로.

把(파) : 목적어를 동사 앞에 옮겨 놓을 때 쓰는 조사. '~을(를) 가지고, ~으로써'의 의미이다.

埋(매) : 파묻다.

鴆毒(짐독) : 짐새의 독.

6

疾風怒雨, 禽鳥戚戚, 霽日光風, 草木欣欣.

可見天地不可一日無和氣, 人心不可一日無喜神.

疾風怒雨(질풍노우) : 급박하고 맹렬하게 몰아치는 비바람. 疾은 빠르다. 怒는 성내다, 맹렬하다.

禽鳥(금조) : 날짐승과 들짐승. 여기서는 모든 짐승들을 통틀어 가리킨다.

戚戚(척척) : 걱정하고 두려워하는 모양. 戚은 근심하다, 걱정하다.

霽日光風(제일광풍) : 비온 뒤 해가 나오고 따뜻한 바람이 부는 모습. 霽日은 맑게 개인 날. 光風은 비가 그치고 해가 나오는 때의 온화한 바람을 말한다.

欣欣(흔흔) : 기뻐하며 즐거워하는 모양.

不可(불가) : ～할 수 없다, 있을 수 없다.

喜神(희신) : 즐겁고 활기찬 마음. 喜는 즐겁다, 기쁘다. 神은 마음, 기분.

7

醲肥辛甘非眞味, 眞味只是淡.

神奇卓異非至人, 至人只是常.

醲肥辛甘(농비신감) : 진한 술[醲], 살지고 기름진 고기[肥], 매운 맛[辛], 단 맛[甘].

眞味(진미) : 음식이 지닌 본래의 맛, 자연 그대로의 맛. 眞은 본성(本性), 자연스러움을 의미한다.

只是(지시) : 다만 ～이다, 다만 ～일뿐이다.

神奇(신기) : 신묘하고 기괴하다.

卓異(탁이) : 뛰어나게 다르다. 무리에서 특히 뛰어나다. 卓은 높다, 뛰어나다.

至人(지인) : 도덕과 학문이 최고의 경지에 이른 사람.

8

天地寂然不動, 而氣機無息少停, 日月晝夜奔馳, 而貞明萬古不易.

故君子閒時要有喫緊的心思, 忙處要有悠閒的趣味.

寂然(적연) : 고요한 상태의 형용.

無息少停(무식소정) : 조금의 멈춤도 없다. 息은 한 번 호흡하는 짧은 시간.

奔馳(분치) : 분주하게 뛰어다니다. 움직이다. 奔과 馳 모두 달리다.

貞明(정명) : 올바르고 항상 밝음. 해와 달이 그 운행의 규칙성을 바르게 지켜
　　　　　　항상 밝을 수 있음을 말한다.

要(요) : ~해야 한다.

喫緊(끽긴) : 긴장하다, 느슨하지 않다.

忙處(망처) : 바쁜 와중, 바쁜 때. 處는 때, 동안이라는 의미이다.

悠閒(유한) : 여유 있고 한가로움.

趣味(취미) : 정취(情趣), 흥취(興趣), 마음.

9

夜深人靜, 獨坐觀心, 始覺妄窮而眞獨露, 每於此中, 得大機趣.

旣覺眞現而妄難逃, 又於此中, 得大慚忸.

妄窮(망궁) : 망령된 생각이 모두 사라지다. 妄은 번뇌에 의해서 일어나는 망심
　　　　　　(妄心)을 말한다.

眞獨露(진독로) : 본래의 깨끗한 마음이 드러나다. 眞은 인간이 본래 갖고 있는
　　　깨끗한 마음, 본성을 말한다.

機趣(기취) : 자유로운 마음의 움직임.

慚忸(참뉵) : 부끄러움.

10

恩裡, 由來生害, 故快意時, 須早回頭.

敗後, 或反成功, 故拂心處, 莫便放手.

恩(은) : 은혜. 여기서는 좋은 평판이나 총애의 뜻.

快意(쾌의) : 마음에 꼭 들다, 생각대로 되다.

回頭(회두) : 머리를 돌리다, 즉 돌이켜 반성하다.

拂心(불심) : 마음에 어긋나다, 마음대로 안 되다.

放手(방수) : 손을 놓다, 포기하다.

11

藜口莧腸者, 多冰淸玉潔, 袞衣玉食者, 甘婢膝奴顏.

蓋志以澹泊明, 而節從肥甘喪也.

冰淸玉潔(빙청옥결) : 얼음과 옥같이 맑고 깨끗하다. 청렴결백하다. 인품의 고결
　　　함을 비유한다.

婢膝奴顏(비슬노안) : 계집종이 무릎을 꿇고 사내종이 얼굴빛을 좋게 하여 주인
　　　을 섬긴다는 뜻으로, 비굴한 태도로 아첨함을 비유한다.

澹泊(담박) : 담박한 음식. 담박하고 청렴한 생활을 가리킨다.

肥甘(비감) : 살지고 맛있는 음식. 여기서는 호의호식하고 물욕을 탐하는 삶을 가리킨다.

12

面前的田地, 要放得寬, 使人無不平之歎.

身後的惠澤, 要流得久, 使人有不匱之思.

面前(면전): 원래는 마주 보는 곳, 직면하고 있는 곳이란 뜻이나, 여기서는 뒤의 신후(身後)에 대응되는 말로 '살아갈 때', '살아 생전'의 의미이다.

放得寬(방득관) : 활짝 열어 놓다. 관대하게 하다. 得은 원래는 얻다라는 동사이나 여기서는 일종의 조사로 쓰였다. '동사+得+보어'의 구조는 보어의 작용에 따라 동작의 결과, 상태, 정도, 또는 동작의 가능을 나타내기도 한다. 『채근담』에서는 得이 '얻다'라는 뜻 외에 이와 같은 용법으로 쓰인 경우가 많이 나온다.

身後(신후) : 죽은 뒤.

流得久(유득구) : 오래도록 남기다. 앞의 '방득관'(放得寬)과 같은 구조이다.

不匱(불궤) : 다하여 없어지지 않음.

13

徑路窄處, 留一步與人行.

滋味濃的, 減三分讓人嗜.

此是涉世一極安樂法.

徑路(경로) : 좁은 길, 지름길.

窄處(착처) : 좁은 곳.

一步(일보) : 원래는 '한 걸음'이라는 의미이나 여기서의 一은 '조금', '약간'의 의미.

與人行(여인행) : 다른 사람에게 양보하여 먼저 가게 함. 與는 '~로 하여금 ~
　　　　　　하게 하다[使]'의 의미로 쓰였다.

滋味(자미) : 맛, 맛있는 음식.

濃(농) : 음식이 진하고 맛있음을 형용한다.

的(적) : '~ 것'의 의미로 여기서는 음식을 뜻한다. 的은 수식어의 어미(語尾)로,
　　　　그 뒤에 피수식어(여기서는 음식)가 생략되어 있다.

減(감) : 덜다, 나누다, 떼어 내다.

三分(삼분) : 위의 일보(一步)와 같은 의미로 일종의 수사적 표현이다. 『채근담』
　　　　　　에서 뿐만 아니라 다른 한문 문헌에서도 一, 三 등은 '하나', '셋'이라는
　　　　　　숫자의 의미만을 나타내지는 않는다.

讓人嗜(양인기) : 다른 사람에게 즐겨 맛보게 하다. 讓은 여기서는 '사양하다'가
　　　　　　　아닌 사동의 의미로 쓰였다. 위의 여(與)와 같다. 嗜는 '즐기다', '맛보다'.

14

作人無甚高遠事業, 擺脫得俗情, 便入名流.

爲學無甚增益工夫, 減除得物累, 便臻聖境.

作人(작인) : 사람됨, 여기서는 사람으로서 처신하고 행동하는 것을 일컫는다.

甚(심) : 어떤, 무슨.

高遠事業(고원사업) : 고상하고 원대한 일, 위대한 사업.

擺脫(파탈) : 털어 버리고 벗어나다. 擺는 털다, 털어 버리다, 脫은 벗어나다.

名流(명류) : 명망이 높은 선비의 반열. 名은 명망(名望), 流는 류(類), 무리.

增益工夫(증익공부) : 학식을 쌓는 공부.

減除(감제) : 덜어 없애다.

物累(물루) : 사물이 사람에게 끼치는 속박, 즉 명예나 이익 등에 의해서 몸이
        구속되어 마음이 고통을 받는 것.

臻(진) : 도달하다, 이르다.

聖境(성경) : 성인의 경지, 곧 지극히 높아 비할 데 없는 경지.

15

交友, 須帶三分俠氣.

作人, 要存一點素心.

須(수) : 모름지기, 마땅히, 반드시.

帶(대): 지니다, 가지다, 띠다.

一點(일점) : 조금, 약간. 點은 소량을 나타내는 단위로 극히 적은 것을 말한다.

俠氣(협기) : 의협심.

素心(소심) : 素는 원래는 염색하지 않은 순백색의 고운 비단을 가리키며, 여기
        에서 '순결'의 의미가 나왔다. 따라서 素心은 외물(外物)에 물들지 않은
        순수한 마음을 말한다.

16

寵利毋居人前, 德業毋落人後.

受享毋踰分外, 修爲毋減分中.

寵利(총리) : 영예와 명리. 寵은 영예, 은총. 利는 명리(名利), 즉 명예와 이익.

毋(무) : '~하지 말라'는 뜻의 금지사.

居(거) : 차지하다, 장악하다.

德業(덕업) : 도덕과 사업, 즉 도덕적인 행위와 사회 공익에 이바지하는 사업.

受享(수향) : 받아들여 누리다, 향수하다.

踰(유) : 넘다, 벗어나다.

分(분) : 분수, 본분.

修爲(수위) : 수양하고 실행하다.

17

處世讓一步爲高, 退步卽進步的張本.

待人寬一分是福, 利人實利己的根基.

處世(처세) : 사람으로 태어나 세상에 살다, 사회생활을 하다.

張本(장본) : 원래 '복선'으로 '뒷일을 헤아려 미리 마련해 두는 준비'를 가리키
며, 여기에서 기초, 토대, 밑거름이라는 의미가 나왔다.

待人(대인) : 사람을 대하다.

根基(근기) : 근본과 기초, 곧 바탕.

18

蓋世功勞, 當不得一個矜字.

彌天罪過, 當不得一個悔字.

蓋世(개세) : 세상을 뒤덮다.

矜(긍) : 자만하다. 교만하다.

當不得(당부득) : 감당할 수 없다. 當은 감당하다. 이겨내다. 不得은 동사의 뒤
　　　에 위치하여 불가능, 금지 등을 나타낸다.

彌天(미천) : 하늘에 가득 차다. 하늘까지 가득히 꽉 차서 흘러 넘침을 말한다.
　　　앞의 개세(蓋世)와 함께 '매우 큼'을 비유한다. 彌는 가득 차다.

19

完名美節, 不宜獨任, 分些與人, 可以遠害全身.

辱行汚名, 不宜全推, 引些歸己, 可以韜光養德.

不宜(불의) : 마땅히 ~해서는 안 된다.

獨任(독임) : 독점하다. 혼자 차지하다.

分些與人(분사여인) : 조금씩 나누어 남에게 주다. 些는 조금, 약간, 與는 주다.

遠害全身(원해전신) : 화근을 멀리하고 몸을 온전히 하다. 害는 재앙, 화근.

辱行汚名(욕행오명) : 치욕스런 행위와 더러워진 이름.

全推(전추) : 전부 미루다.

韜光(도광) : 韜의 본 뜻은 활집으로, 여기에서는 '싸서 감추다'라는 뜻이다. 韜
　　　光은 광택을 덮어 감추는 것으로, 자신의 재주와 능력을 드러내지 않음
　　　을 비유하는 말이다.

養德(양덕) : 덕행을 닦다. 도덕을 함양하다.

20

事事留個有餘不盡的意思, 便造物不能忌我, 鬼神不能損我.

若業必求滿, 功必求盈者, 不生內變, 必召外憂.

個(개) : 한 개라는 뜻으로, 여기서는 약간, 조금의 의미이다.

餘不盡(여부진) : 다하지 않고 남기다, 여유 있다.

意思(의사) : 생각, 마음.

造物(조물) : 조물주, 천지 만물의 창조주.

忌(기) : 시기하다, 샘내다.

鬼神(귀신) : 신비한 영적인 존재.

損(손) : 손상시키다, 해치다, 해하다.

業(업) : 일, 사업.

滿(만) : 원래는 '가득 차다'인데 여기에서 더할 나위 없이 잘됨, 완벽함이란 뜻이다.

功(공) : 공적, 공로.

盈(영) : 위의 만(滿)과 같은 의미이다.

內變(내변) : 내부에서 생기는 변란.

召(소) : 부르다, 초래하다.

外憂(외우) : 외부로부터 오는 환난.

21

家庭有個眞佛, 日用有種眞道.

人能誠心和氣, 愉色婉言, 使父母兄弟間, 形骸兩釋, 意氣交流, 勝於調息觀心萬倍矣.

個(개) : 한 개, 일종(一種), 어떤 종류의 의미.

種(종) : 일종(一種), 위의 개(個)와 같은 의미.

誠心(성심) : 성실한 마음, 정성스런 마음.

和氣(화기) : 온화한 기색.

愉色(유색) : 즐거운 얼굴빛.

婉言(완언) : 부드러운 말씨.

形骸兩釋(형해양석) : 形骸는 외모, 신체, 兩은 나와 상대방, 釋은 융화되다. 나
와 상대방이 한 몸처럼 융화됨을 말한다.

意氣(의기) : 뜻과 기개.

勝於(승어) : ~ 보다 낫다. 於는 비교격 조사.

22

好動者, 雲電風燈, 嗜寂者, 死灰槁木.

須定雲止水中, 有鳶飛魚躍氣象, 纔是有道的心體.

好動者(호동자) : 움직임을 좋아하는 사람.

雲電風燈(운전풍등) : 구름 사이에서 번쩍이는 번개와 바람 앞에서 가물거리는
등잔불. 곧 일시적이고 안정성이 없는 것을 비유한다.

嗜寂者(기적자) : 고요함을 즐기는 사람.

死灰槁木(사회고목) : 싸늘하게 식어버린 재와 말라죽은 나무, 곧 열정이나 생
명력이 없는 것을 비유한다.

定雲止水(정운지수) : 定雲은 한 곳에 머물러서 움직이지 않는 구름. 止水는 한
곳에 고여 있어 흐르지 않는 물, 곧 고요하고 정적인 것을 비유한다.

有道的心體(유도적심체) : 도의 본체를 갖추다. 心體는 본체(本體)를 말한다.

23

攻人之惡, 毋太嚴, 要思其堪受.

敎人之善, 毋過高, 當使其可從.

攻(공) : 비난하다, 꾸짖다.

太嚴(태엄) : 지나치게 호되다, 매섭다. 太는 심(甚)과 같은 뜻으로 '심하게', '지
　　　　나치게'의 의미이다.

堪受(감수) : 받아들이다, 감당하다.

過高(과고) : 지나치게 고원(高遠)하다. 過는 위의 태(太)와 같은 의미이다.

從(종) : 따르다, 실행하다.

24

糞蟲至穢, 變爲蟬而飮露於秋風.

腐草無光, 化爲螢而耀采於夏月.

固知潔常自汚出, 明每從晦生也.

糞蟲(분충) : 굼벵이, 즉 매미의 유충. 매미의 유충은 흙 속에서 나무 뿌리즙을
　　　　빨아먹고 지내다가 번데기로 변하고, 이후 나무로 올라가 매미가 된다.

至穢(지예) : 지극히 더러움. 至는 '지극히', '아주', '몹시'의 의미이고, 穢는 '더럽
　　　　다'의 의미이다.

飮露(음로) : 이슬을 마시다. 매미가 이슬만 먹고산다는 속설에서 나온 말이다.

腐草(부초) : 썩은 풀.

耀采(요채) : 빛을 내다. 耀는 빛내다, 발하다. 采는 빛, 광채.

夏月(하월) : 본래는 '여름'을 가리키나, 여기에서는 '여름 밤'을 의미한다.

25

矜高倨午, 無非客氣, 降伏得客氣下, 而後正氣伸.

情欲意識, 盡屬妄心, 消殺得妄心盡, 而後眞心現.

矜高(긍고) : 자랑하고 과시하다.

倨傲(거오) : 거만하고 오만하다.

降伏得客氣(항복득객기) : 객기를 누르다. 降伏은 누르다, 굴복시키다, 제압하다. 客氣는 객쩍게 부리는 혈기(血氣).

正氣(정기) : 천지의 공명정대(公明正大)한 기, 지극히 크고 굳센 기. 위의 객기(客氣)와 상대적 관계이다.

情欲(정욕) : 사물에 대해 좋고 싫음을 분별함으로 인해 일어나는 욕망.

意識(의식) : 시비, 이해, 득실 등을 판단하는 지적 능력.

妄心(망심) : 망령된 마음. 망상(妄想)과 같다.

消殺(소살) : 없애 버리다, 제거하다.

眞心(진심) : 진실한 본심, 참된 마음.

現(현) : 드러나다, 나타나다.

26

飽後思味, 則濃淡之境都消, 色後思1, 則男女之見盡絶.

故人常以事後之悔惡, 破臨事之癡迷, 則性定而動無不正.

色(색) : 성욕이 충족되다.

婬(음) : 남녀간의 정욕(情慾), 음욕(淫慾), 섹스.

男女之見(남녀지견) : 이성에 대한 생각. 남녀간의 성교에 대한 생각, 즉 見은 생각, 관념.

盡絶(진절) : 모두 끊어지다, 전부 없어지다.

事後(사후) : 일이 끝난 뒤, 일이 지난 뒤.

臨事(임사) : 일을 처리하다, 일에 착수하다.

癡迷(치미) : 어리석음과 혼미함.

性定(성정) : 性은 본연의 성(性). 定은 안정되다.

動(동) : 행동, 활동.

27

居軒冕之中, 不可無山林的氣味.

處林泉之下, 須要懷廊廟的經綸.

軒冕(헌면) : 軒은 높은 벼슬아치가 타는 수레, 冕은 높은 벼슬아치가 쓰는 관으
　　　　　로, 헌면은 고위고관(高位高官)을 말한다.

山林的氣味(산림적기미) : 산림의 풍취. 的은 '～의'라는 뜻, 위의 지(之)와 같다.
　　　　　氣味는 운치, 흥취, 풍취, 정취.

林泉(임천) : 숲과 샘, 여기서는 세속을 떠나 은거하기에 알맞은 곳을 가리킨다.

廊廟(낭묘) : 나라의 정치를 하는 곳, 조정(朝廷). 廊은 복도, 행랑, 廟는 종묘(宗廟).

經綸(경륜) : 정치에 대한 계획과 포부.

28

處世不必邀功. 無過便是功.

與人不求感德. 無怨便是德.

邀功(요공) : 공로를 구하다. 邀는 구하다, 원하다. 功은 공적, 공로.

與人(여인) : 다른 사람을 도와주다. 與는 도와주다.

感德(감덕) : 은덕에 감격하다.

便是(변시) : 바로 ～이다. 便은 곧, 즉, 바로.

29

憂勤是美德, 太苦則無以適性怡情.

澹泊是高風, 太枯則無以濟人利物.

美德(미덕) : 아름다운 덕성, 훌륭한 덕행.

太苦(태고) : 지나치게 힘쓰다. 太는 지나치다, 苦는 힘쓰다, 있는 힘을 다하다.

無以(무이) : ～할 수가 없다. ～할 근거, 방법이 없다. 以는 수단, 방법, 도구 등
　　　　을 나타내는 조사.

適性怡情(적성이정) : 이정열성(怡情悅性)과 같다. 마음을 즐겁고 상쾌하게 하다.

高風(고풍) : 고상한 풍격, 고매한 절개와 지조.

太枯(태고) : 지나치게 인정이 메마름. 枯는 이미 생기를 잃은 나무를 가리키며,
　　　　여기에서는 '인정에 가깝지 않은', '인정이 메마른'이라는 뜻으로 쓰인다.

濟人利物(제인리물) : 다른 사람들을 돕고 세상을 이롭게 하다. 物은 나 이외에
　　　　객관적으로 존재하는 모든 것을 말한다.

30

事窮勢蹙之人, 當原其初心.

功成行滿之士, 要觀其末路.

事窮(사궁) : 일이 막다르다, 사업이 어려워지다.

勢蹙(세축) : 형편이 좋지 않다. 勢는 형세, 형편, 상황. 蹙은 쪼그라들다, 좋지
　　　　않다.

原(원) : 근본을 돌이켜 살펴 보다.

初心(초심) : 본래 지니고 있던 마음, 의지. 여기서는 일을 시작할 때의 마음을
　　　　가리킨다.

行滿(행만) : 사업이 성취되다. 行은 행동, 사업. 滿은 이루다, 성취하다.

末路(말로) : 마지막 길, 종국. 여기에서는 종국에 닥칠 어려움을 의미한다.

31

富貴家宜寬厚, 而反忌刻, 是富貴而貧賤其行矣, 如何能享.

聰明人宜斂藏, 而反炫耀, 是聰明而愚懵其病矣, 如何不敗.

寬厚(관후) : 관대하고 어질다.

反(반) : 도리어, 오히려.

忌刻(기각) : 샘이 많고 모질다. 忌는 시기하다. 刻은 각박하다.

貧賤其行(빈천기행) : 그 행실을 빈천하게 하다. 즉 행실을 마치 가난한 사람처럼 하는 것을 말한다.

如何(여하) : 어떻게, 어찌. 반문구(反問句)를 형성한다.

斂藏(염장) : 원래는 물건 따위를 신변에 두고 깊이 간직함을 말한다. 여기서는 총명함을 드러내지 않고 간직해 둠을 가리킨다. 斂은 거두어들이다. 藏은 감추다, 간직하다.

炫耀(현요) : 드러내어 빛나게 하다, 즉 과시하다. 炫과 耀는 모두 '빛나다'라는 의미이다.

愚懵其病(우몽기병) : 그 병폐를 우매하게 하다. 즉 행동거지가 우매하고 무지하여 마치 모자란 사람과 같다는 말이다. 愚는 어리석음, 우매함. 懵은 사리에 어두움. 병은 결점, 병폐.

32

居卑而後知登高之爲危, 處晦而後知向明之太露.

守靜而後知好動之過勞, 養黙而後知多言之爲躁.

居卑(거비) : 낮은 곳에 거처하다. 여기서는 지위의 낮음을 비유한다.

登高(등고) : 높은 곳에 오르다. 여기서는 지위의 높음을 비유한다.

處晦(처회) : 원래는 어두운 곳에 처함을 가리키나, 여기서는 세속의 생활에서
　　　　　　벗어나 은거하는 것을 일컫는다.

向明(향명) : 원래는 밝은 곳을 향함이나 여기서는 세속에 몸을 드러내는 것을
　　　　　　비유한다.

太露(태로) : 지나치게 드러나다. 太는 지나치게, 매우, 심히. 露는 드러나다.

守靜(수정) : 평온함을 유지하다. 고요함을 간직하다.

過勞(과로) : 지나치게 고되다. 고생스럽다. 過는 위의 태(太)와 같은 의미이다.

養黙(양묵) : 침묵을 수양하다. 즉 침묵의 도를 닦다.

多言(다언) : 말이 많음.

躁(조) : 소란스러움, 시끄러움.

33

放得功名富貴之心下, 便可脫凡.

放得道德仁義之心下, 纔可入聖.

放得〜下(방득〜하) : 〜을 떨칠 수 있다. 동사(여기서는 放) 뒤에 得이 붙고 방향
　　　　　　을 나타내는 下가 맨 뒤에 위치하여 동작의 가능을 나타낸다.

脫凡(탈범) : 평범하고 보잘것없는 단계를 벗어나다.

入聖(입성) : 성인(聖人)의 경지에 들어가다. 여기서 성인의 경지란 범속(凡俗)을
　　　　　　초탈한 경지, 어떠한 세속적 관념 속에서도 자유로운 경지를 말한다.

34

利欲未盡害心, 意見乃害心之蟊賊.

聲色未必障道, 聰明乃障道之藩屛.

利欲(이욕) : 이익과 욕심.

未盡(미진) : 다 ～한 것은 아니다. 부분 부정을 나타낸다. 盡은 '모두', '전부'를
　　　　　말한다. 부정사가 부사 앞에 위치하면 부분부정, 부사가 부정사 앞에 위
　　　　　치하면 전체부정의 구조를 이룬다.

意見(의견) : 원래는 뜻과 견해를 가리키나, 여기에서는 스스로 옳다고 생각하는
　　　　　견해, 즉 독단적인 견해를 의미한다. 이러한 견해가 반드시 틀리다고는
　　　　　할 수 없으나, 사람이 이것에 집착하게 되면 오히려 해가 된다.

聲色(성색) : 음악과 성욕.

未必(미필) : 반드시 ～한 것은 아니다. 위의 미진(未盡)과 같이 부분부정을 나타
　　　　　낸다.

障道(장도) : 도덕을 막다, 즉 도덕수양을 방해하다. 障은 막다, 방해하다.

聰明(총명) : 본래는 영리하고 재주 있음을 가리키나, 여기에서는 스스로 영리하
　　　　　고 재주 있다고 여기는 것을 말한다.

藩屛(번병) : 장벽, 울타리. 藩과 屛은 모두 울타리.

35

人情反復, 世路崎嶇.

行不去處, 須知退一步之法. 行得去處, 務加讓三分之功.

人情(인정) : 사람의 감정, 인심(人心).

反復(반복) : 번복(飜覆)과 같다. 변화가 많거나 심하여 종잡을 수 없다는 뜻이다.
　　　　　여기서는 인정이 변하기 쉽다는 것을 나타낸다.

世路(세로) : 세상 길, 세상살이. 즉 사람이 일생 동안 세상을 살아가면서 거치는 길을 가리킨다.

崎嶇(기구) : 원래는 땅의 형세나 길의 높낮이가 평탄치 않고 울퉁불퉁함을 형용하는 말로, 여기에서는 뜻밖의 재난을 당하거나 고난을 겪는 등 삶이 평탄치 못하다는 의미로 쓰였다. 崎와 嶇 모두 '험난하다'라는 뜻이다.

行不去處(행불거처) : 길이 통하지 않는 곳. 행불거(行不去)는 '행불통(行不通)'과 같은 말로, 가려하나 길이 통하지 않는다는 뜻이다. 여기서는 일이 순탄치 못해 곤란을 당하여 이도 저도 못하는 상태를 표현한다.

退一步之法(퇴일보지법) : 한 걸음 물러나는 이치. 法은 방법, 이치.

行得去處(행득거처) : 통행할 수 있는 곳, 길이 통하는 곳. 위의 행불거처(行不去處)와 상대되는 말로서 일이 거침없이 잘 되는 것을 가리킨다.

務加(무가) : 반드시 더해야 한다. 務는 '반드시', '필히', '꼭'의 의미이다. 위의 수(須)와 같은 의미이다.

讓三分之功(양삼분지공) : 조금 양보하는 공덕. 三分은 위의 일보(一步)와 비슷한 의미로 일종의 수사적 표현이다.

36

待小人, 不難於嚴, 而難於不惡.

待君子, 不難於恭, 而難於有禮.

待小人(대소인) : 소인을 대하다.

嚴(엄) : 엄격하다, 엄하다.

惡(오) : 미워하다, 증오하다. '모질다', '나쁘다', '못생기다' 등의 뜻일 때는 '악'으로 발음한다.

恭(공) : 공경하다, 공손하다. 여기서는 자신을 낮추어 군자를 공손하게 대하는 것을 말한다.

有禮(유례) : 예의가 있다, 즉 무조건 공손히 하는 것이 아니라 절도 있게 예의를 갖추어 대하는 것을 말한다.

37

寧守渾噩而黜聰明, 留些正氣還天地.

寧謝紛華而甘澹泊, 遺個淸名在乾坤.

渾噩(혼악) : 혼혼악악(渾渾噩噩)의 줄임말로, 꾸밈없이 순박함. 渾과 噩 모두 순
　　박하다, 꾸밈없다, 소박함을 의미한다.

黜(출) : 물리치다.

聰明(총명) : 총명함. 여기에서는 위의 혼악(渾噩)과 대비되는 말로, 재주가 교묘
　　하고 간사함을 의미한다.

留些正氣(유사정기) : 지극히 크고 굳센 기운을 남겨 놓다. 正氣는 하늘과 땅 사
　　이에 충만한 지극히 크고 굳센 기운으로 만물(萬物)을 생성하는 근원적
　　인 정기(精氣)이다. 이 기운이 사람에게 구체적으로 실현되면 호연지기
　　(浩然之氣) 즉 넓고 성대하며 강직한 기개(氣槪)가 된다.

還天地(환천지) : 천지에 돌려주다. 지금 인간의 몸 속에 간직하고 있는 정기(正
　　氣)는 천지로부터 받은 것이니 이러한 정기를 몸 안에 간직했다가 죽어
　　서 천지에 돌리자는 것.

謝(사) : 끊다, 거절하다, 사양하다.

甘(감) : 달갑게 여기다, 즐겁게 여기다.

遺個淸名(유개청명) : 깨끗한 이름을 남기다. 遺는 위의 류(留)와 같은 의미. 淸
　　名은 깨끗한 이름, 아름답고 순결한 명예.

在乾坤(재건곤) : 천하에 두다. 在는 두다, 존재하게 하다.

38

降魔者, 先降自心, 心伏, 則群魔退聽.

馭橫者, 先馭此氣, 氣平, 則外橫不侵.

伏(복) : 굴복하다, 복종하다. 여기서는 마음이 가라앉아 평안하고 고요해짐을
　　　　말한다.

退聽(퇴청) : 물러나 순종하다. 여기서는 모든 악마, 악귀가 잠잠히 물러나 내 본
　　　　심의 명령을 따르게 됨을 말한다. 聽은 따르다, 순종하다.

馭橫(어횡) : 이치에 어긋난 부당한 처사를 제압하다. 馭는 본래는 말을 부리는
　　　　것을 말하나 여기서는 '제압하다', '제어하다'의 의미이다. 橫은 횡포함,
　　　　도리에 맞지 않는 부당한 것.

此氣(차기) : 이러한 기질. 즉 자신의 내부에 있는 횡포한 기질, 객기(客氣).

平(평) : 평정(平靜)하다, 평온하다. 앞의 복(伏)과 대응된다.

外橫(외횡) : 외부의 불합리한 횡포, 즉 외부에서 온 이치에 맞지 않는 부당한
　　　　횡포를 말한다.

39

教弟子, 如養閨女, 最要嚴出入, 謹交遊.

若一接近匪人, 是清淨田中, 下一不淨種子,

便終身難植嘉禾矣.

如(여) : 마치 ~와 같다.

閨女(규녀) : '결혼하지 않은 여자', '딸'의 의미로, 여기서는 소중하게 기른 규중
　　　　처녀를 말한다. 閨는 집안 깊은 곳에 있는 부녀자의 방이란 뜻이다.

嚴出入(엄출입) : 드나듦을 엄격하게 단속하다.

謹交遊(근교유) : 벗 사귐을 삼가 신중히 하다. 謹은 삼가다, 신중히 하다. 交遊
　　　　는 교제하다, 벗하다.

若一接近(약일접근) : 만약 한번이라도 가까이하면.

匪人(비인) : 몸가짐과 행실이 바르지 못한 사람. 匪는 비(非)와 같다.

清淨田(청정전) : 맑고 깨끗한 밭, 즉 잡초 하나 없이 깔끔하게 가꾸어 놓은 좋
　　　　은 논밭을 말한다. 清淨은 맑고 깨끗하다, 잡된 것이 없이 순수하고 깨

끗하다.

下(하) : '파종(播種)하다'라는 의미이다. 논밭에 곡식의 씨앗을 뿌리다.

不淨種子(부정종자) : 깨끗하지 못한 씨앗, 즉 좋지 않은 씨앗.

終身(종신) : 일생 동안, 평생.

植(식) : 기르다, 길러 내다.

40

欲路上事, 毋樂其便而姑爲染指. 一染指, 便深入萬仞.

理路上事, 毋憚其難而稍爲退步. 一退步, 便遠隔千山.

欲路上事(욕로상사) : 욕망에 관한 일. 路는 방면(方面)

毋(무) : 금지사로 '~하지 말라'는 뜻.

姑(고) : 잠시, 잠깐.

染指(염지) : 손가락을 물들이다. 손가락으로 찍어 맛을 보다. 여기서는 자기가
　　　　　응당 가져야 할 것이 아닌데도 가지려는 생각을 품는 것을 비유한다.

深入(심입) : 깊이 빠져들다.

理路上事(리로상사) : 의리에 관한 일

憚其難(탄기탄) : 그 어려움을 꺼리다.

稍(초) : 조금, 약간.

退步(퇴보) : 양보하다, 물러서다.

遠隔千山(원격천산) : 천 개의 산을 사이에 두고 멀리 떨어져 있다. 격(隔)은 떨
　　　　　어지다, 멀어지다. 천산(千山)은 본래 많은 산의 뜻이나 여기서는 천 개
　　　　　의 산이 사이에 있을 정도로 멀리 떨어져 있음을 비유한다.

41

念頭濃者, 自待厚, 待人亦厚, 處處皆濃.

念頭淡者, 自待薄, 待人亦薄, 事事皆淡.

故君子居常嗜好, 不可太濃艶, 亦不宜太枯寂.

念頭濃者(염두농자) : 생각이 섬세한 사람, 용의주도한 사람. 곧 치밀한 성격을 가
　　진 사람. 念頭는 생각. 濃은 정도가 심함을 나타낸다. 者는 사람을 말한다.
　　여러 판본 중 농(濃)이 후(厚)로, 담(淡)이 박(薄)으로 되어 있는 경우도 있는
　　데 이 구절에서 농(濃)과 후(厚), 담(淡)과 박(薄)의 의미상 차이는 없는 것으
　　로 보인다. 여기서는 濃과 淡을 각각 厚와 薄의 의미로 보았다.

自待(자대) : '스스로에게', '자기에 대하여', 의식생활, 기거동작을 모두 가리킨다.

處處(처처) : 어디에서나, 곳곳마다.

事事(사사) : 매사(每事), 일마다.

居常(거상) : 평소, 평상시, 일상.

嗜好(기호) : 특별히 좋아하다, 애호하다. 嗜, 好 모두 좋아한다는 뜻이다.

濃艶(농염) : 후하고 사치스럽다. 艶은 곱다, 화려하다.

枯寂(고적) : 메마르고 각박함. 여기서는 담박함이 지나쳐 흥취를 느낄 수 없을
　　정도가 된 상태를 가리킨다.

42

彼富我仁, 彼爵我義. 君子固不爲君相所牢籠.

人定勝天, 志一動氣. 君子亦不受造物之陶鑄.

爲君相所牢籠(위군상소뢰롱) : 군주와 재상에게 농락당하다. 爲ⓐ 所ⓑ는 'ⓐ에
　　게서 ⓑ가 당하다'라는 피동문 구조이다. 본래 뇌(牢)는 우리, 籠은 새장
　　을 가리키는데 여기에서 '상대방을 농락하다'라는 의미가 나왔다.

人定勝天(인정승천) : 사람이 굳게 마음먹으면 운명을 극복한다. 定은 결연하다, 굳게 마음먹다. 勝은 극복하다, 이기다. 天은 운명을 말한다.

志一動氣(지일동기) : 심지(心志)가 한결 같으면 기질을 움직인다. 즉 심지의 향하는 바가 전일하면 기질이 심지를 좇게 됨을 말한다.

陶鑄(도주) : 陶는 질그릇을 만드는 것, 鑄는 쇠를 녹여 그릇이나 연모 따위를 만드는 것. 陶, 鑄 모두 일정한 규격의 틀에 의하므로 곧 일정한 틀의 제약에 의존함을 말한다. 여기서는 조물주가 인간에게 운명을 부여하는 것을 비유하고 있다.

43

立身, 不高一步立, 如塵裡振衣, 泥中濯足, 如何超達.

處世, 不退一步處, 如飛蛾投燭, 羝羊觸藩, 如何安樂.

立身(입신) : 몸을 세우다. 즉 세상에 몸을 세우다. 사회생활을 하다. 입신양명(立身揚名)의 의미로 보기도 하나 고일보(高一步), 퇴일보(退一步)라는 표현으로 볼 때 다음 구절의 처세(處世)와 같은 뜻일 듯하다.

塵裡振衣(진리진의) : 먼지 속에서 옷을 털다. 곧 아무런 효과를 거둘 수 없음을 비유한다. 塵은 '티끌, 먼지'. 裡는 '안, 속'. 振은 '털다'라는 의미이다.

泥中濯足(니중탁족) : 흙탕물 속에서 발을 씻다. 진리진의(塵裡振衣)와 마찬가지로 아무런 효과를 거둘 수 없음을 비유한다.

超達(초달) : 뛰어나 도달하다. 즉 다른 사람보다 뛰어나서 목표에 도달함을 말한다. 超는 '뛰어나다', 達은 '도달하다'라는 의미이다.

飛蛾投燭(비아투촉) : 부나방이 등불로 날아들다. 곧 위험한 곳에 무작정 뛰어 듦을 비유한다. 飛蛾는 '부나방', 投는 '뛰어들다', 燭은 '등불'을 말한다.

羝羊觸藩(저양촉번) : 숫양이 울타리를 들이받다. 곧 숫양이 울타리를 떠받다가 뿔이 걸려 꼼짝하지 못하게 된다는 뜻으로 앞만 보고 저돌적으로 행동하다가 나아가지도 물러나지도 못하는 진퇴양난(進退兩難)에 빠짐을 비유한 말이다. 羝羊은 숫양, 觸은 떠받다, 藩은 울타리.

44

學者要收拾精神, 併歸一路.

如修德而留意於事功名譽, 必無實詣.

讀書而寄興於吟咏風雅, 定不深心.

收拾精神(수습정신) : 정신을 가다듬다. 收拾은 가다듬다, 수습하다

併歸一路(병귀일로) : 한쪽 방면으로 집중하다. 併과 歸는 모두 합치다, 집중하
　　　　　　다. 路는 방면(方面).

留意(유의) : 뜻을 두다, 마음을 두다.

事功名譽(사공명예) : 사업으로 얻은 공적과 좋은 평판, 명성.

實詣(실예) : 실제 조예. 詣는 조예(造詣)의 약칭으로 학문, 예술 등이 도달한 정
　　　　　　도를 말하는데 實詣라 함은 특히 도(道)의 깊은 경지에 도달하는 것을
　　　　　　가리킨다.

寄興(기흥) : 흥을 붙이다. 정취를 두다.

吟咏風雅(음영풍아) : 시문(詩文)을 읊조리다. 吟咏은 읊조리며 완미하다. 風雅
　　　　　　는 『시경』(詩經)의 「국풍」(國風)과 「대아」(大雅), 「소아」(小雅)를 말하는데,
　　　　　　후세 사람들은 종종 시문과 관련된 일을 일컫는 데 사용했다.

定(정) : 결국.

不深心(불심심) : 마음속에 깊이 느끼지 못하다.

45

人人, 有個大慈悲, 維摩屠劊, 無二心也.

處處, 有種眞趣味, 金屋茅簷, 非兩地也.

只是欲蔽情封, 當面錯過, 使咫尺千里矣.

大慈悲(대자비) : 크게 자비로운 마음.

屠劊(도회) : 도(屠)는 가축을 도살하는 것을 직업으로 삼는 사람을 가리키고, 劊는 옛날 사형수의 목을 베는 망나니를 가리킨다.

種(종) : 일종의.

眞趣味(진취미) : 참된 정취.

金屋(금옥) : 화려한 집.

茅簷(모첨) : 띠풀로 엮은 집, 오막살이.

欲蔽情封(욕폐정봉) : (마음이) 욕망에 가려지고 욕정에 막히다. 즉 자비로운 마음과 참된 정취가 욕망과 욕정에 의해 가려지고 막힘을 의미한다.

當面錯過(당면착과) : 눈앞에 스쳐 지나가 버리는 작은 실수. 지금 저지른 작은 실수.

46

進德修道, 要個木石的念頭, 若一有欣羨, 便趣欲境.

濟世經邦, 要段雲水的趣味, 若一有貪著, 便墮危機.

進德修道(진덕수도) : 덕을 증진시키고 도를 닦다.

木石的念頭(목석적염두) : 목석같은 마음. 즉 목석처럼 확고해서 외물의 유혹에 동요되지 않는 마음을 말한다.

欣羨(흠선) : 좋아하고 부러워하다. 여기서는 외물의 유혹을 받아 물질적 욕망에 빠져 부귀영화 등을 탐내고 부러워하는 것을 말한다.

欲境(욕경) : 탐욕(貪慾)의 세계, 이욕(利慾)의 경계.

趣(추) : 쏠리다, 빠져들다.

濟世經邦(제세경방) : 세상 사람들을 구제하고 나라를 다스리다.

段(단) : 사물이나 시간의 한 부분을 나타낸다.

貪著(탐착) : 탐내고 집착하다, 연연하다.

墮(타) : 떨어지다.

47

吉人, 無論作用安祥, 卽夢寐神魂, 無非和氣.

凶人, 無論行事狼戾, 卽聲音咲語, 渾是殺機.

吉人(길인) : 착한 사람.

無論(무론) : 말할 필요도 없다.

作用(작용) : 일상의 기거동작, 평소의 언행(言行).

安祥(안상) : 침착하고 중후하다.

夢寐神魂(몽매신혼) : 잠자는 동안의 정신.

凶人(흉인) : 흉악한 사람, 악인(惡人).

行事(행사) : 하는 일, 평소의 행위.

狼戾(낭려) : 광포하고 잔인함. 狼은 이리. 이리는 성질이 탐욕스럽고 잔인하기
　　　　　때문에 흔히 거짓되고 흉악한 사람의 비유로 쓰인다.

咲語(소어) : 웃음소리. 咲는 소(笑)의 옛 글자.

渾(혼) : 모두.

殺機(살기) : 살기(殺氣), 즉 사람을 해치려는 기미. 機는 '기미'를 말한다.

48

肝受病, 則目不能視, 腎受病, 則耳不能聽.

病受於人所不見, 必發於人所共見.

故君子欲無得罪於昭昭, 先無得罪於冥冥.

昭昭(소소) : 사람들이 분명히 볼 수 있는 곳을 말한다.

冥冥(명명) : 사람들이 보지 못하는 곳, 알지 못하는 상황을 말한다.

49

福莫福於少事, 禍莫禍於多心.

唯苦事者, 方知少事之爲福.

唯平心者, 始知多心之爲禍.

少事(소사) : 일이 적음. 곧 특별히 문제되는 일이 적음.

多心(다심) : 마음 쓰는 곳이 많음. 곧 마음이 복잡하고 무언가 생각하는 것이 많음.

苦事(고사) : 일에 시달리다. 일 때문에 몸이 고달프다.

平心(평심) : 마음이 평온함.

50

處治世, 宜方, 處亂世, 宜圓, 處叔季之世, 當方圓並用.

待善人, 宜寬, 待惡人, 宜嚴, 待庸衆之人, 當寬嚴互存.

治世(치세) : 잘 다스려진 세상. 태평성세.

方(방) : 품행을 방정(方正)하게 하다. 즉 정해진 법도에 따라 정확하게 행동하는 것을 말한다.

圓(원) : 몸가짐을 원만(圓滿)하게 하다. 즉 변화를 주며 상황에 맞게 행동하는 것.

庸衆之人(용중지인) : 평범한 사람. 庸은 평범함, 衆은 그 숫자가 많음을 의미한다.

51

我有功於人, 不可念, 而過則不可不念.

人有恩於我, 不可忘, 而怨則不可不忘.

52

施恩者, 內不見己, 外不見人, 則斗粟可當萬鍾之惠.

利物者, 計己之施, 責人之報, 雖百鎰難成一文之功.

施恩者(시은자) : 은혜를 베푸는 사람. 施는 주다, 베풀다.

內不見己(내불견기) : 안으로는 자신을 보지 않다. 마음속으로 자신이 한 일을 의식하지 않다.

外不見人(외불견인) : 밖으로는 남을 보지 않다. 즉 상대방이 내가 베푼 은혜에 감사하기를 바라지 않다.

斗粟(두속) : 한 말의 곡식. 여기서는 적은 양의 곡식을 가리킨다. 粟은 곡식의 낟알로 아직 겨를 벗겨 내지 않은 것을 이른다. 이미 곡식을 찧어 겨를 벗겨 낸 것은 미(米)라고 한다.

當(당) : 해당하다, 상당하다, 대등하다.

利物者(리물자) : 남을 이롭게 하는 사람. 利는 이롭게 하다. 여기서의 物은 다른 사람, 상대방을 가리킴.

計己之施(계기지시) : 자기가 남에게 베푼 은혜를 염두에 두다. 計는 계산하여 비교하다, 따지다.

責人之報(책인지보) : 상대방이 자기에게 보답해 주기를 요구하다. 責은 요구하다, 기대하다, 바라다.

百鎰(백일) : 아주 많은 화폐, 돈. 百은 숫자상의 '백'이 아니라 많다는 의미를 가짐. 위의 만(萬)과 같은 용법이다. 鎰은 고대에 황금의 중량을 잰 단위이다. 일일(一鎰)은 스무 냥[二十兩] 혹은 스물 넉 냥[二十四兩]에 해당한다.

53

人之際遇, 有齊有不齊, 而能使己獨齊乎.

己之情理, 有順有不順, 而能使人皆順乎.

以此相觀對治, 亦是一方便法門.

際遇(제우) : 처지, 경우. 여러 가지의 일이나 주위의 갖가지 사건에 직면하는 것
　　을 의미한다.

齊(제) : 빠진 것 없이 구비되다, 성취하다, 갖추다. 여기에서 구비되는 대상은
　　부귀(富貴), 명예(名譽), 건강(健康), 행운(幸運) 등이다.

情理(정리) : 정서(情緖), 감정, 사려(思慮).

順(순) : 순응하다, 이치에 어긋나지 않다.

相觀對治(상관대치) : 서로를 보고 대조하여 다스리다. 즉 나와 상대방의 상호
　　관계를 살피고 대조하여 문제를 해결한다는 의미이다. 相은 서로, 즉 나
　　와 상대방. 觀은 관찰하다. 對는 대조하다. 治는 다스리다. 해결하다.

54

心地乾淨, 方可讀書學古.

不然, 見一善行, 竊以濟私, 聞一善言, 假以覆短.

是又藉寇兵, 而齎盜糧矣.

乾淨(건정) : 맑고 깨끗하다.

方(방) : 바야흐로, ~해서야 비로소.

學古(학고) : 옛 것을 배우다. 여기서는 고전문헌을 읽어 성현의 훌륭한 언행(言
　　行)을 배움을 가리킨다.

不然(불연) : '그렇지 않다', '이와 같지 않다', 然은 시(是), 차(此)의 뜻.

善行(선행) : 훌륭한 행동. 여기서는 옛 성현의 훌륭한 행동을 가리킨다.

竊以濟私(절이제사) : 훔쳐다가 자신의 사욕을 채우다. 竊은 도둑질하다, 훔치
다. 以(이)는 '~으로써, ~을 가지고'의 의미로, 수단, 방법, 도구를 나타
내는 조사이다. 濟는 이루다, 성취하다. 私는 사사로운 욕심.

善言(선언) : 좋은 말. 여기서는 옛 성현의 좋은 말씀을 가리킨다.

假(가) : 빌리다, 가탁(假託)하다.

覆短(부단) : 단점을 감싸다. 覆는 덮다, 가리다. 短은 단점, 결점.

藉寇兵(자구병) : 침략자에게 무기를 빌려주다. 藉는 빌려주다, 대여해 주다. 寇
는 침략자, 원수. 兵은 병기, 무기.

齎盜糧(제도량) : 도둑에게 먹을 것을 갖다 주다. 齎는 주다, 보내다. 앞의 자구
병(藉寇兵)과 대응된다.

55

奢者, 富而不足, 何如儉者貧而有餘.

能者, 勞而府怨, 何如拙者逸而全眞.

何如~(하여) : '어찌 ~과 같겠는가?' 즉 '~만 못하다'는 의미를 나타낸다.

有餘(유여) : 여유가 있다.

能者(능자) : 재능이 있는 사람.

勞(로) : 수고롭다, 힘쓰다.

府怨(부원) : 원망을 모으다. 즉 뭇 사람들의 원망을 사다, 불러들이다. 府는 원
래 고대 국가에서 재물이나 문서를 보관해 두는 곳을 가리키는데, 여기
에서 모으다라는 의미가 나왔다.

拙者(졸자) : 서투른 사람. 재능이 다른 사람에 비해 떨어지는 사람.

逸而全眞(일이전진) : 편안하고 한가로우면서 천성을 온전하게 지키다. 逸은 편
안하다. 全은 온전히 하다. 眞은 자연스러움. 즉 본성, 천성을 말하다.

56

讀書不見聖賢, 爲鉛槧傭, 居官不愛子民, 爲衣冠盜.

講學不尙躬行, 爲口頭禪, 立業不思種德, 爲眼前花.

見聖賢(견성현) : 성현을 보다. 옛날 성인과 현인의 참모습을 살피다.

鉛槧傭(연참용) : 납 막대기로 글을 베껴 새기는 사람. 옛날에 종이와 필기도구
  가 없을 때 납 막대기[鉛]로 긴 나무 조각[槧]에 글을 썼다고 한다.

居官(거관) : 관직(官職)을 맡다, 관직에 있다. 居는 ∼에 있다, 차지하다.

子民(자민) : 백성. 여기에서 子는 백성을 친자식처럼 사랑한다는 의미를 내포
  하고 있다.

衣冠盜(의관도) : 관복을 입은 도둑. 衣冠은 의복과 머리에 쓰는 관. 고대에는
  높은 신분을 지닌 사람만이 관을 썼던 까닭에 사(士) 이상의 높은 벼슬에
  있는 사람의 복장을 가리키게 됨.

尙躬行(상궁행) : 몸소 실천함을 중요시하다. 尙은 숭상하다, 중요시여기다. 躬
  行은 몸소 실천하다.

口頭禪(구두선) : 실행이 따르지 않는 빈 말. 불교용어. 선종(禪宗)의 현묘한 철
  학적 이치를 깨닫지도 못하면서 다만 선종에서 자주 쓰이는 말을 그대
  로 답습하여 말을 꾸미는 것을 가리킨다.

立業(입업) : 업적을 세우다.

思種德(사종덕) : 남에게 은덕을 베풀 것을 생각하다. 種德은 포덕(布德:덕을 퍼
  뜨리다)과 같다.

眼前花(안전화) : 눈 앞의 꽃. 눈앞에서 피었다가 금세 시들어 버리는 꽃이란 뜻
  으로 덧없이 사라지는 한 때의 영화를 비유한다.

57

人心有一部眞文章, 都被殘編斷簡封錮了.

有一部眞鼓吹, 都被妖歌艷舞湮沒了.

學者須掃除外物, 直覓本來, 纔有個眞受用.

一部眞文章(일부진문장) : 한 편의 참다운 문장. 部는 서적, 음악, 연극 등의 단위를 나타내는 성분. 眞文章은 구체적인 문자(文字), 구절이 아닌, 밝고 순결하여 아무런 잡념도 없는 마음의 경지를 가리킨다.

被(피) : 동작의 피동을 나타낸다.

殘編斷簡(잔편단간) : 일부분만 남은 책과 끊어진 대쪽, 즉 온전하게 갖추어져 있지 않은 서적(書籍). 여기서는 세속의 서적과 문장을 가리킨다. 종이가 없던 옛날에는 대쪽[簡]에 글을 썼으므로 簡이 책을 의미하게 되었다.

封錮(봉고) : 주도면밀하게 가리고 막다. 封은 봉하다. 錮는 틈을 막다.

了(료) : 시간 및 상태를 나타내는 조사. 여기에서는 동작 혹은 변화가 이루어졌음을 나타낸다.

一部眞鼓吹(일부진고취) : 한 곡의 진실한 음악. 鼓는 '북을 두드리다', 吹는 '관악기를 불다'는 뜻으로 鼓吹는 음악을 가리킨다.

妖歌艷舞(요가염무) : 요사스런 노래와 화려한 춤. 妖는 괴이하다, 요사스럽다. 艷은 화려하다.

湮沒(인몰) : 파묻혀 소멸하다. 湮과 沒은 모두 빠지다, 가라앉다.

掃除外物(소제외물) : 바깥 사물의 유혹을 모조리 쓸어 버리다. 掃除는 일소하다, 깨끗이 씻어내다. 外物은 내 몸 외의 모든 사물이라는 의미로 보통 이욕(利欲), 공명(功名), 부귀영화 등을 가리킨다.

直(직) : 곧장, 곧바로, 직접.

覓本來(멱본래) : 인간의 본성(本性)을 찾다. 覓은 찾다, 추구하다. 本來는 인간이 본래부터 지니고 있는 심성(心性)을 말한다.

眞受用(진수용) : 진정한 누림. 受用은 향수하다, 누리다.

58

苦心中, 常得悅心之趣.

得意時, 便生失意之悲.

苦心(고심) : 어떤 일에 힘과 마음을 쏟다.

悅心之趣(열심지취) : 마음을 기쁘게 하는 정취. 趣는 정취, 흥취.

得意(득의) : 뜻한 바대로 일이 잘 풀리다. 뜻을 이루다.

失意之悲(실의지비) : 뜻대로 되지 않는 슬픔. 失意는 뜻대로 되지 않다, 목적을
　　　　이루지 못하다. 앞의 득의(得意)와 대응된다.

59

富貴名譽, 自道德來者, 如山林中花, 自是舒徐繁衍.

　　　　自功業來者, 如盆檻中花, 便有遷徙廢興.

若以權力得者, 如瓶鉢中花, 其根不植, 其萎可立而待矣.

自道德來者(자도덕래자) : 도덕으로부터 얻어진 것. 道德은 사람이 지켜야 할
　　　　도의(道義)를 닦고 덕성(德性)을 함양(涵養)하는 것을 말한다. 來는 '생기
　　　　다', '발생하다'

山林中花(산림중화) : 숲속의 꽃. 여기서는 인공이 가해지지 않은 자연 그대로
　　　　의 환경을 뜻한다.

自是(자시) : 자연히 ～하다, 저절로 ～하게 되다.

舒徐繁衍(서서번연) : 서서히 여유 있게 성장하다. 자연스럽게 번식하여 무성하
　　　　다. 舒徐는 태연자약함, 느릿하고 여유 있음. 여기서는 자연스러움을 뜻
　　　　함. 舒와 徐는 모두 느리다, 천천히 하다. 繁衍은 번식하는 것이 왕성하
　　　　다, 매우 많다. 繁과 衍 모두 '무성하다', '많다'의 의미이다.

盆檻(분함) : 화분과 화단. 盆은 깊이가 비교적 얕으며 주둥이는 크고 바닥은 작
　　　　은 용기(容器). 檻은 원래 동물을 가두어 두는 울타리인데 여기서는 난
　　　　간, 둘레를 친 화단의 뜻이 나왔다.

遷徙廢興(천사폐흥) : 변동에 따라서 흥망성쇠가 좌지우지 되다. 곧 변화에 따

라 지대한 영향을 받다. 遷徙는 원래 한 곳에서 다른 곳으로 장소나 위치를 옮기는 것을 가리키나, 여기서는 변동의 의미. 遷과 徙 모두 '움직이다', '옮기다'라는 의미이다. 廢興은 흥망성쇠를 말한다. 廢는 폐하다, 망하다. 興은 흥성하다.

若(약) : 가령 ∼와 같은 경우에는.

以權力得者(이권력득자) : 권력으로 얻어진 것. 以는 '∼로, ∼로써'의 의미로 수단, 방법을 나타낸다.

瓶鉢(병발) : 병과 사발. 원래는 스님이 멀리 나갈 때 지니고 다니는 음식그릇을 가리키나 여기서는 꽃을 담는 병을 말한다. 瓶은 물을 담는 그릇. 鉢은 밥을 담는 그릇.

基根(기근) : 사물이나 사업에 바탕이 되는 토대나 기초. 여기서는 꽃의 생명의 기초가 되는 뿌리를 가리킨다.

植(식) : 심다, 세우다.

萎(위) : 시들다.

立而待(립이대) : 선 자리에서 기다리다. 즉 순식간에 결과가 나와 버림을 의미한다.

60

春至時和, 花尙鋪一段好色, 鳥且囀幾句好音.

士君子, 幸列頭角, 復遇溫飽, 不思立好言, 行好事,

雖是在世百年, 恰似未生一日.

和(화) : 화창하다.

鋪(포) : 펴다, 자아내다.

一段(일단) : 한 차례. 段은 사물이나 시간의 한 부분을 나타낸다. 一段을 '더한 층'이라고 보기도 하지만 아래의 '幾句(기구)'와 대응시켜 한 차례라고 하였다.

囀(전) : 지저귀다.

幾句(기구) : 몇 가락. 句는 말이나 글의 수를 세는 단위.

列頭角(열두각) : 반열에서 두각을 나타내다. 즉 남들보다 뛰어나 높은 자리에 오른다는 의미이다. 列은 반열, 무리. 頭角은 기상, 재주, 능력 등이 뛰어나다.

復遇溫飽(부우온포) : 게다가 호의호식하다. 復는 게다가, 또한. 遇는 향수(享受)하다, 누리다. 온포는 따뜻한 옷과 배부른 음식 '온의포식'(溫衣飽食)의 준말로 호의호식을 의미한다.

立好言(립호언) : 좋은 말을 하다, 좋은 의견을 내다. 立은 의견이나 주장을 내세우다, 제기하다.

恰似(흡사) : 마치 ~과 같다.

61

學者要有段兢業的心思, 又要有段瀟灑的趣味.

若一味斂束淸苦, 是有秋殺無春生, 何以發育萬物.

兢業(긍업) : 즉, 긍긍업업(兢兢業業). 조심하고 두려워하다.

瀟灑(소쇄) : 세속을 초탈하여 구속받지 않는 소탈한 모양.

一味(일미) : 줄곧, 한결같이

斂束(렴속) : 엄격하게 자신을 단속하다.

淸苦(청고) : 지나치게 청렴결백하다.

秋殺(추살) : 가을의 살기. 가을에는 만물이 시들고 쇠락하므로 이렇게 말한 것이다.

春生(춘생) : 봄의 생기. 봄에는 만물이 소생하여 무성하게 자라므로 이렇게 말한 것이다.

62

眞廉無廉名, 立名者正所以爲貪.

大巧無巧術, 用術者乃所以爲拙.

眞廉(진렴) : 진정한 청렴.

所以(소이) : 한문에서 고정된 격식으로 그 의미는 크게 두 가지이다. 하나는 방
　　　　법(도구, 수단)을, 또 하나는 원인(이유, 까닭)을 나타낸다. 여기서는 후자의
　　　　의미로 쓰였다.

巧術(교술) : 기교, 기능. 巧와 術은 모두 기능(技能)의 의미이다.

63

欹器以滿覆, 撲滿以空全.

故君子寧居無不居有, 寧處缺不處完.

64

名根未拔者, 縱輕千乘甘一瓢, 總墮塵情.

客氣未融者, 雖澤四海利萬世, 終爲剩技.

名根(명근) : 명예를 좋아하는 근성.

拔(발) : 없애다, 뿌리 뽑다.

縱(종) : 설사, 가령 ~일지라도.

輕(경) : 가볍게 여기다, 대수롭지 않게 여기다.

一瓢(일표) : 즉, 일표음(一瓢飮). 한 표주박의 마실 물. 청빈(淸貧)한 생활을 표현

한다.

總(총) : 결국, 필경, 끝내.

塵情(진정) : 세속적인 정, 여기서는 명예를 추구하는 욕망.

客氣(객기) : 객쩍은 혈기. 말과 행동이 과장되고 거짓되어 진실함과 성실함이
　　　없는 것.

融(융) : 융해되다, 녹아 없어지다.

剩技(잉기) : 쓸데없는 기능, 군더더기 재주,

65

心體光明, 暗室中有靑天.

念頭暗昧, 白日下生厲鬼.

光明(광명) : 빛나고 밝다. 여기서는 광명정대하다는 의미이다.

暗室(암실) : 어두운 방. 여기서는 은밀하여 남들이 볼 수 없는 곳을 가리킨다.

暗昧(암매) : (잡념과 망상에 젖어) 어둡고 어리석음.

厲鬼(여귀) : 포악한 귀신. 즉 악마, 악귀. 여기서는 그러한 악마의 마음을 가리
　　　킨다.

66

人知名位爲樂, 不知無名無位之樂爲最眞.

人知饑寒爲憂, 不知不饑不寒之憂爲更甚.

名位(명위) : 명예와 지위.

饑寒(기한) : 굶주리고 춥다.

更(경) : 더욱.

67

爲惡而畏人知, 惡中猶有善路. 爲善而急人知, 善處卽是惡根.

善路(선로) : 선을 향하는 길, 곧 양심.

猶(유) : 오히려, 아직도.

急(급) : 급급하다, 안달하다.

惡根(악근) : 과실의 뿌리, 악행의 근원.

68

天之機緘不測. 抑而伸, 伸而抑, 皆是播弄英雄, 顚倒豪傑處.

君子只是逆來順受, 居安思危, 天亦無所用其伎倆矣.

機緘(기함) : 기운의 변화, 사물을 움직여 변화를 낳게 하는 힘, 즉, 인간과 사물
　　의 화복을 좌우하는 하늘의 섭리를 말한다.

播弄(파롱) : 뒤집다, 희롱하다, 조종하다.

顚倒(전도) : 원래는 상하 앞뒤의 순서가 뒤바뀐다는 뜻이다. 여기에서는 앞의
　　파롱(播弄)과 같이 희롱하다, 조종하다의 의미이다.

居安思危(거안사위) : 편안함에 처해서도 위태로움을 생각하다.

天亦無所用其技倆矣(천역무소용기기량의) : 하늘도 그 기량을 쓸 바가 없다. 즉
　　군자는 하늘도 어찌하지 못한다는 말이다.

69

燥性者火熾, 遇物則焚. 寡恩者氷淸, 逢物必殺.

凝滯固執者, 如死水腐木, 生機已絶. 俱難建功業而延福祉.

燥性者(조성자) : 성질이 조급한 사람. 燥는 초조해 하다, 안달하다.

火熾(화치) : 불이 성하다. 불길처럼 맹렬히 타오름을 형용한다. 熾는 불길이 성
　　　　하다.

焚(분) : 불사르다, 태우다. 여기서는 버럭 화를 내는 것을 비유한다.

寡恩者(과은자) : 은혜를 베풂이 적은 사람, 즉 인정(人情)이 적은 사람.

氷淸(빙청) : 얼음처럼 차가움.

殺(살) : 해치다. 여기서는 매몰차고 잔혹함을 비유한다.

凝滯固執者(응체고집자) : 꽉 막혀 융통성이 없는 사람. 凝滯는 멈추어 통하지
　　　　않음, 固執은 완고하여 융통성이 없음을 말한다.

死水(사수) : 죽은 물, 고여서 흐르지 않는 물.

腐木(부목) : 썩은 나무.

生機(생기) : (만물이 부여받은) 자연 생명의 기능.

70

福不可徼, 養喜神, 以爲召福之本而已.

禍不可避, 去殺機, 以爲遠禍之方而已.

徼(요) : 구하다, 원하다.

以爲(이위) : ~로 삼다, 여기다.

而已(이이) : ~일 뿐이다, 따름이다. 한정조사로 이(耳), 이이의(而已矣)와 같다.

殺機(살기) : 남을 해치려는 마음, 해치려는 기미. 機는 기미, 마음.

遠禍(원화) : 화를 멀리하다, 멀게 하다.

71

十語九中, 未必稱奇, 一語不中, 則愆尤騈集.

十謀九成, 未必歸功, 一謀不成, 則訾議叢興.

君子所以寧默毋燥, 寧拙毋巧.

稱奇(칭기) : 경이롭다고 칭찬하다.

愆尤(건우) : 원래는 과실(過失)의 의미였으나, 여기에서는 다른 사람들의 책망,
비방을 가리킨다.

騈集(변집) : 함께 모여들다. 騈은 아울러 함께.

歸功(귀공) : 공로를 돌리다. 여기서는 공로를 인정해 주다.

訾議(자의) : 헐뜯음, 비난. 訾는 헐뜯다.

叢興(총흥) : 떼지어 일어남, 무더기로 일어남. 叢은 원래는 떨기나무로 무더기,
떼를 의미한다.

72

天地之氣, 暖則生, 寒則殺. 故性氣淸冷者, 受享亦凉薄.

唯和氣熱心之人, 其福亦厚, 其澤亦長.

性氣(성기) : 성품과 기질

受享(수향) : 받아들여 누리다, 향수하다.

和氣(화기) : 온화한 기색.

熱心(열심) : 따뜻한 마음.

73

天理路上甚寬, 稍游心, 胸中便覺廣大宏朗.

人欲路上甚窄, 纔寄迹, 眼前俱是荊棘泥塗.

游心(유심) : 마음이 노닐다. 마음을 두다.

宏朗(굉랑) : 넓어지고 밝아지다. 宏은 커지고 넓어지다. 朗은 빛나고 밝다.

寄迹(기적) : 원래는 발붙이다, 발을 들여놓다. 여기서는 몸을 의탁한다는 의미
이다.

荊棘(형극) : 가시덤불. 비난과 참소를 비유한다.

泥塗(니도) : 진흙탕. 재난과 어려움을 비유한다.

74

一苦一樂相磨練, 練極而成福者, 其福始久.

一疑一信相參勘, 勘極而成知者, 其知始眞.

磨練(마련) : 경험하다, 체험하다.

參勘(참감) : 서로 참작하여 살피다. 參은 교차하다, 엇갈리다. 勘은 조사하여
살피다.

75

心不可不虛, 虛則義理來居.

心不可不實, 實則物欲不入.

來居(래거) : 와서 머물다.

物欲(물욕) : 물질에 대한 탐욕.

76

地之穢者多生物, 水之淸者常無魚.

故君子當存含垢納汚之量, 不可持好潔獨行之操.

穢(예) : 더러운 것. 여기서는 거름을 가리키는 것으로, 옛날에는 인분(人糞)을
　　　 거름으로 썼는데, 이것이 비록 더럽기는 하지만 땅에는 좋은 거름이 됨
　　　 을 의미한다.

含垢納汚之量(함구납오지량) : 때묻은 것을 받아들이고 더러운 것을 용납하는
　　　 아량. 여기서는 못된 사람도 포용하고 치욕을 참아내는 아량, 도량을 뜻
　　　 한다.

好潔獨行之操(호결독행지조) : 고결한 것을 좋아하고 특별하게 행동하는 지조.

77

泛駕之馬可就驅馳, 躍冶之金終歸型範.

只一優游不振, 便終身無個進步.

白沙云, 爲人多病未足羞, 一生無病是吾憂. 眞確論也.

泛駕之馬(봉가지마) : 수레를 뒤엎는 말. 고대에 수레가 지나다니는 길이 있었는데 이 길을 따르지 않고 이탈하여 제멋대로 날뛰는 말을 가리킨다. 여기서는 사나운 야생마의 뜻으로 보았다. 泛駕는 수레를 뒤엎다. 泛이 엎다, 전복시키다의 뜻일 때는 봉(覂)과 같으며 '봉'으로 발음한다.

驅馳(구치) : 원래는 말을 채찍질하다라는 뜻이나, 여기서는 말을 잘 길들여 모는 것을 가리킨다.

躍冶之金(약야지금) : 주조할 때 사방으로 튀는 금속.

型範(형범) : 주형. 주물을 부어 넣는 틀.

優游(우유) : 주저하다, 결단력이 부족하다. 優와 游 모두 주저하다.

振(진) : 분발하다.

確論(확론) : 맞는 말, 정확한 말.

78

人只一念貪私, 便銷剛爲柔, 塞智爲昏, 變恩爲慘, 染潔爲汚, 壞了一生人品. 故古人以不貪爲寶, 所以度越一世.

貪私(탐사) : 사리사욕을 탐내다.

銷剛爲柔(소강위유) : 강직한 성격이 녹아 유약하게 되다. 즉 강직한 성격이 탐욕스런 생각 때문에 유약해져 버린 것을 말한다.

壞了(괴료) : 무너뜨리다. 了는 시간 및 상태를 나타내는 조사. 여기에서는 동작 혹은 변화가 이루어졌음을 나타낸다.

度越(도월) : 초월하다, 뛰어넘다.

79

耳目見聞爲外賊, 情欲意識爲內賊.

只是主人翁惺惺不昧, 獨坐中堂. 賊便化爲家人矣.

外賊(외적) : 외부로부터 온 적.

惺惺不昧(성성불매) : 맑게 개어 있어 사리에 어둡지 않다.

中堂(중당) : 집안의 중심. 여기서는 나의 내부의 중심을 뜻한다.

80

圖未就之功, 不如保已成之業.

悔旣往之失, 不如防將來之非.

就(취) : 이루다, 성공하다.

保(보) : 유지하다, 잘해 나아가다.

非(비) : 잘못, 실수, 과오.

81

氣象要高曠, 而不可疎狂, 心思要縝密, 而不可瑣屑.

趣味要沖淡, 而不可偏枯, 操守要嚴明, 而不可激烈.

疎狂(소광) : 성글고 거칠다. 여기서는 제멋대로 하거나 상식을 벗어남을 가리
킨다.

縝密(진밀) : 치밀함, 빈틈 없음. 원래 縝은 가늘고 촘촘한 삼실[麻絲]을 말하는
데 여기에서 치밀함, 세밀함의 의미가 나왔다.

瑣屑(쇄설) : 자잘하다, 좀스럽다.

冲淡(충담) : 맑고 깨끗하다, 청담(淸淡)하다.

偏枯(편고) : 한쪽으로 치우쳐서 균형을 잃다. 偏과 枯는 모두 치우치다는 뜻이
　　　　다. 여기서는 너무나 맑고 깨끗함만을 추구한 나머지 무미건조한 것을
　　　　가리킨다.

操守(조수) : 지조를 지키다.

嚴明(엄명) : 엄격하고 분명하다.

82

風來疎竹, 風過而竹不留聲, 雁度寒潭, 雁去而潭不留影.

故君子事來而心始現, 事去而心隨空.

疎竹(소죽) : 성긴 대나무 숲.

寒潭(한담) : 차가운 연못.

83

清能有容, 仁能善斷, 明不傷察, 直不過矯.

是謂蜜餞不甛, 海味不鹹, 纔是懿德.

有容(유용) : 포용력이 있다.

善斷(선단) : 결단을 잘하다.

傷察(상찰) : 까다롭게 살피다. 지나치다 싶을 정도로 살피다. 傷은 지나치다.

過矯(과교) : 다른 사람의 잘못을 너무 지나치게 바로잡다. 過는 지나치게, 과도
　　　　하게. 위의 상(傷)과 같은 의미이다.

蜜餞(밀전) : 꿀을 넣어 만든 음식.

不甛(불첨) : 달지 않다. 여기서는 지나치게 달지 않음을 말한다.

海味(해미) : 소금에 절인 해산물.

懿德(의덕) : 순수하고 아름다운 덕.

84

貧家淨拂地, 貧女淨梳頭, 景色雖不艷麗, 氣度自是風雅.

士君子一當窮愁寥落, 奈何輒自廢弛哉.

淨拂地(정불지) : 깨끗하게 땅을 쓸다. 여기서는 깨끗하게 집안을 청소하는 것
    을 말한다.

淨梳頭(정소두) : 깨끗하게 머리를 빗다. 梳는 빗다, 빗질하다.

景色(경색) : 원래는 경치, 경관을 가리키나, 여기서는 겉모습, 외관을 뜻한다.

艷麗(염려) : 예쁘고 화려하다.

氣度(기도) : 기품, 품격.

風雅(풍아) : 고상하고 우아하다.

窮愁寥落(궁수료락) : 곤궁한 처지와 실의에 빠진 상황. 窮愁는 곤궁. 寥落은 적
    막, 실의.

廢弛(폐이) : 황폐하고 해이하다. 마땅히 해야하는데 하지 않음을 가리킨다. 여
    기서는 자포자기라고 보았다.

85

閑中不放過, 忙處有受用.

靜中不落空, 動處有受用.

暗中不欺隱, 明處有受用.

放過(방과) : 헛되이 보내다. 放은 놓아 버리다. 過는 지나쳐 버리다.
受用(수용) : 받아서 쓰다. 여기서는 이익을 얻다, 도움이 되다.
欺隱(기은) : 기만하고 숨기다. 欺는 속이다, 기만하다. 隱은 남들이 보지 않는
　　　　　　곳에 숨기다, 감추다.
明處(명처) : 밝은 곳. 여기서는 많은 사람들이 훤히 보는 곳을 가리킨다.

86

念頭起處, 纔覺向欲路上去, 便挽從理路上來.

一起便覺, 一覺便轉.

此是轉禍爲福, 起死回生的關頭, 切莫輕易放過.

欲路(욕로) : 사욕의 길.
挽(만) : 당기다, 끌어 당겨 멈추게 하다.
理路(이로) : 도리의 길.
關頭(관두) : 관건(關鍵), 일에 있어 중요한 부분, 시기.

87

靜中念慮澄徹, 見心之眞體. 閒中氣象從容, 識心之眞機.

淡中意趣冲夷, 得心之眞味. 觀心證道, 無如此三者.

澄徹(징철) : 징철(澄澈)과 같다. 맑디 맑다, 맑고 깨끗하다.

眞體(진체) : 참된 본체, 참 모습.

從容(종용) : 조용하다, 차분하다.

眞味(진미) : 참된 정취, 본래 갖고 있던 정취.

證道(증도) : 도를 깨닫다.

88

靜中靜非眞靜, 動處靜得來, 纔是性天之眞境.

樂處樂非眞樂, 苦中樂得來, 纔見心體之眞機.

性天(성천) : 하늘로부터 부여받은 본성, 천성.

眞境(진경) : 참된 경지. 원래는 도교에서 선경(仙境)을 가리키는 말로 쓰이나 여
기서는 본성의 참된 경지의 의미를 뜻한다.

89

舍己毋處其疑, 處其疑, 卽所舍之志多愧矣.

施人毋責其報, 責其報, 倂所施之心俱非矣.

舍己(사기) : 자기를 버리다, 자기를 희생하다, 舍는 버리다[捨]는 뜻이다.

處其疑(처기의) : 의혹을 지니다. 즉 망설이며 결정을 내리지 못하는 마음을 지
니다. 處는 남기다, 머무르다. 疑는 머뭇거리다.

施人(시인) : 남에게 베풀다. 특히 은혜를 베풂을 가리킨다.

責其報(책기보) : (은혜에 대한) 보답을 바라다.

俱非(구비) : 모두 위선이다. 非는 거짓, 위선.

90

天薄我以福, 吾厚吾德以迓之. 天勞我以形, 吾逸吾心以補之.

天阨我以遇, 吾亨吾道以通之. 天且奈我何哉.

薄我以福(박아복) : 복으로써 나를 박하게 하다. 즉 나에게 복을 적게 주다.

厚吾德(후오덕) : 나의 덕을 두텁게 하다.

迓(아) : 맞이하다.

勞我以形(로아형) : 육체로써 나를 수고롭게 하다. 즉 내 몸을 수고롭게 하다.
　　　　　　　形은 육체, 몸.

補(보) : 보태다, 더해주다.

阨我以遇(액아이우) : 처지로써 나를 곤궁하게 하다. 즉 내 처지를 곤궁하게 하
　　　　　　　다. 遇는 처지, 상황.

91

貞士無心徼福, 天卽就無心處牖其衷.

憸人着意避禍, 天卽就着意中奪其魄.

可見天之機權最神, 人之智巧何益.

貞士(정사) : 지조 있는 선비.

徼福(요복) : 복을 구하다, 복을 바라다.

牖其衷(유기충) : 그 충정을 이끌어 주다. 牖는 이끌다, 衷은 충정, 진심, 진정.

憸人(섬인) : 간사한 사람, 마음이 삐뚤어진 사람.

着意避禍(착의피화) : 재앙을 피하는 데 뜻을 두다, 화를 피하는 데 급급하다.

奪其魄(탈기백) : 그 넋을 빼앗다. 여기서는 재앙을 내려 두렵게 한다는 의미이다.

天之機權(천지기권) : 사물을 움직여 변화를 낳게 하는 힘. 즉 인간과 사물의 화
　　복을 좌우하는 하늘의 섭리, 하늘 기운의 변화를 말한다. 機權은 기함
　　(機緘)과 같다. 機는 사물의 변화가 말미암는 것. 權은 변통, 변화.

最神(최신) : 가장 신묘하다.

智巧(지교) : 지혜와 잔꾀.

92

聲妓晩景從良, 一世之胭花無碍. 貞婦白頭失守, 半生之淸苦俱非.

語云, 看人只看後半截. 眞名言也.

聲妓(성기) : 노래하는 기생, 기녀.

晩景(만경) : 만년, 늘그막.

胭花(연화) : 화류계의 생활. 胭은 연(臙)과 같은 글자로 연지를 말한다. 여기서
　　는 그러한 연지를 찍고 분을 바르는 생활을 가리킨다.

無碍(무애) : 거리낌이 없다, 거리낄 것이 없다. 불교용어로 구속받지 않고 자유
　　롭게 행동한다는 의미이다.

貞婦(정부) : 정숙한 부인.

白頭(백두) : 만년. 머리가 희어지는 때라는 의미이다.

失守(실수) : 정절을 잃다. 고대 봉건사회에서는 개가하거나 재혼하는 여자들은
　　정절을 지키지 못하는 것이라고 생각했다.

淸苦(청고) : 애써 지켜 온 절개.

後半截(후반절) : 생의 후반부, 즉 후반생(後半生). 半截은 반절(半切), 반생(半生)
　　과 같은 의미이다.

93

平民肯種德施惠, 便是無位的公相.

士夫徒貪權市寵, 竟成有爵的乞人.

種德(종덕) : 덕을 심다, 덕을 쌓다[積德].

施惠(시혜) : 은덕을 남에게 베풀다.

市寵(시총) : 총애를 바라다. 市는 '～을 사다'라는 의미에서 '구하다, 바라다'라
　　　　　 는 뜻이 나왔다.

94

問祖宗之德澤, 吳身所享者是, 當念其積累之難.

問子孫之福祉, 吳身所貽者是, 要思其傾覆之易.

祖宗(조종) : 조상.

德澤(덕택) : 은택, 은덕.

積累之難(적루지난) : (은택을) 쌓는 것의 어려움.

福祉(복지) : 복. 祉도 福과 같다.

貽(이) : 끼치다, 남기다.

傾覆之易(경복지이) : (복이) 기울어 뒤엎이는 것의 쉬움.

95

君子而詐善, 無異小人之肆惡.

君子而改節, 不及小人之自新.

詐善(사선) : 거짓된 선행을 하다. 위선을 행하다.

肆惡(사악) : 제멋대로 악행을 저지르다. 肆는 본래는 방종하다, 방임하다의 뜻
　　　　　 인데 여기서는 제멋대로의 뜻이다.

改節(개절) : 절개를 바꾸다, 변절하다.

自新(자신) : (과거의 잘못을 고쳐) 새로워지다.

96

家人有過, 不宜暴怒, 不宜輕棄.

此事難言, 借他事隱諷之. 今日不惡, 俟來日再警之.

如春風解凍, 如和氣消氷, 纔是家庭的型範.

暴怒(포노) : 곧바로 화를 내다, 드러내 놓고 화를 내다. 暴는 갑자기, 급히.

輕棄(경기) : 가볍게 지나치다, 가볍게 여겨 버려 두다.

隱諷(은풍) : 은근히 충고하다.

春風解凍(춘풍해동) : 따스한 봄바람이 얼어붙은 대지를 녹이다.

和氣消氷(화기소빙) : 따뜻한 기운이 얼음을 녹이다. 和氣에 대해 옛날 사람들
　　　　　　　　　은 천지간의 음기와 양기가 서로 합해져서 이루어진 기운이라고 여겼는
　　　　　　　　　데, 여기서는 온화하고 따스한 기운을 가리킨다.

型範(형범) : 전형, 모범. 즉 참 모습.

97

此心常看得圓滿, 天下自無缺陷之世界.

此心常放得寬平, 天下自無險側之人情.

得(득) : 得은 동사[여기서는 간(看)과 방(放)]와 그 동작의 정도, 결과, 효과를 나타
　　　 내는 보어[여기서는 원만(圓滿)과 관평(寬平)] 사이에 위치하여 그것이 가능
　　　 함을 나타낸다.

寬平(관평) : 관대하고 평온하다.

險側(험측) : 사악하고 바르지 않다. 險은 험악하다. 側은 원래 기울어져 있는
　　　 상태를 형용하는 말이나, 여기서는 사람의 행동이 도덕적으로 바르지
　　　 않은 상태를 가리킨다.

98

澹泊之士, 必爲濃艶者所疑, 檢飭之人, 多爲放肆者所忌.

君子處此, 固不可少變其操履, 亦不可太露其鋒芒.

澹泊之士(담박지사) : 담박한 선비. 여기서는 욕심이 없고 고결한 선비로 보았다.

濃艶者(농염자) : 화려한 사람. 여기서는 부귀, 명예, 이익의 가운데에서 처신하
　　　 는 사람.

檢飭之人(검칙지인) : 행동과 몸가짐을 조심하고 삼가는 사람. 檢은 단속하다.
　　　 飭은 삼가다, 조심하다.

放肆者(방사자) : 거리낌 없이 제멋대로 행동하는 사람.

操履(조리) : 지조와 품행. 즉 평소 지조로 삼는 바와 실천하는 일.

太露(태로) : 지나치게 드러내다. 露는 드러내다.

鋒芒(봉망) : 칼날 끝의 뾰족하고 날카로운 부분. 종종 사람의 예기(銳氣)를 비유
　　　 한다.

99

居逆境中, 周身皆鍼砭藥石, 砥節礪行而不覺.

處順境內, 眼前盡兵刃戈矛, 銷膏靡骨而不知.

逆境(역경) : 일이 순조롭지 못한 처지, 뜻대로 되지 않는 경우.

周身(주신) : 몸의 주위, 환경.

鍼砭藥石(침폄약석) : 침과 약. 모두 병을 치료하는 방법. 鍼은 의료용 침이며,
　　砭은 돌침을 가리킨다. 질병을 치료하는 제반 물품을 藥이라고 하며 약
　　중에 돌로 된 것은 모두 石이라 일컫는다. 즉 돌침인 砭 따위가 石에 해
　　당한다.

砥節礪行(지절려행) : 지조와 품행을 단련하다. 砥와 礪는 숫돌인데 여기서는
　　단련하다, 갈고 닦는다는 의미이다. 行은 품행, 몸가짐.

順境(순경) : 뜻대로 잘되는 때, 편안하고 즐거운 처지.

兵刃戈矛(병인과모) : 네 가지가 모두 병기인데 여기서는 흉기의 의미로 쓰였다.

銷膏靡骨(소고미골) : 살을 녹이고 뼈를 썩게 함. 銷는 녹이다. 膏는 기름진 살.
　　靡는 여기서는 육체와 정신을 썩어 문드러지게 한다는 의미를 지니고
　　있다.

100

生長富貴叢中的, 嗜欲如猛火, 權勢似烈焰.

若不帶些淸冷氣味, 其火焰不至焚人, 必將自爍矣.

叢中(총중) : 몰려 있는 가운데, 무리진 안에. 여기서는 일정한 대상이 모여 조성
　　된 환경을 가리킨다.

嗜欲(기욕) : 물질적인 욕심.

猛火(맹화) : 사나운 불길, 거센 불길.

淸冷氣味(청랭기미) : 청량하고 냉철한 정취. 여기서는 사나운 불길 같은 욕심과
　　매서운 불꽃같은 권세를 진정시키는 것을 의미한다. 氣味는 정취, 기분,
　　멋의 뜻이다.

爍(삭) : 녹이다, 태우다. 삭(鑠)과 같다.

101

人心一眞, 便霜可飛, 城可隕, 金石可鏤. 若僞妄之人, 形骸徒具,
眞宰已亡, 對人則面目可憎, 獨居則形影自媿.

眞(진) : 거짓되지 않음. 자연스러움.

隕(운) : 무너지다, 무너뜨리다.

鏤(루) : 새기다, 뚫다.

僞妄(위망) : 거짓되고 망령되다, 거짓되고 터무니없다.

形骸徒具(형해도구) : 헛되이 형체만 부질없이 갖추어져 있다. 形骸는 몸, 육체.
　　徒는 헛되이, 부질없이.

眞宰(진재) : 원래는 도가(道家)에서 만물을 주재하는 하늘, 조물주를 말하나 여
　　기서는 본심(本心)을 가리킨다.

形影自媿(형영자괴) : 형체와 그림자에게 스스로 부끄러워하다. 즉 자신의 형체
　　와 그림자를 대하고 부끄러움을 느끼다. 形影은 형체와 그림자. 媿는 부
　　끄러워하다.

102

文章做到極處, 無有他奇, 只是恰好.

人品做到極處, 無有他異, 只是本然.

極處(극처) : 지극한 곳, 최고의 경지.

恰好(흡호) : 딱 좋다, 아주 적당하다. 여기서는 쓰고자 하는 내용에 꼭 알맞게

한다는 의미이다.

本然(본연) : 본연지성(本然之性)의 의미로, 하늘이 부여한 자연 그대로의 순수
　　한 본성을 가리킨다.

103

以幻迹言, 無論功名富貴, 卽肢體亦屬委形.

以眞境言, 無論父母兄第, 卽萬物皆吳一體.

人能看得破, 認得眞, 纔可任天下之負擔, 亦可脫世間之韁銷.

幻迹(환적) : 덧없는 자취. 즉 환상 같은 현실세계.

肢體(지체) : 육체. 肢는 팔다리. 즉 사지(四肢)를 가리킨다.

委形(위형) : 하늘이 위임한 형체. 내 몸은 하늘로부터 잠시 위임받은 것이지 진
　　정 내 소유가 아님을 의미한다.

看得破(간득파) : 끝까지 다 파악하다. 간파하다.

認得眞(인득진) : 뚜렷하게 인식하다. 眞은 뚜렷하다, 명료하다.

韁鎖(강쇄) : 고삐와 쇠사슬. 본래는 말 등을 매는 데 쓰는 도구이나, 여기서는
　　명예나 이익 등이 우리의 몸을 속박하는 것을 비유한다.

104

爽口之味, 皆爛腸腐骨之藥, 伍分便無殃.

快心之事, 悉敗身喪德之媒, 伍分便無悔.

爽口之味(상구지미) : 입에 맞는 맛, 입을 상쾌하게 하는 맛.

爛腸腐骨(난장부골) : 장을 해치고 뼈를 썩게 하다. 爛은 해치다, 문드러지게 하다. 腐는 썩다, 부패하다.

五分(오분) : 십분(十分)이 충분함, 완전함을 뜻하는 데 비해, 五分은 적당함, 도를 지나치지 않음을 가리킨다.

快心之事(쾌심지사) : 마음을 유쾌하게 하는 일.

無殃(무앙) : 재앙이 없다, 탈이 없다.

105

不責小人過, 不發人陰私, 不念人舊惡.

三者可以養德, 亦可以遠害.

發(발) : 들추어내다, 폭로하다.

陰私(음사) : 타인에게 알려지기를 원하지 않는 사사로운 비밀.

舊惡(구악) : 과거의 잘못, 지난날의 과실.

養德(양덕) : 덕성을 수양하다, 함양하다.

106

士君子持身不可輕, 輕則物能撓我, 而無悠閒鎭定之趣.

用意不可重, 重則我爲物泥, 而無瀟洒活潑之機.

持身(지신) : 몸가짐.

撓我(요아) : 나를 어지럽히다, 혼란하게 하다.

悠閒鎭定之趣(유한진정지취) : 느긋하고 조용하고 침착한 마음.

用意(용의) : 마음 씀씀이.

重(중) : 정도가 깊음을 나타낸다. 심(深)과 같은 의미이다.

瀟洒活潑(소쇄활발) : 소탈하고 활발하다. 瀟洒는 소탈하다, 시원스럽다.

107

天地有萬古, 此身不再得, 人生只百年, 此日最易過.

幸生其間者, 不可不知有生之樂, 亦不可不懷虛生之憂.

萬古(만고) : 오래도록, 영원히.

幸生其間者(행생기간자) : 영원한 천지(天地) 사이에서 다행히 잠시 살고 있는
　　　　사람. 其間는 영원한 천지(天地) 사이를 가리킨다.

有生之樂(유생지락) : 살아 있는 즐거움, 즉 세상을 살아가는 인생의 즐거움.

虛生之憂(허생지우) : 귀중한 인생을 헛되이 보내는 것은 아닐까 하는 근심. 虛
　　　　生은 허송세월, 헛되이 일생을 보낸다는 의미이다.

108

怨因德彰, 故使人德我, 不若德怨之兩忘.

仇因恩立, 故使人知恩, 不若恩仇之俱泯.

因德彰(인덕창) : 덕으로 인해 드러나다. 곧 은덕이 편중되게 베풀어졌기 때문
　　　　에 생겨나는 것이란 의미이다. 彰은 분명히 드러나다.

使人德我(사인덕아) : 사람들로 하여금 나의 은덕에 감사하게 하다. 德은 동사
　　　　로 쓰여 '은덕에 감사하다'란 의미이다.

俱泯(구민) : 모두 소멸하다, 함께 없애다.

109

老來疾病, 都是壯時招的, 衰後罪孽, 都是盛時作的.

故持盈履滿, 君子尤兢兢焉.

老來(노래) : 노인이 되다, 늙음이 오다.

壯時(장시) : 혈기 왕성할 때, 젊었을 때.

的(적) : '～것'의 의미로 여기서는 질병을 뜻한다.

衰後(쇠후) : 영락한 후, 운수가 다한 후.

罪孽(죄얼) : 죄와 재앙. 나쁜 일을 한 결과로 오는 것을 가리킨다.

盛時(성시) : 번창했을 때, 한창 득의양양했을 때.

持盈履滿(지영리만) : 가득 찬 상태를 유지하다. 즉 한창 득의하고 번창함을 가
    리킨다.

兢兢(긍긍) : 전전긍긍(戰戰兢兢)의 약어. 경계하고 삼가는 모양.

110

市私恩, 不如扶公議, 結新知, 不如敦舊好.

立榮名, 不如種隱德, 尙奇節, 不如謹庸行.

市私恩(시사은) : 사사로운 은혜를 팔다. 즉, 사사로운 정에 이끌려 은혜를 베푸
    는 것을 말한다.

公議(공의) : 공정한 여론, 대중의 의론.

結新知(결신지) : 새로운 친구를 사귀다.

敦舊好(돈구호) : 옛 친구간의 우의를 돈독히 하다.

種陰德(종음덕) : 음덕을 쌓다. 種은 쌓다[積]. 陰德은 숨은 은덕.

尙奇節(상기절) : 특별난 절개를 숭상하다.

謹庸行(근용행) : 평소의 행실을 신중히 하다. 庸行은 평소의 행동, 행실.

111

公平正論, 不可犯手, 一犯, 則貽羞萬世.

權門私竇, 不可著脚, 一著, 則點汚終身.

公平正論(공평정론) : 공명정대한 논의.

犯手(범수) : 손을 대다. 즉, 범하다, 거스르다.

貽羞(이수) : 부끄러움을 남기다, 오욕을 남기다.

權門私竇(권문사두) : 권문세가의 사사로운 소굴. 즉, 사리사욕을 추구하는 권문
　　　　세가의 소굴. 竇는 원래 곡식을 저장해 두는 움(땅굴과 비슷함)을 말한다.
　　　　여기서는 사사로이 이익을 탐하기 위해 모이는 장소, 즉 소굴의 의미로
　　　　쓰였다.

著脚(착각) : 발을 들여놓다. 즉 참여하다.

點汚(점오) : 오명을 남기다, 더럽히다.

112

曲意而使人喜, 不若直躬而使人忌.

無善而致人譽, 不若無惡而致人毁.

曲意(곡의) : 뜻을 굽히다, 신념을 굽히다. 자신의 의사와 반대되는 행동을 함을
　　　　가리킨다.

直躬(직궁) : 자신의 행실을 올곧게 하다. 신념을 굽히지 않고 소신대로 행동
　　　　하다.

致人譽(치인예) : 남의 칭찬을 이르게 하다. 즉 남의 칭찬을 받다. 致는 이르게
하다, 초래하다.

113

處父兄骨肉之變, 宜從容, 不宜激烈.

遇朋友交遊之失, 宜剴切, 不宜優游.

變(변) : 변고.

激烈(격렬) : (감정, 이성 등이) 격앙되다. 흥분하다. 감정에 북받쳐 이성을 잃다.

剴切(개절) : 적절하게 조치하다, 사리에 합당하게 하다. 剴는 알맞다. 切은 적
절하다.

114

小處不滲漏, 暗中不欺隱. 末路不怠荒, 纔是個眞正英雄.

小處(소처) : 작은 것, 작은 일.

滲漏(삼루) : 물이 스며들거나 새어나오다. 곧 허술함을 뜻한다.

末路(말로) : 번영했던 것이 쇠퇴할 대로 쇠퇴한 마지막 상태. 즉 실의에 빠짐을
말한다.

怠荒(태황) : 낙담하여 나태하고 방탕하다.

115

千金難結一時之歡, 一飯竟致終身之感.

蓋愛重反爲仇, 薄極翻成喜也.

一時之歡(일시지환) : 한 때의 환심, 잠시 동안의 환심.

一飯(일반) : 한끼 식사.

致終身之感(치종신지감) : 평생 감사의 마음을 갖게 하다.

翻(번) : 도리어, 반대로.

116

藏巧於拙, 用晦而明, 寓淸于濁, 以屈爲伸,

眞涉世之一壺, 藏身之三窟也.

藏巧於拙(장교어졸) : 뛰어난 재주를 서투른 솜씨 속에 감추다. 즉 뛰어난 재주
　　를 가지고 있으면서도 서툰 것처럼 행동함을 의미한다.

用晦而明(용회이명) : 어둠을 이용하여 밝게 나타내다.

寓淸于濁(우청우탁) : 맑음을 탁함에 머무르게 하다. 즉 청렴결백한 지조를 가
　　지고도 혼탁한 속세에 기탁하여 삶을 가리킨다.

以屈爲伸(이굴위신) : 몸을 굽힘으로써 폄을 삼다. 즉 전진하기 위해 한발 물러
　　서는 처신의 방법을 의미한다.

117

衰颯的景象, 就在盛滿中, 發生的機緘, 卽在零落內.

故君子居安宜操一心以慮患, 處變當堅百忍以圖成.

衰颯(쇠삽) : 쇠하여 쓸쓸하다. 쇠락(衰落)과 같다.

景象(경상) : 모습.

盛滿(성만) : 왕성하고 충만하다.

機緘(기함) : 기운의 변화, 사물을 움직여 변화를 낳게 하는 힘.

零落(영락) : 영락하다. 본래 零은 풀이 마르는 것, 落은 나무가 마르는 것을 뜻
    하는데, 여기에서 몰락의 의미가 나왔다.

處變(처변) : 변고를 당하다. 변화의 환경에 처하다.

百忍(백인) : 극도로 인내하다. 여기서의 百은 숫자상의 '백'이 아니라 그 정도가
    깊음을 나타낸다.

118

驚奇喜異者, 無遠大之識. 苦節獨行者, 非恒久之操.

驚奇喜異(경기희이) : 신기한 것을 경탄하고 특이한 것을 좋아하다.

苦節獨行(고절독행) : 지나치게 절의에 집착하고 특별난 행동을 고집하다. 苦는
    지나치다, 몹시 애쓰다.

119

當怒火慾水正騰沸處, 明明知得, 又明明犯著.

知的是誰, 犯的又是誰. 此處能猛然轉念, 邪魔便爲眞君矣.

怒火慾水(노화욕수) : 분노의 불길과 욕망의 물결.

正(정) : 한창, 바야흐로.

騰沸(등비) : 끓어오르다.

知得(지득) : 알 수 있게 되다. 得은 동사 뒤에 붙어서 동사의 가능을 나타낸다.

犯著(범착) : 범하고 있다. 著은 동사 뒤에 붙어서 그 상태가 유지됨을 나타낸다.

猛然(맹연) : 갑자기, 돌연히, 확.

邪魔(사마) : 사악한 마귀. 여기서는 노화욕수(怒火慾水)를 가리킨다.

眞君(진군) : 만물의 주재자. 여기서는 분노와 욕망이 일어나지 않는 본래의 마음을 말한다.

120.

毋偏信而爲奸所欺. 毋自任而爲氣所使.

毋以己之長而形人之短. 毋因己之拙而忌人之能.

偏信(편신) : 한쪽 편만 믿다.

爲奸所欺(위간소기) : 간사한 사람에게 속임을 당하다. '爲ⓐ 所ⓑ'는 'ⓐ에게서 ⓑ당하다'라는 피동형 구문이다. 奸은 간사한 사람. 한문에서는 사람이나 사물의 성질, 특징 심지어는 원료를 사용하여 구체적인 사람과 사물을 대표하기도 한다. 여기에서도 '간사하다'라는 사람의 성질이 간사한 사람을 대표하고 있다.

自任(자임) : 자신을 믿다, 자신의 역량을 과신하다.

氣(기) : 사람의 정신이 밖으로 발양된 형태. 여기서는 객기를 가리킨다.

形人之短(형인지단) : 남의 단점을 들추어내다. 形은 드러내다. 한편 形을 비교하다는 뜻으로 보아 '남의 단점을 비교하다'로 해석하기도 한다.

121

人之短處, 要曲爲彌縫, 如暴而揚之, 是以短攻短.

人有頑的, 要善爲化誨, 如忿而疾之, 是以頑濟頑.

曲(곡) : 간곡하게.

彌縫(미봉) : 덮어주다, 감싸주다. 彌는 보충하다, 縫은 꿰매다.

暴而揚之(폭이양지) : 들추어내어 널리 알리다. 暴은 폭로하다, 드러내다. 揚은
　　　널리 알리다, 드러내어 밝히다.

頑的(완적) : 성질이 검질기고 고집스런 사람. 的은 수식어의 어미로, 그 뒤에
　　　피수식어[여기서는 人]가 생략되어 있다.

善(선) : 잘하다, 잘 해내다.

化誨(화회) : 잘 타일러 깨우치다. 감화교회(感化敎誨)의 준말이다.

忿而疾之(분이질지) : 화를 내고 미워하다. 忿은 화내다. 疾은 미워하다, 증오하다.

122

遇沈沈不語之士, 且莫輸心.

見悻悻自好之人, 應須防口.

沈沈(침침) : 속이 깊은 모습, 음침한 모양.

輸心(수심) : 마음을 털어놓다, 흉금을 털어놓다. 輸는 보내다.

悻悻(행행) : 발끈 화를 내는 모습.

自好(자호) : 스스로를 소중히 여기다, 즉 잘난 척하다.

防口(방구) : 입을 막다, 말을 삼가다. 防은 삼가 경계하다.

123

念頭昏散處, 要知提醒, 念頭喫緊時, 要知放下.

不然, 恐去昏昏之病, 又來憧憧之擾矣.

昏散(혼산) : 혼란하고 산만하다.

提醒(제성) : 일으켜 깨우다, 일깨우다.

喫緊(끽긴) : 긴장하고 경직되다.

放下(방하) : 풀어놓다. 즉 긴장상태를 푸는 것을 가리킨다.

昏昏之病(혼혼지병) : 어리석고 혼미한 병폐.

憧憧之擾(동동지요) : 뒤숭숭하고 어수선한 혼란. 즉 마음이 산란하여 어수선하
고 계속 정신이 흐트러지는 혼란.

124

霽日靑天, 倏變爲迅雷震電, 疾風怒雨, 倏轉爲朗月晴空.

氣機何嘗一毫凝滯, 太虛何嘗一毫障塞. 人心之體亦當如是.

霽日(제일) : 비가 개인 맑은 날. 霽는 날씨가 개이다.

倏(숙) : 갑자기.

迅雷震電(신뢰진전) : 심한 천둥과 번개.

疾風怒雨(질풍노우) : 세찬 비바람.

朗月晴空(낭월청공) : 밝은 달과 맑은 하늘. 여기서는 맑은 하늘에 밝은 달이 떠
오른 것을 가리킨다.

凝滯(응체) : 막히고 멈춤, 유동하지 않음.

太虛(태허) : 하늘. 여기서는 천체의 운행을 가리킨다.

障塞(장색) : 막히다.

人心之體(인심지체) : 사람 마음의 본 바탕, 본체.

125

勝私制欲之功, 有曰識不早, 力不易者, 有曰識得破, 忍不過者.

蓋識是一顆照魔的明珠, 力是一把斬魔的慧劍, 兩不可少也.

勝私制欲(승사제욕) : 사리사욕을 이겨 제어하다.

力不易(력불이) : (의지대로) 힘써 제어하기가 쉽지 않다. 力은 힘써 제어하는 의
　　지의 역량.

識得破(식득파) : 꿰뚫어 인식할 수 있다, 간파할 수 있다.

顆(과) : 낱알. 여기서는 작고 둥근 물건인 옥 따위를 세는 단위.

照魔的明珠(조마적명주) : 사리사욕의 실체를 분명히 비출 수 있는 밝은 구슬.
　　여기서는 사리사욕이라는 악마를 가리킨다.

把(파) : 자루. 물건에 쥐기 편하게 되어 있는 손잡이 부분을 가리킨다.

斬魔的慧劍(참마적혜검) : 사리사욕이란 악마를 끊어 버릴 수 있는 지혜의 검.

不可少(불가소) : 빠뜨려서는 안 된다. 少는 결핍하다, 모자라다.

126

覺人之詐, 不形於言, 受人之侮, 不動於色,

此中有無窮意味, 亦有無窮受用.

覺人之詐(각인지사) : 남이 (나를) 속인다는 것을 알다. 覺은 깨닫다. 詐는 속이
　　다, 기만하다.

不形於言(불형어언) : 말로 드러내지 않는다. 形은 나타내다. 드러내다.

受人之侮(수인지모) : 남의 모욕을 받다.

不動於色(부동어색) : 낯빛이 변하지 않다. 즉 모욕을 받더라도 낯빛에 변동이
없음을 뜻한다.

127

橫逆困窮是煅煉豪傑的一副鑢錘,

能受其煅煉, 則身心交益, 不受其煅煉, 則身心交損.

橫逆(횡역) : 물이 역류하다. 여기서는 물이 제 곳으로 흐르지 않고 엉뚱한 곳으
로 흐른다는 뜻에서, 삶의 역경을 비유한다.

副(부) : 한 벌 또는 한 묶음을 나타내는 단위.

鑢錘(로추) : 화로와 망치. 여기서는 인격을 단련시키는 여러 가지 것을 비유하
는 말이다.

身心交益(신심교익) : 몸과 마음이 모두 이롭다. 즉 물질과 정신의 측면 모두가
이롭다는 뜻이다. 交는 모두, 아울러.

128

吾身一小天地也, 使喜怒不愆, 好惡有則, 便是燮理的功夫.

天地一大父母也, 使民無怨咨, 物無氛疹, 亦是敦睦的氣象.

愆(건) : (정도, 규범에서) 벗어나다. 어긋나다.

則(칙) : 법도. 則이 가정을 나타내는 접속사로 쓰일 때는 '즉'으로 발음된다.

燮理(섭리) : 조화롭게 다스리다. 燮은 조화. 理는 다스리다.

怨咨(원자) : 원망과 탄식.

氛疹(분진) : 나쁜 기운에 의한 재앙. 氛은 나쁜 기운, 요기. 疹은 본래 홍역을
뜻하나 여기서는 병, 재앙을 의미한다.

敦睦(돈목) : 돈독하고 화목하다.

129

'害人之心不可有, 防人之心不可無', 此戒疎於慮也.

'寧受人之欺, 毋逆人之詐', 此警傷於察也.

二語並存, 精明而渾厚矣.

防人之心(방인지심) : 남에 대해 방어하는 마음. 즉 다른 사람이 나를 해치려는
것에 대비하는 마음.

疎於慮(소어려) : 생각하는 데 치밀하지 못하다, 사려를 깊게 하지 못하다.

逆人之詐(역인지사) : 다른 사람이 나를 속일 것이라고 미리 넘겨짚다. 逆은 미
리 헤아리다.

傷於察(상어찰) : 살핌에 지나치다. 즉 지나치게 세심하게 살피는 것을 가리킨다.

精明而渾厚(정명이혼후) : 생각이 정치하고 밝으며 덕이 원만하고 두텁다.

130

毋因群疑而阻獨見, 毋任己意而廢人言.

毋私小惠而傷大體, 毋借公論以快私情.

群疑(군의) : 많은 사람들이 의심하다.

阻獨見(조독견) : 자신의 견해를 굽히다. 阻는 막다, 굽히다. 獨見은 독특한 견해, 독창적인 견해.

任己意(임기의) : 자기 의견을 믿다. 任은 신임하다.

私小惠(사소혜) : 작은 은혜를 사사로이 베풀다.

傷大體(상대체) : 큰 도리를 손상시키다. 大體는 큰 도리, 원칙.

公論(공론) : 공중의 여론.

131

善人未能急親, 不宜五揚, 恐來讒譖之奸.

惡人未能輕去, 不宜先發, 恐招媒蘖之禍.

預揚(예양) : 미리 칭찬하다.

讒譖之奸(참참지간) : 헐뜯고 중상모략하는 간사한 사람. 讒과 譖은 모두 참소하다, 헐뜯다.

去(거) : 없애다, 제거하다.

先發(선발) : 먼저 드러내다, 발설하다.

媒蘖之禍(매얼지화) : 재앙을 조장하는 화. 媒는 술밑, 蘖은 누룩. 술밑과 누룩이 어울려 술을 빚어내듯이 재앙을 양성한다는 비유로 쓰였다.

132

青天白日的節義, 自暗室屋漏中培來.

旋乾轉坤的經綸, 自臨深履薄處操出.

靑天白日(청천백일) : 푸른 하늘과 빛나는 해. 여기서는 사람의 절의가 밝고 깨끗함을 비유한다.

屋漏(옥루) : 방의 서북쪽 모퉁이. 집안에서 가장 깊숙하고 어두운 곳을 가리킨다. 여기서는 앞의 청천백일(靑天白日)과 대응되는 말로 사람의 눈에 띄지 않는 곳을 비유한다.

旋乾轉坤(선건전곤) : 하늘을 돌리고 땅을 굴리다. 즉 천하를 마음대로 움직이고 휘두름을 뜻한다.

臨深履薄(임심리박) : 깊은 연못가에 서고 살얼음을 밟다. 매우 삼가고 조심하는 모양을 형용하는 말이다.

操(조) : 연습하다, 훈련하다.

133

父慈子孝, 兄友弟恭, 縱做到極處, 俱是合當如此,

著不得一毫感激的念頭.

如施者任德, 受者懷恩, 便是路人, 便成市道.

做到(주도) : 해내다, 달성하다. 做는 작(作)과 같고 到는 동사 뒤에 위치하여 그 동작이 효과를 올려 목적을 달성함을 나타낸다.

不得(부득) : 동사 착(着) 뒤에 위치하여 불가능, 금지 등을 나타낸다. 여기서는 금지의 의미이다.

任德(임덕) : 덕을 자임하다. 즉 덕을 베풀었다는 생각을 하다.

懷恩(회은) : 은덕을 생각하다. 즉 받은 은덕에 대해 갚아야 한다는 생각을 가지다.

路人(로인) : 길가는 사람. 즉 길거리를 왔다갔다하는 나와는 아무런 상관이 없는 타인을 뜻한다.

市道(시도) : 시정의 도리. 즉 이해타산을 따져 매매하는 장사꾼들의 관계를 말한다.

134

有姸必有醜爲之對, 我不誇姸, 誰能醜我.

有潔必有汚爲之仇, 我不好潔, 誰能汚我.

姸(연) : 아름다움.

醜(추) : 추함.

爲之對(위지대) : 그것의 짝이 되다. 즉 추함이 아름다움과 짝을 이룬다는 뜻이
　　　　　다. '爲之ⓐ'에서 之는 其와 같은 용법으로 '그의' '그것의' '그곳의' 등으
　　　　　로 해석된다. 뒤의 위지구(爲之仇)도 같은 구조이다.

誇姸(과연) : 아름다움을 자랑하다. 誇는 자랑하다.

仇(구) : 짝, 상대. 앞의 對와 같은 의미이다.

135

炎凉之態, 富貴更甚於貧賤, 妬忌之心, 骨肉尤狠於外人.

此處若不當以冷腸, 御以平氣, 鮮不日坐煩惱障中矣.

炎凉之態(염량지태) : 따뜻했다가 곧 차갑게 되는 것, 또는 그러한 세태. 즉 인정
　　　　　이 그처럼 변덕스러움을 의미한다.

妬忌(투기) : 질투하고 시기하다.

狠(한) : 대단히, 매우. 구어체의 표현으로 정도가 심함을 나타낸 말이다. 여기에
　　　　　서는 흔(很)과 같은 의미로 쓰였다.

外人(외인) : 외부 사람, 타인. 즉 혈연이나 친분 관계가 없는 사람을 가리킨다.

當(당) : 대처하다, 응대하다.

冷腸(냉장) : 냉철한 마음, 냉정한 마음.

御(어) : 제어하다.

平氣(평기) : 평정한 기운, 평화로운 기운.

鮮(선) : 드물다. 거의 없다.

煩惱障(번뇌장) : 불교에서는 심신이 욕심에 현혹되어 생겨난 정신상태를 번뇌라고 부른다. 또한 이러한 번뇌가 열반에 장애가 되므로 번뇌를 障이라고도 한다. 여기서는 이 둘을 합하여 말한 것이다.

136

功過不容少混, 混則人懷惰墮之心.

恩仇不可大明, 明則人起携貳之志.

功過(공과) : 공로와 과실. 여기서는 공로와 과실에 대한 상벌을 의미한다.

混(혼) : 흐리터분하다, 구분이 분명치 않다.

惰墮之心(타타지심) : 태만한 마음.

恩仇(은구) : 은혜와 원한. 여기서는 문맥에 의거할 때 仇를 원망, 불만으로 보는 것이 적합하다.

携貳之志(휴이지지) : 배반하고 두 마음을 품으려는 뜻. 携는 배반하다. 貳는 두 마음을 품다.

137

爵位不宜太盛, 太盛則危. 能事不宜盡畢, 盡畢則衰.

行誼不宜過高, 過高則謗興而毁來.

爵位(작위) : 원래는 봉건군주시대 귀족의 등급으로 지위와 녹봉 등을 가리키는데, 여기서는 관직의 의미이다.

能事(능사) : 능한 일, 잘하는 일. 즉 일을 실행하는 데 있어 우수한 능력을 뜻한다.

盡畢(진필) : 다 쓰다, 전부 드러내다.

行誼(행의) : 품행(品行)과 도의(道誼).

過高(과고) : 지나치게 고상하다.

謗興(방흥) : 비방이 일어나다.

毁來(훼래) : 헐뜯음이 몰려오다.

138

惡忌陰, 善忌陽.

故惡之顯者禍淺, 而隱者禍深, 善之顯者功小, 而隱者功大.

陰(음) : 어두움, 은밀함.

陽(양) : 밝음, 드러남.

139

德者才之主, 才者德之奴. 有才無德, 如家無主而奴用事矣.

幾何不魍魎而猖狂.

用事(용사) : 원래는 중요한 위치에 있으면서 정권을 좌지우지하다. 권세를 마음
　　　　　대로 부림을 의미한다. 여기서는 일을 제멋대로 처리함을 가리킨다.

幾何(기하) : 어찌, 어떻게.

魍魎(망량) : 도깨비. 산수목석(山水木石)의 정기가 뭉쳐서 된 귀신. 세 살 난 어
　　　　　린이 형상을 하고 몸은 적흑색이며, 빨간 눈, 긴 귀에 머리카락이 있고

소리를 내기도 한다는 전설상의 도깨비.

猖狂(창광) : 제멋대로 날뛰다.

140

鋤奸杜倖, 要放他一條去路. 若使之一無所容, 譬如塞鼠穴者, 一
切去路都塞盡, 則一切好物俱咬破矣.

鋤奸(서간) : 간사한 무리를 없애다. 즉 호미질을 하여 흙을 다 뒤집고 풀을 뿌
　　　　리 채 뽑는 것처럼 간악한 무리를 제거하는 것을 말한다. 鋤는 호미질하
　　　　다. 奸은 간사한 사람.

杜倖(두행) : 아첨하는 사람을 막다.

條(조) : 가늘고 긴 형태의 사물을 세는 단위.

去路(거로) : 도망할 길. 퇴로.

好物(호물) : 좋은 물건, 소중한 물건.

咬破(교파) : 물어뜯고 깨뜨리다.

141

當與人同過, 不當與人同功, 同功則相忌.

可與人共患難, 不可與人共安樂, 安樂則相仇.

同過(동과) : 과실을 함께 하다. 즉 과실에 대한 책임을 함께 지다 .

同功(동공) : 공을 함께 하다. 즉 일에 대한 공로를 같이 차지하다.

相仇(상구) : 서로 원수가 되다, 적대관계가 되다.

142

士君子, 貧不能濟物者, 遇人癡迷處, 出一言提醒之.

遇人急難處, 出一言解救之, 亦是無量功德.

濟物(제물) : 다른 사람들을 구제하다. 여기서는 다른 사람들을 재물로써 구제한
  다는 의미를 담고 있다. 物은 나와 상대하는 모든 것을 가리킨다.

遇人痴迷處(우인치미처) : 다른 사람의 어리석고 방황하는 상황을 만나다.

無量功德(무량공덕) : 헤아릴 수 없는 큰 공업(功業)과 덕행(德行).

143

饑則附, 飽則颺, 燠則趨, 寒則棄, 人情通患也.

君子宜淨拭冷眼, 愼勿輕動剛腸.

附(부) : 달라붙다.

颺(양) : 날아가 버리다. 즉 떠나가다.

燠(욱) : 따뜻하다. 여기서는 부귀함을 뜻한다.

趨(추) : 달리다. 여기서는 달려오듯이 재빨리 달라붙는 것을 의미한다.

寒(한) : 차가움. 여기서는 빈천함을 뜻한다.

棄(기) : 버리다, 떠나가다.

通患(통환) : 공통된 병폐, 즉 대부분의 사람들이 공통으로 갖고 있는 병폐.

淨拭(정식) : 깨끗하게 닦다. 여기서는 잘 기른다는 의미이다.

冷眼(냉안) : 냉철하고 객관적인 안목, 식견.

剛腸(강장) : 강직한 마음. 腸은 마음, 기질.

144

德隨量進, 量由識長.

故欲厚其德, 不可不弘其量. 欲弘其量, 不可不大其識.

量(량) : 도량, 기량. 즉 사물을 받아들여 담당하는 성격, 재능.

識(식) : 식견. 즉 사리를 판별하고 참, 거짓을 살피며, 시비를 판단하는 종합적
인 능력을 가리킨다.

厚(후) : 두텁게 하다, 증진시키다. 厚는 원래 형용사이지만 한문에서는 형용사
가 종종 동사로 활용되기도 한다. 뒤의 홍(弘)도 같은 예이다.

145

一燈螢然, 萬籟無聲, 此吾人初入宴寂時也.

曉夢初醒, 群動未起, 此吾人初出混沌處也.

乘此而一念廻光, 烱然返照.

始知耳目口鼻皆桎梏, 而情欲嗜好悉機械矣.

螢然(형연) : 반딧불처럼 희미한 모양.

宴寂(연적) : 불교 용어로, '편안히 쉬다'라는 의미이다.

群動(군동) : 만물의 활동.

一念(일념) : 불교 용어로 아주 짧은 시간을 말한다.

廻光(회광)〜返照(반조) : 자신이 본래부터 갖고 있는 지혜의 빛을 되돌려 자기
자신을 비추어 살펴 보다.

烱然(형연) : 밝게 비추는 모양.

桎梏(질곡) : 옛날에 쓰이던 형구(刑具). 桎은 발에 채우는 차꼬, 梏은 손에 채우
는 수갑. 여기서는 속박, 구속의 의미로 쓰였다.

機械(기계) : 교묘하게 속이다. 즉 마음을 교묘하게 속여 타락시키다.

146

反己者, 觸事皆成藥石. 尤人者, 動念卽是戈矛.

一以闢衆善之路, 一以濬諸惡之源, 相去霄壤矣.

藥石(약석) : 약과 돌침. 모두 병을 치료하는 재료이다. 질병을 치료하는 제반 물
        품을 藥이라고 하며 약 중에 돌로 된 것은 모두 石이라 일컫는다. 흔히
        잘못을 고치는 것이 병을 고치는 것과 비슷하여 비유로 자주 쓰인다.

尤人(우인) : 남을 탓하다.

動念(동념) : 마음을 움직이다. 즉 마음을 쓰다. 念은 여기서는 마음의 의미이다.

戈矛(과모) : 창. 여기서는 사람을 해치는 흉기를 가리킨다. 戈는 손잡이가 달린
        자루 끝의 날에 한두 개의 가지가 있는 창. 矛는 자루가 길고 가지가 없
        는 창.

濬(준) : 깊게 파다. 즉 그 근원을 더욱 깊게 만드는 것을 의미한다.

霄壤(소양) : 하늘과 땅, 즉 천지(天地)와 같다.

147

事業文章隨身銷毀, 而精神萬古如新. 功名富貴逐世轉移,

而氣節千載一日. 君子信不當以彼易此也.

銷毀(소훼) : 녹고 헐다. 사라져 버림을 뜻한다.

精神(정신) : 마음 내지 사물의 근본이란 의미로, 순수한 마음을 지칭한 것으로
        보인다.

逐世轉移(축세전이) : 시대에 따라 변화하다. 轉移는 바뀌다, 변화하다.

氣節(기절) : 기개와 절조.

千載一日(천재일일) : 천년이 하루 같다. 즉 언제까지 변함이 없음을 이른다. 載
는 년(年)과 같다.

148

魚網之設, 鴻則罹其中, 螳螂之貪, 雀又乘其後.

機裡藏機, 變外生變, 智巧何足恃哉.

魚網(어망) : 물고기 잡는 그물.

鴻(홍) : 큰 기러기. 작은 것은 안(雁)이라고 한다.

罹(리) : 걸리다. 재앙, 병, 그물 따위에 걸리는 것을 말한다.

螳螂(당랑) : 사마귀.

雀(작) : 참새.

乘(승) : 쫓다, 급습하다.

機(기) : 교묘하게 속이는 것, 계략.

149

作人無點眞懇念頭, 便成個花子, 事事皆虛.

涉世無段圓活機趣, 便是個木人, 處處有碍.

作人(작인) : 위인(爲人)과 같은 말로 사람됨을 의미한다.

點(점) : 소량을 나타내는 단위. 극히 적은 것을 말한다.

花子(화자) : 거지.

圓活(원활) : 원만하고 융통성 있다.

150

水不波則自定, 鑑不翳則自明. 故心無可淸, 去其混之者, 而淸自
現, 樂不必尋, 去其苦之者, 而樂自存.

鑑(감) : 거울.

翳(예) : 흐리다, 먼지가 끼다.

混(혼) : 혼탁함, 혼란스러움. 여기서는 마음의 번뇌를 가리킨다.

151

有一念而犯鬼神之禁, 一言而傷天地之和,

一事而醸子孫之禍者, 最宜切戒.

一念(일념) : 사소한 생각.

一言(일언) : 사소한 실언.

一事(일사) : 사소한 일, 아무것도 아닌 것 같은 일.

醸(양) : 빚다, 일으키다.

152

事有急之不白者, 寬之或自明, 毋躁急以速其忿.

人有操之不從者, 縱之或自化, 毋操切以益其頑.

白(백) : 명백하다. 명백하게 해결되다.

寬(관) : 차근차근히 하다.

速其忿(속기분) : 더욱 불안하게 만들다. 速은 가속화시키다. 한층 더하게 하다.
忿은 불안.

操(조) : 시키다, 부리다, 제어하다.

縱(종) : 내버려두다, 자유롭게 놓아주다.

自化(자화) : 저절로 감화되다, 저절로 순종하다.

操切(조절) : 부리는데 급급하다, 제어하는데 급급하다. 切은 급급하다.

153

節義午青雲, 文章高白雪.

若不以德性陶鎔之, 終爲血氣之私, 技能之末.

靑雲(청운) : 고위고관. 원래는 높은 곳에 떠 있는 푸른 구름을 가리키나, 여기에
서는 靑雲이 떠 있는 하늘의 위치가 높음으로 인해 높은 관직이나 지위
를 비유하는 의미를 지닌다.

陶鎔(도용) : 도기를 구워 만들고[陶] 금속물을 녹여 만들다[鎔]. 여기서는 도기
와 금속물을 단련하듯, 인격, 덕성 등을 단련하고 수양하는 것을 말한다.

血氣(혈기) : 원래는 혈액와 호흡이라는 유기체가 생명 활동을 유지하는 두 가
지 중요한 요소를 가리키나, 여기에서 혈기지용(血氣之勇)의 의미를 지
닌다. 즉 한 때의 충동으로 생긴 용기.

末(말) : 말단, 저급한 수준.

154

謝事, 當謝於正盛之時. 居身, 宜居於獨後之地.

謝事(사사) : 관직에서 물러나다. 謝는 그만두고 물러나다.

正盛之時(정성지시) : 한창 성할 때. 여기서는 공훈, 업적 등이 가장 성한 전성기
　　　　　　　를 가리킨다.

居身(거신) : 처신(處身)하다.

獨後之地(독후지지) : 혼자 뒤떨어져 있는 곳. 여기서는 남들과 다툼이 없는 곳
　　　　　　　을 가리킨다.

155

謹德, 須謹於至微之事. 施恩, 務施於不報之人.

謹德(근덕) : 도덕을 삼가 지키다.

至微之事(지미지사) : 아주 작은 일.

施恩(시은) : 은덕을 베풀다.

不報之人(불보지인) : 보답하지 못하는 사람. 즉 내가 베푼 은덕에 대해 보답할
　　　　　　　처지가 못되는 사람.

156

交市人不如友山翁, 謁朱門不如親白屋.

聽街談巷語, 不如聞樵歌牧詠.

談今人失德過擧, 不如述古人嘉言懿行.

市人(시인) : 시장의 사람, 즉 상인.

山翁(산옹) : 속세를 떠나 산속에 사는 노인.

謁(알) : 찾아 뵙다. 여기서는 찾아 뵙고 굽실거리는 것을 의미한다.

朱門(주문) : 붉은 칠을 한 문. 즉 부귀와 권세가 있는 집안을 가리킨다. 옛날 고
　　　　관대작의 집 대문에는 붉은 칠을 하였기 때문에 붉은 칠한 문[朱門]은
　　　　권문세가를 비유하는 데 쓰인다.

白屋(백옥) : 평민의 집. 옛날 보통 사람들의 집은 주문(朱門)과 같은 특별한 장
　　　　식 없이 띠풀로 지붕을 하였기 때문에 白屋이라고 하였다. 여기서는 오
　　　　막살이에 사는 평민을 의미한다.

街談巷語(가담항어) : 항간에 떠도는 소리, 즉 유언비어. 街와 巷은 모두 거리.

樵歌牧詠(초가목영) : 나무꾼과 목동의 노랫소리.

失德過擧(실덕과거) : 부도덕과 그릇된 행실. 失과 過는 모두 잘못되다, 그릇되
　　　　다. 擧는 행위, 행실.

嘉言懿行(가언의행) : 명언과 선행. 즉 좋은 말과 훌륭한 행실.

157

德者事業之基, 未有基不固而棟宇堅久者.

心者後裔之根, 未有根不植而枝葉榮茂者.

棟宇(동우) : 용마루와 지붕, 곧 집을 뜻한다.

堅久(견구) : 견고하고 오래 가다.

後裔(후예) : 자손, 후손.

植(식) : 뿌리내리다.

榮茂(영무) : 무성하다.

158

前人云, 抛却自家無盡藏, 沿門持鉢效貧兒.

又云, 暴富貧兒休說夢, 誰家竈裡火無烟.

一箴自昧所有, 一箴自誇所有, 可爲學問切戒.

抛却(포각) : 버리다, 버리고 돌보지 않다.

暴富貧兒(포부빈아) : 갑자기 재산을 모아 부자가 된 가난한 사람. 즉 벼락부자.

竈裡(조리) : 부엌의 안. 여기서는 아궁이.

箴(잠) : 원래는 병을 치료하는 침을 가리키나 후에 마음의 병을 다스리는 교훈의 의미로 쓰였다. 여기에서 '경계하다', '깨우치다'라는 의미로 나왔다.

159

道是一重公衆物事, 當隨人而接引.

學是一個尋常家飯, 當隨事而警惕.

隨人而接引(수인이접인) : 사람에 따라 이끌다. 즉 어떤 사람이건 간에 그 사람의 개성이나 사람됨에 맞추어 이끌어 주는 것을 가리킨다. 接引은 끌어서 인도하다.

尋常家飯(심상가반) : 보통 사람의 집에서 늘 먹는 끼니.

警惕(경척) : 경계하고 주의하다.

160

信人者, 人未必盡誠, 己則獨誠矣.

疑人者, 人未必皆詐, 己則先詐矣.

161

念頭寬厚的, 如春風煦育, 萬物遭之而生.

念頭忌刻的, 如朔雪陰凝, 萬物遭之而死.

寬厚(관후) : 관대하고 후하다.

春風煦育(춘풍후육) : 봄바람이 따뜻하게 불어 만물을 길러 내다. 煦는 따뜻함, 온화함. 育은 기르다.

忌刻(기각) : 시기하고 각박하다.

朔雪陰凝(삭설음응) : 북방의 눈보라가 음산하고 차갑게 불어 만물을 얼어붙게 하다. 陰은 음산하다. 凝은 얼어붙다.

162

爲善不見其益, 如草裡冬瓜, 自應暗長.

爲惡不見其損, 如庭前春雪, 當必潛消.

暗長(암장) : 모르는 사이에 뻗어 자라나다.

潛消(잠소) : 부지불식간에 녹아 없어지다.

163

遇故舊之交, 意氣要愈新. 處隱微之事, 心迹宜愈顯.

待衰朽之人, 恩禮當愈隆.

故舊之交(고구지교) : 옛날에 사귀던 친구. 交는 친구.
隱微之事(은미지사) : 은밀한 일, 비밀스러운 일.
衰朽之人(쇠후지인) : 연로한 분.
隆(융) : 존중하다, 존경하다.

164

勤者敏於德義, 而世人借勤以濟其貧.

儉者淡於貨利, 而世人假儉以飾其吝.

君子持身之符, 反爲小人營私之具矣. 惜哉.

敏於德義(민어덕의) : 도덕과 의리에 민첩하다. 敏은 힘쓰다, 진력하다.
淡於貨利(담어화리) : 재물과 이익에 담박하다. 淡은 탐욕이 없는 것, 貨利는 재
　　물과 이익.
持身之符(지신지부) : 몸을 지키는 부적. 즉 몸을 수양하는 방법. 符는 본래 부
　　적이나 여기서는 중요한 방법의 의미로 쓰였다.
具(구) : 도구, 방편.

165

憑意興作爲者, 隨作則隨止, 豈是不退之輪.

從情識解惡者, 有惡則有迷, 終非常明之燈.

憑意興(빙의흥) : 한 때의 바램이나 흥취에 의지하다. 즉 일시적인 충동이나 기
　　분에 따르는 것을 의미한다.

作爲(작위) : 행위하다, 행동하다.

隨(수)〜隨(수)〜 : 두 개의 동사나 동사성 단어 앞에 사용하여, 뒤의 동작이 앞
　　의 동작에 바로 이어 일어나는 것을 표시한다. 즉, '〜하자마자 〜한다'
　　는 의미이다.

166

人之過誤宜恕, 而在己則不可恕.

己之困辱當忍, 而在人則不可忍.

困辱(곤욕) : 곤궁과 굴욕.

忍(인) : 보고도 못 본 체하며 참아 넘긴다는 의미이다.

167

能脫俗便是奇, 作意尙奇者, 不爲奇而爲異.

不合汚便是淸, 絶俗求淸者, 不爲淸而爲激.

脫俗(탈속) : 세속을 초탈하다.

作意尙奇(작의상기) : 일부러 기이한 일을 숭상하다. 作意는 일부러 하다, 고의
　　로 하다.

絶俗求淸(절속구청) : 세속과 끊고 청렴결백을 구하다.

激(격) : 지나치다, 과격하다.

168

恩宜自淡而濃, 先濃後淡者, 人忘其惠.

威宜自嚴而寬, 先寬後嚴者, 人怨其酷.

淡(담) : 엷다. 여기서는 박하다.

濃(농) : 진하다. 여기서는 후하다.

酷(혹) : 가혹하다.

169

心虛則性現, 不息心而求見性, 如撥波覓月.

意淨則心淸, 不了意而求明心, 如索鏡增塵.

心虛(심허) : 사물을 분별, 판단하려는 마음이 없는 것. 『대승기신론』(大乘起信
　　論)에서는 사물을 차별해서 판단하려는 마음이 생기는 것을 미혹이나
　　번뇌의 근원이라고 말한다.

性現(성현) : 자기자신의 본성이 드러나다.

見性(견성) : 자기의 본성을 꿰뚫어 알다. 선가(禪家)에서는 견성성불(見性成佛)
　　이라는 숙어로 쓰이는데, 즉 자기의 본성을 꿰뚫어 알아 궁극적으로 부
　　처가 되는 것을 가리키는 말이다.

不了意(불료의) : 생각을 불순하게 하다. 생각이 깨끗하지 못하다. 意는 마음이
　　드러난 것이다[심지발(心之發)]. 따라서 마음을 맑게 하기 위해서는 우선
　　마음이 드러난 바인 생각을 순수하게 해야 한다.

170

我貴而人奉之, 奉此峨冠大帶也.

我賤而人侮之, 侮此布衣草履也.

然則原非奉我, 我胡爲喜, 原非侮我, 我胡爲怒.

人奉之(인봉지) : 사람들이 나를 떠받들다. 奉은 받들다. 之는 여기에서 대명사로 '나'를 가리킨다.

峨冠大帶(아관대대) : 높은 관과 큰 띠. 즉 고위고관의 예복을 말하며 여기서는 고위고관이라는 간판을 가리킨다.

布衣草履(포의초리) : 베옷과 짚신. 즉 서민의 복장을 말한다.

171

爲鼠常留飯, 憐蛾不點燈.

古人此等念頭, 是吳人一點生生之機.

無此, 便所謂土木形骸而已.

爲鼠(위서) : 쥐를 위하다.

憐蛾(연아) : 나방을 불쌍히 여기다.

生生之機(생생지기) : 끊임없이 생겨나는 자연 생명의 기능. 여기서는 일상생활 속에서 만물을 화육하는 생기를 가져야 한다는 의미를 담고 있다. 生生은 끊임없이 생겨나다.

土木形骸(토목형해) : 흙이나 나무와 같은 형체. 즉 감정, 이성 등이 없이 형체만 인간이라는 의미이다. 形骸는 신체, 형체.

172

心體便是天體. 一念之喜, 景星慶雲. 一念之怒, 震雷暴雨.

一念之慈, 和風甘露. 一念之嚴, 烈日秋霜. 何者少得.

只要隨起隨減, 廓然無碍, 便與太虛同體.

天體(천체) : 자연의 본체. 天은 천지자연.

景星慶雲(경성경운) : 밝은 별과 상서로운 구름.

甘露(감로) : 단 이슬. 옛날에는 甘露가 내리면 세상이 태평해질 조짐이라고 하
   여 상서로운 이슬로 여겼다.

何者少得(하자소득) : 어느 것인들 없을 수 있겠는가? 마음의 여러 감정이 있는
   것이 자연계의 여러 현상이 있는 것과 같음을 의미한다. 앞의 심체(心體)
   가 천체(天體)라는 말의 부연이다.

廓然(확연) : 확 트여 공활한 모양.

無碍(무애) : 막힘이 없다.

173

無事時, 心易昏冥, 宜寂寂而照以惺惺.

有事時, 心易奔逸, 宜惺惺而主以寂寂.

昏冥(혼명) : 혼미하여 사리에 밝지 않다.

寂寂(적적) : 평온하고 고요하다.

照以惺惺(조이성성) : 맑고 밝은 것으로 비추다. 여기서는 마음이 맑고 밝은 상
   태로 깨어있어야 한다는 의미이다. 惺惺은 마음의 맑고 밝은 모양.

奔逸(분일) : 분주하고 멋대로 하다.

174

議事者, 身在事外, 宜悉利害之情.

任事者, 身居事中, 當忘利害之慮.

議事(의사) : 일을 논의하다.

悉(실) : 잘 살피다, 따지다.

利害之情(이해지정) : 이해의 실정, 즉 이익과 손해에 대한 상황 판단.

任事(임사) : 일을 맡다.

利害之慮(이해지려) : 이득과 손실에 대한 생각, 즉 이해타산.

175

士君子處權門要路, 操履要嚴明, 心氣要和易.

毋少隨而近腥羶之黨, 亦毋過激而犯蜂蠆之毒.

權門(권문) : 권세 있는 집안.

要路(요로) : 본래는 중요한 길을 가리키나, 여기서는 높은 지위를 뜻한다.

操履(조리) : 몸가짐과 행실.

和易(화이) : 온화하고 부드럽다.

隨(수) : 방종하다, 멋대로 하다.

腥羶之黨(성전지당) : 비린내, 누린내 나는 무리, 곧 사리사욕을 일삼는 더러운
자들. 腥은 생선에는 나는 냄새, 羶은 육고기에서 나는 냄새.

蜂蠆之毒(봉채지독) : 벌과 전갈의 독, 곧 악랄한 소인배의 해독.

176

標節義者, 必以節義受謗. 榜道學者, 常因道學招尤.

故君子不近惡事, 亦不立善名. 只渾然和氣, 纔是居身之珍.

標節義(표절의) : 절의를 표방하다.

受謗(수방) : 비방을 받다. 謗은 헐뜯음, 비방.

招尤(초우) : 원망을 초래하다. 招는 초래하다, 부르다. 尤는 원망, 비난.

渾然和氣(혼연화기) : 원만하고 온화한 태도.

居身之珍(거신지진) : 처신의 보배. 즉 사회생활을 잘하는 방법.

177

遇欺詐的人, 以誠心感動之. 遇暴戾的人, 以和氣薰蒸之.

遇傾邪私曲的人, 以名義氣節激礪之. 天下無不入我陶冶中矣.

欺詐的人(기사적인) : 속임수를 잘 쓰는 사람, 사기꾼.

暴戾的人(포려적인) : 난폭하고 사나워 도리에 반하는 행동을 하는 사람.

薰蒸(훈증) : 감화시키다. 薰은 향초. 즉 향을 태워 악취를 없애듯 선에 감화시
　　　　　 킨다는 의미.

傾邪私曲(경사사곡) : 마음이 삐뚤어져 부정하다. 여기서는 그러한 부정한 일을
　　　　　 함을 가리킨다.

激礪(격려) : 감발시키고 격려하다.

陶冶(도야) : 교화, 훈육.

178

一念慈祥, 可以醞釀兩間和氣.

寸心潔白, 可以昭垂百代淸芬.

慈祥(자상) : 자심(慈心)과 선심(善心). 여기서는 자비로운 마음이라는 뜻이다.

醞釀(온양) : 빚다. 즉 술을 빚듯이 자연스럽게 양성함. 醞과 釀 모두 '술 빚다'는 의미이다.

昭垂(소수) : 밝게 드리우다. 즉 후세에 길이 남기다.

百代(백대) : 오랜 세월 동안, 영원히. 여기서의 百은 숫자상의 '백'이 아니라 '오래도록'의 의미를 가진다.

淸芬(청분) : 원래는 맑은 향기인데 종종 고결한 덕행을 비유한다.

179

陰謀怪習, 異行奇態, 俱是涉世的禍胎.

只一個庸德庸行, 便可以完混沌而召和平.

禍胎(화태) : 재앙의 씨앗. 胎는 근원, 씨앗.

庸德庸行(용덕용행) : 평범한 도덕과 행동. 庸은 평범하다, 일상적이다.

召和平(소화평) : 평화로움을 부르다. 여기서는 평안한 삶을 사는 것을 의미한다.

180

語云, 登山耐側路, 踏雪耐危橋. 一耐字極有意味.

如傾險之人精, 坎坷之世道,

若不得一耐字撑持過去, 幾何不墮入榛莽坑塹哉.

側路(측로) : 경사진 비탈길, 험한 길.

傾險(경험) : 마음씀이 바르지 않고 험악함.

坎坷(감가) : 평탄하지 않은 길, 울퉁불퉁한 길. 종종 뜻을 펴지 못하고 곤궁한
　　　　　상태를 비유한다.

撑持(탱지) : 붙잡고 의지하다.

榛莽(진망) : 가시덤불. 榛은 덤불, 莽은 잡초.

坑塹(갱참) : 구덩이.

181

誇逞功業, 炫耀文章, 皆是靠外物做人. 不知心體瑩然,

本來不失, 即無寸功隻字, 亦自有堂堂正正做人處.

誇逞(과령) : 과시하다, 자랑하다.

炫耀(현요) : 원래는 찬란하게 빛난다는 의미로 여기서는 자랑스럽게 말함을 뜻
　　　　　한다. 炫과 耀 모두 빛나다.

靠外物做人(고외물주인) : 외물에 의지하여 행동하다. 靠는 기대다, 의지하다.
　　　　　外物은 여기서는 공업과 문장을 가리킨다. 做人은 행동하다, 처세하다.

瑩然(형연) : 밝게 빛나는 모양.

寸功隻字(촌공척자) : 한 치의 공적과 한 자의 문장. 곧 작은 공적과 약간의 문
　　　　　장, 학문.

堂堂正正(당당정정) : 당당하고 바르고 떳떳하다, 위풍이 있고 당당하다.

182

忙裡要偸閒, 須先向閒時討個杷柄.

鬧中要取靜, 須先從靜處立個主宰.

不然, 未有不因境而遷, 隨事而靡者.

偸閒(투한) : 틈을 내다, 여유를 갖다.

討(토) : 찾다.

杷柄(파병) : 자루. 즉 물건에서 손으로 잡는 곳. 여기서는 의지할 수 있는 근
　　거. 아래의 주재(主宰)와 의미가 비슷하다.

事(사) : 사정. 사람이 살아가면서 행하는 모든 활동과 만나는 온갖 현상.

靡(미) : 흔들리다.

183

不昧己心, 不盡人情, 不竭物力,

三者可以爲天地立心, 爲生民立命, 爲子孫造福.

不昧己心(불매기심) : 욕심으로 자기의 마음을 어둡게 하지 않다.

不盡人情(부진인정) : 인정을 다하지 않다, 즉 인정을 끊는 일을 하지 않다.

不竭物力(불갈물력) : 재물을 낭비하지 않는다. 竭은 다 써버리다.

造福(조복) : 복을 쌓다. 여기에서 造는 쌓다.

184

居官有二語曰, 惟公則生明, 惟廉則生威.

居家有二語曰, 惟恕則情平, 惟儉則用足.

居官(거관) : 관직에 있다. 居는 차지하다.
情平(정평) : 가족들의 마음이 평온하다, 즉 집안이 화목하다.
用足(용족) : 쓰는 것이 풍족하다, 살림이 넉넉하다. 用은 살림. 足은 풍족하다.

185

處富貴之地, 要知貧賤的痛癢.
當少壯之時, 須念衰老的辛酸.

地(지) : 원래는 땅을 가리키나, 여기서는 처지, 상황을 의미한다.
痛癢(통양) : 아프고 가렵다는 뜻으로 고통을 가리킨다.
少壯之時(소장지시) : 젊고 혈기 왕성할 때.
辛酸(신산) : 맵고, 시다는 뜻으로 괴로움을 가리킨다.

186

指身不可太皎潔, 一切汚辱垢穢, 要茹納得.
與人不可太分明, 一切善惡賢愚, 要包容得.

太(태) : 너무, 지나치게.
皎潔(교결) : 밝고 결백하다, 고결하다.
汚辱垢穢(오욕구예) : 더러움과 욕됨.

要茹納得(요여납득) : 용납할 수 있어야 한다. 감내할 수 있어야 한다. 要는 ~
　　해야 한다. 茹는 먹다. 納은 받아들이다. 得은 동사 뒤에 붙어서 동작의
　　가능을 나타내는 조사.

與人(여인) : 사람들과 더불다. 즉 사람들과 더불어 교제함을 말한다.

187

休與小人仇讐, 小人自有對頭.

休向君子諂媚, 君子原無私惠.

休(휴) : ~하지 말라는 금지사.

仇讐(구수) : 원수, 적대관계.

對頭(대두) : 상대, 적수.

諂媚(첨미) : 아첨하다.

私惠(사혜) : 사사로운 은혜, 즉 사사로운 정에 이끌려 베푸는 은혜.

188

縱欲之病可醫, 而執理之病難醫.

事物之障可除, 而義理之障難除.

縱欲之病(종욕지병) : 욕망에 따라 제멋대로 행동하는 병폐.

執理之病(집리지병) : 편협된 견해를 고집하며 스스로 옳다고 하는 병폐.

事物之障(사물지장) : 사물의 장애, 즉 구체적, 물질적인 장애.

義理之障(의리지장) : 의리의 장애. 즉 잘못된 인식과 편협된 견해로 인해 생긴

심리적, 추상적 장애.

189

磨礪當如百煉之金, 急就者, 非邃養.

施爲宜似千鈞之弩, 輕發者, 無宏功.

磨礪(마려) : 갈다, 단련하다. 여기서는 심신을 단련, 수양하는 것을 가리킨다.

百煉之金(백련지금) : 수없이 단련한 쇠. 여기서의 百은 숫자상의 '백'이 아니라 횟수의 많음, 정도의 깊음을 나타낸다.

急就者(급취자) : 성취하는 데 급급하다.

邃養(수양) : 수양을 정밀하고 깊이 있게 하다. 邃는 종종 학문 혹은 수양의 깊이가 깊고 심오함을 가리킨다.

施爲(시위) : 행하다, 즉 일을 행하다.

千鈞之弩(천균지노) : 아주 무겁고 큰 쇠뇌. 千鈞은 삼천 근. 앞의 百과 마찬가지로 일종의 수사적 표현인데, 아주 무겁고 큰 것을 나타낸다. 弩는 쇠뇌로, 여러 개의 화살이나 돌을 잇따라 쏠 수 있는 큰 활을 말한다.

輕發(경발) : 가볍게 쏘다. 여기서는 대충대충 경솔하게 행동하는 것을 비유한다.

宏功(굉공) : 큰 공적. 攻은 원래 '치다, 공격하다'의 뜻이나, 여기서는 공적, 공로를 가리킨다.

190

寧爲小人所忌毁, 毋爲小人所媚悅.

寧爲君子所責修, 毋爲君子所包容.

忌毀(기훼) : 꺼리고 헐뜯다.

媚悅(미열) : 아첨하고 환심을 사다.

責修(책수) : 꾸짖고 나무라다.

191

好利者, 逸出於道義之外, 其害顯而淺.

好名者, 竄入於道義之中, 其害隱而深.

逸出(일출) : 벗어나다, 뛰어 나가다.

竄入(찬입) : 숨어 있다. 잠입해 있다. 竄은 몰래, 은밀히 숨다.

192

受人之恩, 雖深不報, 怨則淺亦報之.

聞人之惡, 雖隱不疑, 善則顯亦疑之.

此刻之極, 薄之尤也, 宜切戒之.

報(보) : 갚다. '불보'(不報)의 報는 은혜를 갚음이요, '보지'(報之)의 報는 보복의
　　　 의미이다.

雖隱不疑(수은불의) : 다른 사람의 잘못이 아직 확실하게 드러나지 않았는데도
　　　 기정사실화 함을 의미한다.

顯亦疑之(현역의지) : 다른 사람의 선행이 분명하고 확실하게 드러났는데도 믿
　　　 지 않음을 의미한다.

刻之極 薄之尤(각지극 박지우) : 각박함이 극심하다. 刻은 잔혹하다, 냉혹하다.
　　　 薄은 각박하다. 極과 尤는 모두 아주 심한 것을 의미한다.

193

讒夫毁士, 如寸雲蔽日, 不久自明.

媚子阿人, 似隙風侵肌, 不覺其損.

讒夫(참부) : 중상모략을 일삼는 사람.

毁士(훼사) : 남을 헐뜯는 사람, 비방하는 사람.

寸雲(촌운) : 한 조각 구름. 寸은 아주 작은 것을 의미함.

媚子(미자) : 아양을 떠는 사람.

阿人(아인) : 아첨하는 사람.

隙風(극풍) : 틈새로 불어 들어오는 바람.

侵肌(침기) : 살갗에 스미다.

194

山之高峻處無木, 而谿谷廻環則草木叢生.

水之湍急無魚, 而淵潭停蓄則魚鼈聚集.

此高絶之行, 褊急之衷, 君子重有戒焉.

廻環(회환) : 굽이굽이 감돌다.

水之湍急處(수지단급처) : 물살이 빠르고 급한 곳. 여울같은 곳.

淵潭(연담) : 깊은 연못.

停蓄(정축) : 물이 고요하고 세차게 흐르지 않음.

魚鼈(어별) : 물고기와 자라. 여기서는 온갖 물고기를 가리킴.

高絶之行(고절지행) : 다른 사람들과 동떨어진 고상한 행위.

褊急之衷(편급지충) : 도량이 좁고 조급한 마음. 褊은 좁다.

重(중) : 깊이. 심(深)과 같은 의미이다.

195

建功立業者, 多虛圓之士.

僨事失機者, 必執拗之人.

虛圓(허원) : 겸허하고 원만하다.

僨事(분사) : 일을 그르치다.

失機(실기) : 기회를 잃다.

196

處世不宜與俗同, 亦不宜與俗異.

作事不宜令人厭, 亦不宜令人喜.

作事(작사) : 일을 하다.

令人厭(령인염) : 남으로 하여금 미워하게 하다. 즉 남의 미움을 사다. 厭은 미워
하다. 증오하다.

令人喜(령인희) : 남으로 하여금 기뻐하게 하다. 즉 남의 비위를 맞추려 하다.

197

日旣暮而猶烟霞絢爛, 歲將晚而更橙橘芳馨.

故末路晚年, 君子更宜精神百倍.

暮(모) : 저물다. 저녁 무렵을 가리킨다. 아래의 만(晚)도 같은 의미이다.
烟霞(연하) : 안개와 노을.
絢爛(현란) : 눈부시도록 아름답다.
橙橘(등귤) : 등자와 귤.
芳馨(방형) : 향기. 芳과 馨 모두 향기.

198

鷹立如睡, 虎行似病, 正是他攫人噬人手段處.
故君子要聰明不露, 才華不逞, 纔有肩鴻任鉅的力量.

鷹(응) : 매
攫人噬人(확인서인) : 사람을 움켜잡고 깨물다.
才華不逞(재화불령) : 재주를 자랑하지 않다. 才華는 뛰어난 재능, 재주. 逞은
　　드러내다, 자랑하다.
肩鴻任鉅(견홍임거) : 어깨에 중요한 임무를 지다. 鴻과 鉅는 모두 크다는 뜻이다.

199

儉, 美德也, 過則爲慳吝, 爲鄙嗇, 反傷雅道.
讓, 懿行也, 過則爲足恭, 爲曲謹, 多出機心.

爲慳吝 爲鄙嗇(위간린 위비색) : 인색함. 慳吝과 鄙嗇은 거의 같은 의미이다.

구별하면 慳吝은 탐욕스러워 버리지 않는 것이요, 鄙嗇은 탐욕스러워 베풀지 않는 것이다.

雅道(아도) : 고아한 정도(正道), 인생의 바른 길.

懿行(의행) : 좋은 행동, 선행. 懿는 아름답다, 좋다.

足恭(주공) : 지나친 겸손. 足는 지나치다의 뜻일 때는 '주'로 발음한다.

曲謹(곡근) : 사소한 것에 신경을 쓰다. 너무 신중한 나머지 소심하게까지 된다.

多出機心(다출기심) : 기심이 생기는 것이 많다. 出은 일어나다, 생각이 들다. 機心은 교사한 마음으로, 교묘한 수단으로 그럴 듯하게 속임을 말한다.

200

毋憂拂意. 毋喜快心. 毋恃久安. 毋憚初難.

拂意(불의) : 뜻에 거슬림. 곧 뜻대로 안 됨. 拂은 어기다, 위반하다.

快心(쾌심) : 마음에 들다, 생각대로 되다.

久安(구안) : 오래도록 편안하다.

憚(탄) : 꺼리다, 두려워하다.

初難(초난) : 처음의 어려움. 처음 시작할 때 겪게 되는 어려움.

201

飮宴之樂多, 不是個好人家. 聲華之習勝, 不是個好士子.

名位之念重, 不是個好臣士.

飮宴之樂多(음연지락다) : 음주와 연회의 즐거움이 많다. 즉 음주, 연회로 즐거움을 일삼다.

好人家(호인가) : 훌륭한 격식을 갖춘 집안. 바르고 좋은 집안.

聲華之習勝(성화지습승) : 세속의 명성에 물든 것이 지나치다. 즉 세속의 화려
한 명성을 추구하는 습성이 지나친 것을 의미한다. 聲華는 세속의 명성,
평판. 習은 물들다. 영향을 받다. 勝은 정도가 지나치다. 심하다.

名位之念重(명위지념중) : 관직과 품위에 대한 생각이 심하다. 重은 심하다, 중
하다.

臣士(신사) : 신하. 士는 여기서 관직에 있는 사람을 가리킨다.

202

世人以心肯處爲樂, 却被樂心引在苦處.

達士以心拂處爲樂, 終爲苦心換得樂來.

心肯(심긍) : 마음대로 순조롭게 되다, 생각대로 잘 풀리다.

達士(달사) : 사물의 이치에 통달한 선비.

心拂(심불) : 마음에 어긋나다, 마음대로 안 되다.

203

居盈滿者, 如水之將溢未溢, 切忌再加一滴.

處危急者, 如木之將折未折, 切忌再加一搦.

盈滿(영만) : 가득 차다. 여기서는 부귀권세 등이 만족할 만한 상태를 가리킨다.

將溢未溢(장일미일) : 장차 넘칠 듯하나 아직 넘치지 않음, 넘칠 듯 말 듯한 상
태를 의미한다. 溢은 넘치다.

一滴(일적) : 한 방울. 滴은 물방울.

危急(위급) : 위험하고 절박하다.
一搦(일닉) : 한번 건드리다. 조금 누르다.

204

冷眼觀人. 冷耳聽語. 冷情當感. 冷心思理.

冷眼(냉안) : 냉철한 눈. 冷은 감정의 동요가 없는 침착한 상태를 나타낸다.

冷情當感(냉정당감) : 냉철한 감정으로 자기의 생각을 처리하다. 當은 주관하다, 처리하다.

思理(사리) : 이치를 생각하다. 理는 이치, 도리.

205

仁人心地寬舒, 便福厚而慶長, 事事成個寬舒氣象.
鄙夫念頭迫促, 便祿薄而澤短, 事事得個迫促規模.

心地寬舒(심지관서) : 마음이 너그럽고 평온하다.

鄙夫(비부) : 비루한 사람.

念頭迫促(염두박촉) : 생각이 좁고 급하다.

206

聞惡不可就惡, 恐爲讒夫洩怒.

聞善不可卽親, 恐引奸人進身.

就惡(취오) : 바로 미워하다. 즉 나쁜 사람이라고 생각하다. 就는 시간적으로 즉시, 바로.

洩怒(설노) : 분풀이하다. 洩은 발산하다.

卽親(즉친) : 바로 가까이하다. 卽은 앞의 취(就)와 같다. 親은 가까이하다, 친히하다.

奸人(간인) : 간사한 사람.

進身(진신) : 사회적 지위를 향상시키다, 벼슬자리를 얻다.

207

性燥心粗者, 一事無成. 心和氣平者, 百福自集.

性燥心粗(성조심조) : 성미가 조급하고 마음이 거칠다.

心和氣平(심화기평) : 마음이 온화하고 기품이 평온하다.

208

用人不宜刻, 刻則思效者去.

交友不宜濫, 濫則貢諛者來.

思效者(사효자) : 힘을 다해 일하려고 생각한 사람. 즉 열심히 일하려고 하는 사람. 效는 전심전력해서 일하다. 힘써 하다.

濫(람) : 멋대로 하다, 경솔하게 행동하다.

貢諛(공유) : 아첨하다.

209

風斜雨急處, 要立得脚定. 花濃柳艶處, 要著得眼高.

路危徑險處, 要回得頭早.

風斜雨急(풍사우급) : 바람이 비껴 불고 비가 심하다. 형세가 급변하는 때를 가리킨다.

立得脚定(입득각정) : 다리를 안정되게 하고 서 있다.

花濃柳艶(화농유염) : 꽃이 화려하고 버들이 고움. 여기서는 마음을 현혹시키는 것들, 예컨대 미색(美色) 등을 가리킨다.

著得眼高(착득안고) : 눈을 높은 곳에 두다

路危經驗(로위경험) : 길이 위태롭고 험하다. 즉 곤경에 빠진 상황을 가리킨다.

回得頭早(회득두조) : 머리를 일찍 돌리다. 즉 빨리 생각을 바꾸다.

210

節義之人濟以和衷, 纔不啓忿爭之路.

功名之士承以謙德, 方不開嫉妬之門.

節義(절의) : 절개와 의리. 여기서는 절의를 숭상하고 굳게 지키는 사람.

濟以和衷(제이화충) : 온화한 마음으로 보충하다. 濟는 돕다, 보충하다. 여기서는 '지니다'의 뜻이다. 和衷은 원만하고 온화한 마음.

功名(공명) : 공적과 명예. 여기서는 공명을 중시하고 누리는 사람.

承以謙德(승이겸덕) : 겸양의 덕으로 잇다. 承은 잇다. 여기서는 '지니다'의 의미
　　이다. 謙德은 겸양의 덕, 겸손한 마음.

211

士大夫居官, 不可竿牘無節, 要使人難見, 以杜倖端.

居鄕不可崖岸太高, 要使人易見, 以敦舊好.

竿牘(간독) : 편지. 竿은 대쪽 간(簡)과 같다. 예전에는 대쪽[簡]과 나무조각[牘]에
　　글을 썼으므로 竿牘이 편지를 뜻하게 되었다.

杜倖端(두행단) : 요행의 단서를 막다. 杜는 막다, 倖은 요행.

崖岸(애안) : 깎아지른 듯한 절벽. 여기서는 접근하기 어려운 고고한 자세를 형
　　용한다.

敦舊好(돈구호) : 옛 친구간의 우의, 옛 정을 돈독히 하다.

212

大人不可不畏, 畏大人則無放逸之心.

小民亦不可不畏, 畏小民則無豪橫之名.

大人(대인) : 덕망이 높은 사람.

放逸(방일) : 거리낌없이 함부로 행동하다, 제멋대로 행동하다.

小民(소민) : 일반 평민, 서민.

豪橫(호횡) : 교만하고 포악하다. 이치를 따르지 않고 멋대로 행동함을 말한다.

213

事稍拂逆, 便思不如我的人, 則怨尤自消.

心稍怠荒, 便思勝似我的人, 則精神自奮.

拂逆(불역) : 여의치 않다. 마음대로 안 되다.

怨尤(원우) : 하늘을 원망하고 남을 탓하다. 『논어』(論語) 「헌문」(憲問)에 "하늘은
　　　　　원망하지 않으며 사람을 탓하지 않고, 아래로 배우면서 위로 통달하니,
　　　　　나를 알아주는 것은 하늘일 것인져"[不怨天, 不尤人, 下學而上達, 知我者,
　　　　　其天乎]라는 구절이 있다.

怠荒(태황) : 나태하고 방탕함.

214

不可乘喜而輕諾, 不可因醉而生嗔.

不可乘快而多事, 不可因倦而鮮終.

乘喜(승희) : 기쁨을 타다. 즉 기쁨에 들뜨다.

輕諾(경락) : 가볍게 허락하다, 경솔하게 승낙하다.

快(쾌) : 본래는 유쾌하다인데 여기서는 일이 순조롭게 잘된다는 의미이다.

鮮終(선종) : 끝맺음이 드물다. 즉 일을 흐지부지 끝맺다. 鮮은 드물다, 거의 없
　　　　　다. 終은 결과를 말한다.

215

善讀書者, 要讀到手舞足蹈處, 方不落筌蹄.

善觀物者, 要觀到心融神洽時, 方不泥迹象.

手舞足蹈(수무족도) : 손이 춤추고 발이 뛰다. 너무나 기쁜 나머지 저도 모르는
　　사이에 춤을 추는 것을 말한다.

不落筌蹄(불락전제) : 통발과 올가미에 얽매이지 않는다. 筌은 물고기를 잡는
　　기구인 통발이고, 蹄는 토끼 같은 것을 옭아 잡는 올가미를 말한다.

心融神洽(심융신흡) : 마음과 정신이 융합되어 물아일체(物我一體)가 되는 것.

不泥迹象(불니적상) : 사물의 외형에 구속되지 않다.

216

天賢一人, 以誨衆人之愚, 而世反逞所長, 以形人之短.

天富一人, 以濟衆人之困, 而世反挾所有, 以凌人之貧.

眞天之戮民哉.

天賢一人(천현일인) : 하늘이 한 사람을 현명하게 하다. 여기서 賢은 동사로 쓰
　　였다. 한문에서는 종종 형용사가 동사로 쓰이며, 목적어를 가졌을 때[一
　　人] 그 목적어로 하여금 형용사의 성질, 상태[賢]를 갖추게 한다.

逞(령) : 드러내다, 자랑하다.

形(형) : 비교하다. 대조하다.

挾(협) : 뻐기다, 의지하다.

凌(릉) : 업신여기다.

天之戮民(천지륙민) : 천벌을 받을 죄인. 戮民은 죄인(罪人).

217

至人何思何慮. 愚人不識不知, 可與論學亦可與建功.

唯中才的人, 多一番思慮知識, 便多一番億度猜疑, 事事難與下手.

至人(지인) : 도덕과 학문이 최고의 경지에 이른 사람.

中才的人(중재적인) : 지인도 우인도 아닌 어중간한, 보통의 재주와 지혜를 가
　　진 사람.

億度猜疑(억탁시의) : 억측하고 의심하다.

下手(하수) : 일을 하다, 착수하다.

218

口乃心之門, 守口不密, 洩盡眞機.

意乃心之足, 防意不嚴, 走盡邪蹊.

洩盡(설진) : 모두 다 누설하다.

眞機(진기) : 원래는 현묘한 이치, 기미이나 여기서는 마음속의 비밀을 말한다.

邪蹊(사혜) : 그릇된 길.

219

責人者, 原無過於有過之中, 則情平.

責己者, 求有過於無過之內, 則德進.

原無過(원무과) : 그나마 잘못이 적은 부분을 찾아낸다. 原은 근본을 추구하여 찾아 내다.

情平(정평) : 감정이 평온해지다.

220

子弟者, 大人之胚胎, 秀才者, 士夫之胚胎.

此時若火力不到, 陶鑄不純. 他日涉世立朝, 終難成個令器.

胚胎(배태) : 씨앗. 언젠가 무엇이 나올 수 있는 가능성을 가진 원초적 존재.

火力不到(화력부도) : 화력이 충분히 미치지 않다. 화력은 도자기나 금속을 다루는 불의 강도로, 여기서는 인격도야, 수양, 단련의 강도, 정도를 비유한다.

陶鑄不純(도주불순) : 질그릇과 주물을 만드는 것이 정밀하지 못하다. 여기서는 인격도야, 수양이 제대로 되지 않은 것을 비유한다. 陶는 질그릇 만드는 것, 鑄는 쇠를 녹여 그릇이나 연모 따위를 만드는 것을 말한다. 不純은 정밀하지 못하다, 즉 잘 만들지 못하다.

令器(령기) : 좋은 그릇. 여기서는 훌륭한 인재, 쓸모 있는 인재를 비유한다.

221

君子處患難而不憂, 當宴遊而惕慮. 遇權豪而不懼, 對惸獨而驚心.

惕慮(척려) : 근심하고 걱정하다. 惕은 근심하다, 두려워하다.

權豪(권호) : 권력과 부귀를 가지고 있는 사람.

惸獨(경독) : 불쌍하고 외로운 사람. 惸은 형제가 없는 사람, 獨은 자식이 없는 사람을 가리키는데 보통 곤경에 처해서 의지할 데 없는 사람을 말한다.

驚心(경심) : 마음이 놀라 움직임. 여기서는 연민의 정을 느끼고 마음 아파하다.

222

桃李雖艶, 何如松蒼柏翠之堅貞.

梨杏雖甘, 何如橙黃橘綠之馨冽.

信乎. 濃夭不及淡久, 早秀不如晚成也.

松蒼柏翠(송창백취) : 푸르른 소나무와 잣나무. 蒼과 翠 모두 푸르다는 의미.

堅貞(견정) : 절개가 굳어 변하지 않다.

橙黃橘綠(등황귤록) : 누런 등자와 푸른 귤.

馨冽(형례) : 맑고 그윽한 향기.

早秀(조수) : 일찍 꽃망울을 터뜨리다.

晚成(만성) : 늦게 이루다. 즉 등자와 귤이 천천히 영글어 가는 것을 말한다. 이
　　　　　구절은 대기만성(大器晚成)을 비유하고 있다.

223

風恬浪靜中, 見人生之眞境. 味淡聲希處, 識心體之本然.

風恬浪靜(풍념랑정) : 바람이 잔잔하고 물결이 고요하다. 恬은 조용하다.

味淡聲希(미담성희) : 맛이 담박하고 소리가 그윽하다. 여기선 음식과 소리 등
　　　　　의 외물에 미혹되지 않음을 비유한다.

本然(본연) : 본래 그러하다. 여기서는 본래의 모습.

後集

1

談山林之樂者, 未必眞得山林之趣.

厭名利之談者, 未必盡忘名利之情.

山林之樂(산림지락) : 산림에 사는 즐거움. 은거하는 생활의 즐거움이라는 의미
　　를 지니고 있다. 山林은 은자(隱者)가 거처하는 곳을 가리킨다.

名利之談(명리지담) : 세속의 명예나 명성, 이익과 관련된 이야기.

2

釣水, 逸事也. 尙持生殺之柄. 奕棋, 淸戱也, 且動戰爭之心.

可見喜事不如省事之爲適, 多能不若無能之全眞.

逸事(일사) : 세속을 떠난 고아한 일.

生殺之柄(생살지병) : 살릴 수도 죽일 수도 있는 권한. 여기서는 물고기의 생명
　　을 좌지우지할 수 있는 권한을 말한다.

淸戲(청희) : 청아한 유희나 일. 위의 일사(逸事)와 비슷한 의미이다.

喜事(희사) : 일이 많은 것을 좋아하다, 즉 일에 참견하는 것을 좋아하다.

省事(생사) : '일을 덜다', '줄이다'. 여기서는 '일을 만들지 않아 아무 할 일이 없
   다'는 의미이다. 省은 줄이다, 덜다.

適(적) : 마음이 편안하다, 한가롭다.

全眞(전진) : 타고난 본성을 온전히 보전하다.

3

鶯花茂而山濃谷艶, 總是乾坤之幻境.

水木落而石瘦崖枯, 纔見天地之眞吾.

鶯花(앵화) : 꾀꼬리가 노래하고 꽃이 피다. 일반적으로 봄날의 경치를 나타낸다.

乾坤(건곤) : 하늘과 땅. 여기에서는 천지자연(天地自然)을 가리킨다.

幻境(환경) : 실체가 없는 허상, 거짓된 모습.

石瘦崖枯(석수애고) : 돌은 앙상하고 언덕은 메마르다.

眞吾(진오) : 진실한 나, 즉 본래 나의 참 모습. 여기서는 허상의 꾸밈을 버리고
   본래의 참 모습을 드러낸 천지자연을 가리킨다.

4

歲月本長, 而忙者自促, 天地本寬, 而鄙者自隘, 風花雪月本閒,
而勞攘者自冗.

自促(자촉) : 스스로 재촉하다. 즉 때가 이미 왔다고 성급하게 생각하다.

鄙者(비자) : 도량과 견식이 좁은 사람.

自隘(자애) : 스스로 좁게 하다. 즉 스스로 세상을 좁다고 생각하다.

風花雪月(풍화설월) : 사계절의 경치를 가리키는 것으로 봄의 꽃, 여름의 바람,
        가을의 달, 겨울의 눈을 뜻한다.

閒(한) : 마음을 느긋하게 하다. 마음에 여유를 주다.

勞攘者(노양자) : 번잡스레 애쓰며 어수선한 사람. 여기서는 세상에 찌든 사람.
        勞는 수고로이 애쓰다. 攘은 혼잡하다. 어수선하다.

冗(용) : 쓸데없이 분주하다.

5

得趣不在多, 盆池拳石間, 煙霞具足.

會景不在遠, 蓬窓竹屋下, 風月自賒.

得趣(득취) : 정취를 느끼다.

盆池拳石(분지권석) : 대야처럼 작은 연못과 그 주위에 있는 주먹만한 돌들.

煙霞(연하) : 안개와 노을. 아름다운 자연의 경관을 가리킨다.

會景(회경) : 경치를 즐기다. 會는 느끼다, 즐기다.

蓬窓竹屋(봉창죽옥) : 쑥대로 엮어 만든 창과 대나무로 이은 집. 즉 가난한 사람
        의 보잘것없는 집을 가리킨다.

風月(풍월) : 맑은 바람과 밝은 달. 위의 연하(煙霞)와 같이 자연의 경치를 가리
        킨다.

賒(사) : 넉넉하다.

6

聽靜夜之鐘聲, 喚醒夢中之夢.

觀澄潭之月影, 窺見身外之身.

澄潭之月影(징담지월영) : 고요하고 맑은 연못에 비친 달 그림자. 澄은 물이 고
요하고 맑음. 潭은 연못.

7

鳥語蟲聲, 總是傳心之訣. 花英草色, 無非見道之文.

學者要天機淸徹, 胸次玲瓏, 觸物皆有會心處.

傳心之訣(전심지결) : 마음으로 진실을 전하는 비결.

花英草色(화영초색) : 꽃송이와 풀빛.

見道之文(현도지문) : 도를 드러내는 무늬. 見은 원래는 '보다'는 뜻인데 사물이
드러나야 볼 수 있으므로 '드러나다'라는 뜻이 생기게 되었다. 이 때는
'현'으로 발음한다.

胸次(흉차) : 가슴속, 즉 마음을 가리킨다.

會心(회심) : 마음속으로 깨닫다.

8

人解讀有字書, 不解讀無字書. 知彈有絃琴, 不知彈無絃琴.

以迹用, 不以神用, 何以得琴書之趣.

無字書(무자서) : 글로 쓰여지지 않은 책.

無絃琴(무현금) : 현이 없는 거문고.

迹(적) : 형체, 구체적인 실체. 여기서는 글로 쓰여진 책이나 현이 있는 거문고와
　　　같이 형체가 있는 것을 의미한다.

神(신) : 형체가 있지 않은 정신적인 것. 여기서는 글로 쓰여지지 않은 책이나
　　　현 없는 거문고가 지닌 의미를 나타낸다.

琴書之趣(금서지취) : 거문고와 책의 정취. 곧 거문고와 책 등의 내면에 담긴 이
　　　치, 정신적인 측면을 가리킨다.

9

心無物欲, 卽是秋空霽海. 坐有琴書, 便成石室丹丘.

秋空霽海(추공제해) : 맑은 가을 하늘과 잔잔하고 드넓은 바다. 空은 원래는 '구
　　　멍'인데 구멍은 텅 비어 있으므로 '비다'의 뜻이 생겼고 하늘도 일종의
　　　텅 빈 공간이므로 '하늘'을 의미하게 되었다. 霽는 비가 그친 후 맑게 갠
　　　모습을 말한다.

石室丹丘(석실단구) : 은자와 신선이 사는 세계를 뜻한다. 石室은 산중에 은거
　　　하는 사람의 집을 가리키고, 丹丘는 바다밖에 있는 신선이 사는 곳으로
　　　밤낮을 가리지 않고 항상 밝다고 하는 전설의 땅을 가리킨다.

10

賓朋雲集, 劇飮淋漓樂矣, 俄而漏盡燭殘, 香銷茗冷.

不覺反成嘔咽, 令人索然無味. 天下事率類此, 人奈何不早回頭也.

雲集(운집) : 구름과 같이 모여들다. 사람들이 많이 모임을 비유한 말이다.

劇飲淋漓(극음임리) : 술을 실컷 마시며 한껏 유쾌하게 놀다. 劇飮은 술을 지나
치게 마시다. 淋漓는 젖거나 흐르는 모양을 형용하나, 여기서는 '기분이
좋다', '유쾌하다'의 뜻이다.

香銷茗冷(향소명랭) : 향불이 꺼지고 차는 식어가다. 연회가 끝나갈 무렵으로
사람들이 모두 흩어짐을 나타내는 말이다. 銷는 다하다, 다하여 없어지
다. 茗은 늦게 딴 차[茶].

嘔咽(구열) : 슬프게 울다. 술을 한껏 마셔 정신을 잃고 취하고 나면 슬픔만이 남
음을 말한다.

率(솔) : 모두, 대체로.

11

會得個中趣, 伍湖之煙月盡入寸裡.

破得眼前機, 千古之英雄盡歸掌握.

煙月(연월) : 안개와 달빛. 여기서는 안개와 달빛이 드리워진 것과 같은 자연의
아름다운 경치를 말한다.

寸裡(촌리) : 마음속.

眼前機(안전기) : 눈앞에 일어나는 천지자연의 변화, 오묘한 작용.

12

山河大地已屬微塵, 而況塵中之塵.

血肉身軀且歸泡影, 而況影外之影. 非上上智, 無了了心.

塵中之塵(진중지진) : 티끌 중의 티끌. 사람을 일컫는 말로, 사람이 작고 보잘것
없음을 뜻한다.

血肉身軀(혈육신구) : 피와 살과 몸뚱이. 사람의 육체.

泡影(포영) : 물거품과 그림자. 실체 없이 곧 사라지고 마는 존재를 비유하는 말이다.

影外之影(영외지영) : 그림자 밖의 그림자. 잠깐 사이에 나타났다 사라져 버리고 마는 몸 바깥의 부귀공명을 비유하는 말이다.

上上智(상상지) : 가장 높은 지혜. 탁월한 지혜.

了了心(요료심) : 진리를 명확히 깨달은 마음. 了는 깨닫다, 이해하다.

13

石火光中爭長競短, 幾何光陰.

蝸牛角上較雌論雄, 許大世界.

石火光(석화광) : 부싯돌에 번쩍 하고 튀는 불꽃. 여기서는 인생의 짧음을 비유한다.

幾何(기하) : '얼마나'라는 뜻의 의문사.

光陰(광음) : 세월. 시간.

許(허) : '얼마나'라는 뜻의 의문사. 위의 기하(幾何)와 같은 의미이다.

14

寒燈無焰, 敝裘無溫, 總是播弄光景.

身如槁木, 心似死灰, 不免墮落頑空.

寒燈(한등) : 차가운 등불. 즉 불이 꺼져 싸늘하게 식은 등불.

播弄光景(파롱광경) : 천지조화가 마음대로 희롱하는 풍경, 즉 살풍경. 播弄은
　　　　맘대로 조종하다.

槁木(고목) : 말라죽은 나무. 인간적인 생기나 감정이 없어진 상태를 비유한다.

死灰(사회) : 불기 없는 재. 싸늘하게 식은 재. 위의 고목(槁木)의 의미와 대응한다.

15

人肯當下休, 便當下了.

若要尋個歇處, 則婚嫁雖完, 事亦不少, 僧道雖好, 心亦不了.

前人云, 如今休去便休去, 若覓了時, 無了時. 見之卓矣.

當下(당하) : 지금 당장, 즉시, 그 자리에서.

完(완) : 마치다, 어떤 일을 완수하다.

僧道(승도) : 불가의 승려와 도가의 도사. 여기서는 승려와 도사가 되어 속세를
　　　　떠나는 것을 의미한다.

16

從冷視熱, 然後知熱處之奔馳無益.

從冗入閒, 然後覺閒中之滋味最長.

冷(냉) : 냉정하다, 차분하다.

熱(열) : 열광하다. 흥분하다.

熱處之奔馳(열처지분치) : 미친 듯이 흥분한 상태에서 바쁘고 분주하다.

冗(용) : 번잡하다, 번다하다, 분주하다.

17

有浮雲富貴之風, 而不必巖棲穴處.

無膏肓泉石之癖, 而常自醉酒耽詩.

浮雲富貴(부운부귀) : 부귀를 뜬구름 같이 여기다.

巖棲穴處(암서혈처) : 바위나 동굴에서 기거하다. 속세를 벗어나 산림에 은거함을 의미한다.

18

競逐聽人, 而不嫌盡醉.

恬淡適己, 而不誇獨醒.

此釋氏所謂, 不爲法纏, 不爲空纏. 身心兩自在者.

競逐(경축) : 앞다투어 쫓아가다. 여기서는 명예와 이익을 좇음을 말한다.

聽人(청인) : 남에게 맡기다. 聽은 맡기다, 마음대로 하게 하다.

恬淡(염담) : 깨끗하여 욕심이 없고 소탈하다.

適己(적기) : 자기를 따르다. 자기의 본성을 따른다. 適은 '따르다', '순종하다'는 의미이다.

釋氏(석씨) : 釋은 부처의 성(姓)인 석가(釋迦)의 약칭(略稱)으로, 釋氏는 부처 혹은 불교를 가리킨다.

法纏(법전) : 법에 얽매이다. 불교에서의 法은 구체적 사물, 존재를 의미한다.

空(공) : 공에 얽매이다. 空은 공허(空虛), 공적(空寂), 허무(虛無)의 이치를 가리킨다.

19

延促由於一念, 寬窄係之寸心.

故機閒者, 一日遙於千古, 意廣者, 斗室寬若兩間.

延促(연촉) : 길고 짧음. 여기에서는 시간의 길고 짧음을 말한다.

寬窄(관착) : 넓고 좁음, 즉 공간의 넓고 좁음을 말한다.

機閒(기한) : 마음이 한가롭다. 機는 마음의 움직임·작용.

斗室(두실) : 한 말 정도 들어가는 아주 좁은 방.

兩間(양간) : 하늘과 땅 사이.

20

損之又損, 栽花種竹, 儘交還烏有先生.

忘無可忘, 焚香煮茗, 總不問白衣童子.

損之又損(손지우손) : 덜고 또 덜다. 여기서는 물질적인 욕망을 모두 덜어 없애
　　　　는 것을 의미한다.

交還(교환) : 돌아오다.

21

都來眼前事, 知足者仙境, 不知足者凡境.

總出世上因, 善用者生機, 不善用者殺機.

仙境(선경) : 신선이 사는 세계, 즉 깨달음의 세계를 가리킨다.

凡境(범경) : 세속의 사람이 사는 세계, 즉 미혹의 세계를 가리킨다.

總(총) : 모든, 온갖.

生機(생기) : (만물이 부여받은) 자연 생명의 기능(機能), 작용.

殺機(살기) : 살기(殺氣), 즉 해치려는 작용.

22

趨炎附勢之禍, 甚慘亦甚速. 棲恬守逸之味, 最淡亦最長.

趨炎附勢(추염부세) : 권세 있는 자나 세력가에 비위를 맞추며 아부하다.

棲恬守逸(서념수일) : 욕심 없이 소탈함에 머물러 편안하고 한가로움을 지키다.

23

松澗邊, 携杖獨行, 立處雲生破衲.

竹窓下, 枕書高臥, 覺時月侵寒氈.

松澗(송간) : 소나무가 울창한 계곡의 물가.

破衲(파납) : 해져 너덜너덜한 옷. 원래는 스님들이 항상 해진 천들을 이어서 옷
　　　　　을 기워 입는 까닭에 스님의 옷을 일컫는데 쓰이나, 여기서는 다 해지고
　　　　　떨어져 초라한 옷을 가리킨다.

枕書(침서) : 책을 베다.

高臥(고와) : 편안하게 눕다, 한가롭게 눕다.

寒氈(한전) : 낡고 초라한 담요. 가난한 선비의 청빈한 생활을 비유한다. 위의 파
　　　　　납(破衲)에 대응된다.

24

色慾火熾, 而一念及病時, 便興似寒灰, 名利飴甘, 而一想到死地,
便味如嚼蠟. 故人常憂死慮病, 亦可消幻業而長道心.

火熾(화치) : 불길, 불꽃. 여기서는 불길처럼 타오르다.

寒灰(한회) : 불씨 없이 차갑게 식은 화로의 재. 여기서는 색욕이 싹 사라져 버
　　　　　림을 뜻한다.

飴甘(이감) : 달콤하다.

嚼蠟(작랍) : 밀랍을 씹다. 여기서는 밀랍을 씹듯 아무 맛도 없음을 의미한다.

幻業(환업) : 헛된 짓, 행위. 색욕, 명예, 이익과 같은 환상에 지나지 않는 부질없
　　　　　는 행위를 말한다. 業은 행위.

道心(도심) : 진리를 구하는 마음, 깨달음을 구하는 마음.

25

爭先的徑路窄, 退後一步, 自寬平一步.

濃艷的滋味短, 清淡一分, 自悠長一分.

徑路(경로) : 길이 좁다. 徑은 사람이나 소·말은 다닐 수 있으나 수레는 지나지
　　　　　못하는 정도의 폭의 길을 가리킨다.

一步(일보) : 한 걸음. 여기서는 조금·약간의 의미로 쓰였다.

濃艷(농염) : 진하고 기름지다. 본래는 빛깔이 선명한 꽃이나 곱게 화장한 여인
　　　　　을 형용하는 말이나, 여기서는 진하고 기름진 음식을 뜻한다.

一分(일분) : 약간·조금. 위의 일보(一步)와 대응한다.

悠長(유장) : 오래가다. 여기서는 음식의 맛에 쉽게 싫증내지 않고 그 만큼 오래
　　　　　즐길 수 있음을 말한다.

26

忙處不亂性, 須閒處心神養得淸.

死時不動心, 須生時事物看得破.

忙處(망처) : 바쁠 때. 處는 시간을 가리킨다.

亂性(난성) : 본성을 어지럽히다.

養得淸(양득청) : 맑게 기르다, 즉 본성을 맑게 배양함을 의미한다.

動心(동심) : 마음이 흔들리다.

27

隱逸林中無榮辱, 道義路上無炎凉.

隱逸林中(은일림중) : 은일하는 숲속. 즉 세속을 떠나 자연에 은거하는 삶 가운데.

榮辱(영욕) : 영화와 욕됨.

道義路上(도의로상) : 도의 길 위에, 즉 도의를 지키며 살아가는 삶에.

炎凉(염량) : 인정이 쉽게 뜨거워지거나 차게 변화하는 모습을 나타내다.

28

熱不必除, 而除此熱惱, 身常在淸凉臺上.

窮不可遣, 而遣此窮愁, 心常居安樂窩中.

熱惱(열뇌) : 더위로 인해 괴로움, 덥다는 생각. 惱는 괴로워하다.

淸凉臺(청량대) : 산뜻하고 시원한 누대.

窮愁(궁수) : 곤궁함으로 인해 근심하다.

安樂窩(안락와) : 마음이 편안하고 즐거운 집·보금자리. 窩는 동굴이나 바위 집
형태의 주거지를 가리킨다.

29

進步處便思退步, 庶免觸藩之禍.

著手時先圖放手, 纔脫騎虎之危.

進步(진보) : 걸음을 내딛다. 사람이나 일의 상황이 원래보다 호전됨의 비유로
쓰였다.

庶(서) : 거의, 대체로.

著手(착수) : 어떤 일을 하기 위해 손을 대다, 어떤 일을 하기 시작하다.

30

貪得者, 分金恨不得玉, 封公怨不受侯, 權豪自甘乞丐.

知足者, 藜羹旨於膏粱, 布袍煖於狐貉, 編民不讓王公.

貪得(탐득) : 얻는 것을 탐하다. 즉 욕심부리다, 탐내다.

公(공) : 고대의 오작[五爵 : 공(公)·후(侯)·백(伯)·자(子)·남(男)] 중에 가장 높은 지
위로서 귀족의 반열에 속한다.

甘(감) : 원래는 달다. 여기서는 달게 여기다, 마다하지 않는다는 의미이다.

乞丐(걸개) : 거지노릇. 乞과 丐는 모두 구걸하다, 빌다.

藜羹(여갱) : 명아주 국. 초라한 음식을 뜻한다. 藜는 명아주 1년초 식물로, 어린 잎은 먹을 수 있으며, 오래 자란 줄기로는 지팡이를 만든다.

膏粱(고량) : 살지고 기름진 음식, 진수성찬.

狐貉(호학) : 여우와 오소리. 곧 여우와 오소리의 가죽으로 만든 옷, 화려한 고급 옷을 말한다.

編民(편민) : 호적에 편입(編入)된 백성이란 뜻으로 일반 평민을 가리킨다.

31

矜名不若逃名趣, 練事何如省事閒.

矜名(긍명) : 명성을 자랑하다, 과시하다.

練事(연사) : 일에 익숙하다, 일이 숙련되다. 여기서는 일이 숙련된 까닭에 그만큼 맡은 일이 많음을 뜻한다.

省事(생사) : 일을 덜다. 여기서는 가능한 한 일을 하지 않음을 뜻한다.

32

嗜寂者, 觀白雲幽石而通玄.

趨榮者, 見淸歌妙舞而忘倦.

唯自得之士, 無喧寂, 無榮枯, 無往非自適之天.

嗜寂者(기적자) : 고요함을 즐기는 사람.

玄(현) : 현묘한 이치. 심오하고 오묘한 우주의 진리.

趨榮者(추영자) : 세속의 영예와 이익을 좇는 사람. 趨는 본래는 '달리다, 뛰다'의 뜻이나 여기서는 '좇다, 추구하다'라는 뜻으로 쓰였다.

淸歌妙舞(청가묘무) : 맑은 노래와 아름다운 춤.

自得之士(자득지사) : 스스로 도를 깨달은 선비.

自適之天(자적지천) : 스스로의 마음에 맞는 천지·세상. 자유자재로 유유자적
함을 뜻한다.

33

孤雲出岫, 去留一無所係.

朗鏡懸空, 靜躁兩不相干.

孤雲出岫(고운출수) : 한 조각 구름이 산골짜기에서 피어 오른 모양. 세속에 구
애되지 않고 초탈함을 비유하고 있다. 岫는 산골짜기.

係(계) : 얽매이다, 걸리다.

朗鏡懸空(낭경현공) : 거울처럼 맑고 밝은 달이 창공에 걸려 있는 모양. 위의 고
운출수(孤雲出岫)에 대응한다.

靜躁(정조) : 고요함과 소란스러움. 속세의 세상살이를 비유한다.

34

悠長之趣, 不得於醲釅, 而得於啜菽飮水.

惆悵之懷, 不生於枯寂, 而生於品竹調絲.

固知濃處味常短, 淡中趣獨眞也.

醲釅(농엄) : 본래는 맛좋은 술을 가리키나, 여기서는 맛좋은 음식을 말한다. 醲
은 진한 술, 釅은 액체나 물체의 색깔, 맛, 향 등이 짙음을 뜻한다.

啜菽飮水(철숙음수) : 콩죽을 먹고 물을 마시다. 즉 조촐하고 담박한 생활을 비
유하는 말이다.

品竹調絲(품죽조사) : 악기를 연주하다, 음악을 연주하다. 악기는 대체적으로 絲
　　와 竹으로 만드는 까닭에 그 재료를 통해 '악기를 연주하다'라는 의미를
　　나타낸다.

35

禪宗曰, 餓來喫飯倦來眠. 詩旨曰, 眼前景致口頭語.

蓋極高寓於極平, 至難出於至易. 有意者反遠, 無心者自近也.

禪宗(선종) : 선(禪)의 종지(宗旨)를 드러내는 말.

詩旨(시지) : 시(詩)의 묘지(妙旨)를 드러내는 말.

口頭語(구두어) : 일상에서 사용되는 평이한 언어.

寓(우) : 깃들다, 깃들어 있다.

有意(유의) : 뜻이 있다. 일부러 의도하다.

無心(무심) : 마음이 없다. 일부러 작위하는 마음이 없다는 뜻으로 위의 유의(有
　　意)와 대조를 이룬다.

36

水流而境無聲, 得處喧見寂之趣. 山高而雲不碍, 惡出有入無之機.

處喧見寂(처훤견적) : 소란스러운 곳에 처하여 고요함을 깨닫다.

出有入無(출유입무) : 유심(有心)에서 나와 무심(無心)으로 들어가다. 존재하는
　　세계에 있으면서 마음은 그 세계를 초월하는 것을 의미한다.

機(기) : 오묘한 작용, 이치.

37

山林是勝地, 一營戀便成市朝. 書畫是雅事, 一貪癡便成商賈.

蓋心無染著, 欲界是仙都, 心有係戀, 樂境成苦海矣.

勝地(승지) : 경치가 좋은 곳. 勝은 뛰어나다, 좋다.

營戀(영련) : 무언가에 빠져 거기에 집착하다. 營은 현혹되다, 戀은 연연해 하다.

市朝(시조) : 시장과 조정. 시장은 물건을 사고 파는 장소이고, 조정은 임금과 신
하가 정사를 논하는 장소로, 모두 사람들이 북적대는 속세를 가리킨다.

貪癡(탐치) : 무언가를 연연해 하며 거기에 정신을 온통 빠뜨리다.

商賈(상고) : 본래는 상인을 가리키나, 여기서는 장사치들이 잇속을 꾀하는 물건
을 뜻한다. 商은 돌아다니며 장사하는 상인. 賈는 한 곳에 머물러 장사
하는 상인.

係戀(계련) : 얽매이고 연연해하다.

38

時當喧雜, 則平日所記憶者, 皆漫然忘去. 境在清寧, 則夙昔所遺
忘者, 又恍爾現前. 可見靜躁稍分, 昏明頓異也.

漫然(만연) : 한없이 멍한 모습.

恍爾(황이) : 불시에, 생각이 불시에 또렷해지는 모양.

39

蘆花被下, 臥雪眠雲, 保全得一窩夜氣.

竹葉杯中, 吟風弄月, 躱離了萬丈紅塵.

窩(와) : 원래는 동족이나 바위 집 형태의 두 가지를 가리키는데 여기서는 방,
　　　집을 의미한다.

夜氣(야기) : 밤의 청명한 기운. 밤부터 새벽까지의 고요한 사이에는 기운이 맑
　　　아져서 어진 마음이 쉽게 발현되게 된다.

萬丈紅塵(만장홍진) : 한없이 먼지와 더러움이 쌓여 있는 세속. 萬丈은 세속의
　　　번잡한 먼지와 더러움의 정도가 그 만큼 심함을 표현하는 것이다.

40

袞冕行中, 著一藜杖的山人, 便增一段高風.

漁樵路上, 著一袞衣的朝士, 轉添許多俗氣.

固知濃不勝淡, 俗不如雅也.

袞冕(곤면) : 고관이 입는 예복(禮服)과 예관(禮冠). 여기에서는 높은 벼슬아치를
　　　가리킨다.

朝士(조사) : 조정에 출사하는 관리.

俗氣(속기) : 속된 기운.

41

出世之道, 卽在涉世中, 不必絶人以逃世.

了心之功, 卽在盡心內, 不必絶欲以灰心.

無字書(무자서) : 글로 쓰여지지 않은 책.
出世(출세) : 세상을 벗어나다, 세간을 초탈하다.
了心之功(요심지공) : 자기의 마음을 깨닫는 방법·공부.
盡心(진심) : 마음을 다하다.

42

此身常放在閒處, 榮辱得失, 誰能差遣我.
此心常安在靜中, 是非利害, 誰能瞞昧我.

差遣(차견) : 부리다, 시키다.
瞞昧(만매) : 속이고 기만하다, 농락하다.

43

竹籬下, 忽聞犬吠鷄鳴, 恍似雲中世界.
芸窓中, 雅聽蟬吟鴉噪, 方知靜裡乾坤.

犬吠鷄鳴(견폐계명) : 개가 짖고 닭이 울다. 유유자적하는 전원의 생활을 상징
　　　한다.
雲中世界(운중세계) : 구름 속의 세계, 신선의 세계.
芸窓(운창) : 서재(書齋). 芸은 향기 있는 풀로, 이 잎을 책 속에 넣어 두면 좀이
　　　먹지 않는다고 한다.
雅聽(아청) : 맑게 들리다.
靜裡乾坤(정리건곤) : 고요함 속의 세계.

44

我不希榮, 何憂乎利祿之香餌. 我不競進, 何畏乎仕宦之危機.

香餌(향이) : 달콤한 미끼, 사람을 유혹하는 것. 어부나 사냥꾼들이 물고기나 새를
잡기 위해 미끼를 쓰는데, 여기에서 '유혹하다'라는 의미가 파생되었다.

競進(경진) : 앞다투어 나아가다. 여기서는 공명을 향해 앞다투어 나아감을 의미
한다.

45

徜徉於山林泉石之間, 而塵心漸息. 夷猶於詩畵圖畵之內, 而俗氣
潛消. 故君子雖不玩物喪志, 亦常借境調心.

徜徉(상양) : 한가로이 거닐다, 유유히 배회하다.

塵心(진심) : 속세에서 때묻고 더럽혀진 마음.

夷猶(이유) : 느긋하게 소요하다. 평온히 배회하다. 여기서는 여유롭게 책과 그
림을 살펴보는 것을 뜻한다. 夷는 느긋하다, 평온하다. 猶는 소요하다,
움직이다.

玩物喪志(완물상지) : 물을 즐겨 뜻을 잃다. 사물을 좋아하고 탐하는 것에 마음
을 빼앗겨 자신의 의지를 상실하다.

借境調心(차경조심) : 사물을 빌어 마음을 가다듬다. 境은 외부의 사물로 여기
서는 산림천석(山林泉石)과 시서도화(詩書圖畵)를 가리킨다.

46

春日氣象繁華, 令人心神駘蕩, 不若秋日雲白風淸, 蘭芳桂馥, 水

天一色, 上下空明, 使人神骨俱清也.

駘蕩(태탕) : 유쾌하다. 駘는 본래 말재갈이 풀리는 것을 가리키나, 여기서는 구속됨이 없이 자유롭고 즐거움을 뜻한다.

水天一色(수천일색) : 수면과 하늘이 한 빛깔을 이루다.

上下空明(상하공명) : 하늘의 달이 물결 위로 달 그림자를 비추다. 上下는 각각 하늘과 수면을 가리키며, 空明은 달이 물에 비친 것을 말한다.

47

一字不識而有詩意者, 得詩家眞趣.

一偈不參而有禪味者, 惡禪敎玄機.

詩意(시의) : 시적인 정취.

偈(게) : 불교에서 오묘한 가르침을 서술해 놓은 글귀로서, 송(頌), 게송(偈頌)이라고도 한다.

參(참) : 참고하고 연구하다. 연마하다.

禪味(선미) : 선의 정취.

玄機(현기) : 신비하고 오묘하여 헤아릴 수 없는 현묘한 작용, 이치.

48

機動的, 弓影疑爲蛇蝎, 寢石視爲伏虎, 此中渾是殺氣.

念息的, 石虎可作海鷗, 蛙聲可當鼓吹, 觸處俱見眞機.

機動(기동) : 마음이 동요하다.

眞機(진기) : 참된 이치.

49

身如不繫之舟, 一任流行坎止. 心似旣灰之木, 何妨刀割香塗.

不繫之舟(불계지주) : 묶여 있지 않은 작은 배. 흘러가는 대로 몸을 맡겨 자유롭
　게 사는 삶의 모습을 비유한다.

流行坎止(유행감지) : 떠가기도 하고 멈추기도 하다. 물의 흐름을 따르는 것을
　뜻한다.

刀割香塗(도할향도) : 칼로 쪼개고 향을 바르다. 칼로 쪼개는 것은 고통이나 남
　의 비방을 비유하고, 향을 바르는 것은 남의 칭찬이나 기쁨을 비유한다.

50

人情聽鶯啼則喜, 聞蛙鳴則厭, 見花則思培之, 遇草則欲去之. 但是
以形氣用事. 若以性天視之, 何者非自鳴其天機, 非自暢其生意也.

形氣(형기) : 형체(形體)와 기질(氣質). 사물의 외형적이고 표면적인 부분을 가리
　킨다.

用事(용사) : 분별하다, 판단하다.

性天(성천) : 천성, 본성. 사물의 내면적인 부분을 가리킨다.

生意(생의) : 만물을 자라게 하는 생기, 생명력.

51

髮落齒疎, 任幻形之彫謝, 鳥吟花咲, 識自性之眞如.

幻形(환형) : 환상과 같은 덧없는 육체.

彫謝(조사) : 시들다, 마르다. 여기서는 사람이 나이가 듦에 노쇠하여 죽음에 이르게 됨을 의미한다.

自性(자성) : 그 자체의 본성.

眞如(진여) : 우주 만유에 보편적으로 상주 불변하는 법칙. 거짓이 아닌 진실이며 실체(實體)와 실성(實性)은 영원히 변치 않는다는 의미에서 眞如라 한다.

52

欲其中者, 波沸寒潭, 山林不見其寂.

虛其中者, 凉生酷暑, 朝市不知其喧.

波沸寒潭(파비한담) : 물결이 차가운 연못에서 끓어오르다. 波는 욕망을 비유하고, 寒潭은 맑고 잔잔한 마음을 비유한다.

朝市(조시) : 아침에 열리는 시장. 시끌벅적한 장소를 말한다.

53

多藏者厚亡, 故知富不如貧之無慮.

高步者疾顚, 故知貴不如賤之常安.

厚亡(후망) : 막대하게 손실을 입다, 크게 망하다.

高步者(고보자) : 높이 오른 사람. 세속에서의 지위가 높은 사람.

疾顚(질전) : 빨리 엎어지다, 자빠지다. 여기서는 빨리 지위나 세력을 잃게 됨을
　　　　　 의미한다.

54

讀易曉窓, 丹砂研松間之露. 談經吾案, 寶磬宣竹下之風.

丹砂(단사) : 붉은 먹. 책에 주석을 달거나 구두를 찍을 때, 또는 시문(詩文)을 첨
　　　　　 삭할 때 사용한다.

談經(담경) : 불경(佛經)을 담론하다.

宣(선) : 펼쳐지다, 흩어지다.

55

花居盆內終乏生機, 鳥入籠中便減天趣,

不若山間花鳥錯集成文, 翶翔自若, 自是悠然會心.

生機(생기) : 싱싱하고 힘찬 기운, 생명력.

天趣(천취) : 타고난 풍취, 천연의 정취.

錯集成文(착집성문) : 어울려 모여 무늬를 이루다. 文은 무늬.

翶翔(고상) : 비상하다, 하늘 높이 빙빙 날아돌다.

自若(자약) : 자유롭게, 마음껏.

56

世人只緣認得我字太眞, 故多種種嗜好, 種種煩惱. 前人云, 不復知
有我, 何知物爲貴. 又云, 知身不是我, 煩惱更何侵. 眞破的之言也.

緣(연) : '~으로 인하여', '~인 까닭에'.
我(아) : 자기의 본체. 자기 속에 있다는 영원불멸의 고정적 실체, 범어 atman의
　　　　역어.
破的之言(파적지언) : 정곡을 찌르는 말, 곧 진리를 간파한 말. 的은 과녁, 진실.

57

自老視少, 可以消奔馳角逐之心.
自瘁視榮, 可以絶紛華靡麗之念.

奔馳角逐(분치각축) : 분주하게 달리며 경쟁하다. 다투어 공명과 이익을 좇음을
　　　　말한다. 奔馳는 분주하게 달리다. 角逐은 다투다, 경쟁하다.
瘁(체) : 야위다, 영락하다. 지위와 명예를 잃고 실의에 빠짐을 나타낸다.
紛華靡麗(분화미려) : 화려하고 사치스러움, 여기서는 영화롭고 부귀한 생활을
　　　　추구하는 것을 가리킨다.

58

人情世態, 倏忽萬端, 不宜認得太眞. 堯夫云, 昔日所云我, 而今
却是伊, 不知今日我, 又屬後來誰. 人常作是觀, 便可解却胸中罥矣.

倏忽萬端(숙홀만단) : 갑자기 만 갈래이다. 즉 잠깐 사이에도 수없이 변하다. 倏
과 忽은 모두 갑자기, 순식간에. 萬端은 만 갈래라는 뜻이다.

而今(이금) : 지금부터. 而는 일종의 연접(連接)조사로, 금(今), 후(後), 상(上), 하
(下)등과 연접하여 동작과 방향, 시간, 공간의 한계를 표시한다. '～로 부
터'의 의미를 갖고 있다.

伊(이) : 대명사로 '그', '저'의 뜻이다.

罥(견) : 얽음, 옭아맴. 속박을 뜻한다.

59

熱鬧中著一冷眼, 便省許多苦心思.

冷落處存一熱心, 便得許多眞趣味.

熱鬧(열료) : 정신없이 번잡하고 바쁘다.

冷眼(냉안) : 냉철한 안목.

冷落(냉락) : 쓸쓸하다, 적막하다. 몰락으로 인해 주위에 아무도 없는 쓸쓸하고
어려운 상황을 가리킨다.

60

有一樂境界, 就有一不樂的相對待.

有一好光景, 就有一不好的相乘除.

只是尋常家飯, 素位風光, 纔是個安樂的窩巢.

相對待(상대대) : 서로 상대해서 마주하다, 서로 대립하다.

就(취) : 즉시, 재빨리.

乘除(승제) : 본래는 산수에서의 곱셈과 나눗셈을 가리킨다. 곱했다가 나누면 상
　　쇄되어 원래의 숫자가 다시 되는 까닭에 '제자리로 돌아오게 되다', '다
　　시 나란하게 된다'는 뜻을 갖는다.

素位(소위) : 현재 자리. '자신이 현재 거하는 자리', '처한 위치'라는 뜻이다. 素
　　는 현재(現在). 『중용』(中庸)에 "군자는 그 자신의 처지에 마땅하게 처신
　　할 뿐이요, 처지 밖의 것은 바라지 않는다"[君子素其位而行, 不願乎其外]
　　라는 구절이 있다.

安樂的窩巢(안락적와소) : 안락한 주거, 보금자리. 본래 窩는 짐승이 사는 동굴
　　을, 巢는 새집을 가리키는데, 여기에서는 사람의 보금자리를 가리킨다.

61

簾櫳高敞, 看靑山綠水呑吐雲煙, 識乾坤之自在.

竹樹扶疎, 任乳燕鳴鳩送迎時序, 知物我之兩忘.

簾櫳(염롱) : 발이 드리워진 창문. 簾은 발, 櫳은 창.

高敞(고창) : 높이 열다, 활짝 열다.

扶疎(부소) : 나무의 가지와 잎이 사방으로 무성하게 뻗쳐 울창하다.

乳燕鳴鳩(유연명구) : 새끼 제비와 우는 비둘기.

物我之兩忘(물아지양망) : 나와 나를 제외한 모든 사물과의 구별을 잊고 일체가 됨.

62

知成之必敗, 則求成之心不必太堅.

知生之必死, 則保生之道不必過勞.

成(성) : (사업 등이) 성공하다.

保生之道(보생지도) : 삶을 보전하는 방법. 즉 장수하는 방법.

63

古德云, 竹影掃階塵不動, 月輪穿沼水無痕.

吳儒云, 水流任急境常靜, 花落雖頻意自閒.

人常持此意, 以應事接物, 心身何等自在.

竹影掃階(죽영소계) : 대나무의 그림자가 섬돌 위를 쓸고 지나가다.

月輪穿沼(월륜천소) : 달 그림자가 연못을 뚫다. 연못 끝까지 환히 비추다.

境常靜(경상정) : 사방은 항상 고요하다.

何等(하등) : 얼마나. 오죽. 감탄의 어기를 나타낸다.

64

林間松韻, 石上泉聲, 靜裡聽來, 識天地自然鳴佩.

草際煙光, 水心雲影, 閒中觀去, 見乾坤最上文章.

草際(초제) : 풀숲 사이.

閒中(한중) : 한가로운 가운데.

文章(문장) : 무늬. 文은 원래 여러 가지 색의 선이 교차한 무늬를 말하며, 여기
에서 문자, 문장의 뜻이 나오게 되었다.

65

眼看西晋之荊榛, 猶矜白刃, 身屬北邙之狐兎, 尙惜黃金.

語云, 猛獸易伏, 人心難降, 谿壑易塡, 人心難滿. 信哉.

矜白刃(긍백인) : 날카로운 칼을 과시하다. 즉 무력의 막강함을 믿다. 矜은 과시
　　하다, 믿다. 白刃은 날카로운 칼. 여기서는 무기, 무력을 비유한다.

猛獸易伏(맹수이복) : 맹수는 길들이기 쉽다. 易는 쉽다. 伏은 항복하게 하다, 길
　　들이다.

66

心地上無風濤, 隨在皆靑山綠樹.

性天中有化育, 觸處見魚躍鳶飛.

風濤(풍도) : 바람과 물결, 풍파(風波), 풍랑(風浪).

隨在(수재) : 있는 곳마다, 어디든지.

化育(화육) : 천지가 만물을 생성하여 길러내다.

67

峨冠大帶之士, 一旦睹輕簑小笠飄飄然逸也, 未必不動其咨嗟.

長筵廣席之豪, 一旦遇疎簾淨几悠悠焉靜也, 未必不增其綣戀.

人奈何驅以火牛, 誘以風馬, 而不思自適其性哉.

峨冠大帶(아관대대) : 높은 관과 큰 띠로, 고위고관의 복장을 가리킨다.

綣戀(권련) : 그리워하다, 사모하다, 마음에 두고 몹시 그리워하다.

68

魚得水逝, 而相忘乎水. 鳥乘風飛, 而不知有風.

識此, 可以超物累, 可以樂天機.

物累(물루) : 바깥 사물에 자신의 마음이 얽매이다.

69

狐眠敗砌, 兎走荒臺, 盡是當年歌舞之地.

露冷黃花, 煙迷衰草, 悉屬舊時爭戰之場.

盛衰何常, 强弱安在. 念此, 令人心灰.

敗砌(패체) : 허물어진 섬돌, 파손된 돌계단. 敗는 허물어지다, 파손되다.

露冷黃花(노랭황화) : 이슬이 국화에 차갑게 맺히다. 즉 찬이슬이 맺힌 국화. 黃
　　花는 국화의 다른 이름이다.

安在(안재) : 어디에 있는가? 安은 의문사.

70

寵辱不驚, 閒看庭前花開花落.

去留無意, 漫隨天外雲卷雲舒.

去留無意(거류무의) : 떠나고 머묾에 마음을 두지 않다. 즉, 미련을 두지 않다. 여기서의 去留는 '관직에 나아가고 물러나다'는 뜻이다.

漫(만) : 전혀 아랑곳하지 않은 채, 무심히.

71

晴空朗月, 何天不可翶翔, 而飛蛾獨投夜燭.

清泉綠卉, 何物不可飲啄, 而鴟鴞偏嗜腐鼠.

噫. 世之不爲飛蛾鴟鴞者, 幾何人哉.

飛蛾(비아) : 부나방.

飲啄(음탁) : 마시고 먹다. 啄은 부리로 먹이를 쪼다.

鴟鴞(치효) : 올빼미.

幾何人(기하인) : 몇 사람인가? 얼마나 되겠는가? 幾何는 얼마, 수량을 나타내는 의문사. 여기서는 그러한 사람이 거의 없음을 나타낸다.

72

纔就筏便思舍筏, 方是無事道人.

若騎驢又復覓驢, 終爲不了禪師.

纔~便~(재~변~) : ~하자마자 곧 ~하다.

就筏(취벌) : 뗏목을 타다. 여기서는 뗏목을 타고 건너다.

無事道人(무사도인) : 보살핌이 없는 도인, 어떠한 사물에도 구애되지 않는 깨
  달음을 얻은 도인.

不了禪師(불료선사) : 깨닫지 못한 선사, 불교의 진리를 깨닫지 못한 선사.

73

權貴龍驤, 英雄虎戰, 以冷眼視之, 如蟻聚羶, 如蠅競血.

是非蜂起, 得失蝟興, 以冷情當之, 如冶化金, 如湯消雪.

權貴龍驤(권귀룡양) : 권력과 부귀를 가진 자들이 용이 위세 좋게 머리를 치켜
  들고 날뛰듯이 다투다. 驤은 머리를 치켜들다, 뛰어오르다.

英雄虎戰(영웅호전) : 영웅호걸들이 범이 으르렁거리듯이 싸우다.

蟻聚羶(의취전) : 개미떼가 비린내 나는 곳에 모이다. 羶은 비린내, 누린내.

得失蝟興(득실위흥) : 이해득실을 따지는 의견이 고슴도치 가시처럼 곤두서다.
  蝟는 고슴도치.

冶化金(야화금) : 풀무질을 하여 쇠를 녹이다. 化는 변하게 하다로 여기서는 '녹
  이다'는 의미이다.

74

羈鎖於物欲, 覺吾生之可哀. 夷猶於性眞, 覺吾生之可樂.

知其可哀, 則塵情立破. 知其可樂, 則聖境自臻.

羈鎖(기쇄) : 굴레와 쇠사슬. '속박당하고 얽매인다'는 의미이다.

夷猶(이유) : 느긋하게 소요하다. 유유자적하다. 夷는 느긋하다, 평온하다. 猶는
  소요하다, 움직이다.

性眞(성진) : 하늘로부터 부여받은 인간 본래의 성질, 본성.
臻(진) : 이르다, 미치다.

75

胸中旣無半點物欲, 已如雪消爐焰氷消日.
眼前自有一段空明, 時見月在靑天影在波.

半點(반점) : 조금, 약간. 극히 적음을 형용한다.
空明(공명) : 맑고 밝은 광명. 달빛이 파도에 비치는 모양을 형용한 말로, 여기서
　　　　　는 사람의 마음이 달빛이 비추는 것처럼 맑고 밝음을 비유한다.

76

詩思在灞陵橋上, 微吟就, 林岫便已浩然.
野興在鏡湖曲邊, 獨往時, 山川自相映發.

詩思(시사) : 시를 짓는 생각, 영감(靈感).
林岫(임수) : 수풀과 산골짜기. 즉 자연을 의미한다
野興(야흥) : 들에 대한 흥취, 대자연의 경치에 대한 흥취.

77

伏久者飛必高, 開先者謝獨早.

知此, 可以免蹭蹬之憂, 可以消躁急之念.

伏久者(복구자) : 오래 엎드려 있던 것. 여기서 者는 새를 가리킨다.
開先者(개선자) : 일찍 핀 것. 開는 꽃이 피다. 者는 꽃을 가리킨다.
謝(사) : 시들다. 떨어지다. 꽃이 지다.
蹭蹬(층등) : 헛디디는 모양, 실족하는 모양.

78

樹木至歸根, 而後知華萼枝葉之徒榮.

人事至蓋棺, 而後知子女玉帛之無益.

歸根(귀근) : 뿌리로 돌아가다. 여기서는 가을에 나뭇잎이 떨어지고 가지만 앙상
　　　　　하게 남음을 뜻한다.
華萼(화악) : 꽃과 꽃받침. 여기서는 꽃을 가리킨다.
徒榮(도영) : 헛된 영화, 부질없는 영화.
蓋棺(개관) : 관 뚜껑을 덮다. 사람의 죽음을 의미한다.
玉帛(옥백) : 옥과 비단. 여기에서는 재물을 가리킨다.

79

眞空不空, 執相非眞, 破相亦非眞, 問世尊如何發付.

在世出世, 徇欲是苦, 絕欲亦是苦, 聽吾儕善自修持.

發付(발부) : 의견을 말하다, 해설하다.

聽(청) : 따르다, 내맡기다.

吾儕(오제) : 우리.

80

烈士讓千乘, 貪夫爭一文, 人品星淵也, 而好名不殊好利.

天子營家國, 乞人號饔飧, 位分宵壤也, 而焦思何異焦聲.

千乘(천승) : 천승의 나라. 병거(兵車) 천 대를 소유하고 있는 제후국을 말한다.
일설에 일승(一乘), 즉 병거 한대에는 무장병사 세 명과 보병 일흔두 명,
그리고 수레 담당 병사 스물다섯 명이 부속되어 있었다고 한다.

星淵(성연) : 하늘과 땅 차이. 별은 하늘 높은 곳에 있고, 연못은 땅 깊은 곳에 있
어 그 거리가 매우 멂을 비유한다.

饔飧(옹손) : 아침밥과 저녁밥. 여기서는 끼니를 가리킨다.

宵壤(소양) : 하늘과 땅 차이. 위의 성연(星淵)과 비슷한 의미이다.

焦思(초사) : 애를 태우며 하는 생각. 여기서는 임금이 나라와 백성을 위해 애태
워 고민하는 것을 가리킨다.

焦聲(초성) : 애를 태우며 목청껏 외치는 소리. 여기서는 거지의 구걸하는 소리
를 가리킨다.

81

飽諳世味, 一任覆雨翻雲, 總慵開眼.

會盡人情, 隨教呼牛喚馬, 只是點頭.

飽諳世味(포암세미) : 세상의 단맛·쓴맛을 충분히 알다, 맛보다. 飽는 '물리도록,

충분히'라는 뜻이다. 諳은 알다, 깨닫다. 世味는 세상의 맛, 세태인정.

慵(용) : 게으르다, 귀찮아하다.

呼牛喚馬(호우환마) : '호우호마'(呼牛呼馬), '호우작마'(呼牛作馬)라고도 쓴다. 이 말은 『장자』(莊子) 「천도」(天道)에 나오는데 '칭찬이나 비난을 남이 마음 대로 해도 개의치 않고 모두 그대로 따른다'는 의미를 담고 있다.

82

今人專求無念, 而終不可無. 只是前念不滯, 後念不迎,

但將現在的隨緣打發得去, 自然漸漸入無.

無念(무념) : 생각, 특히 잡념이 일지 않음. 사물에 의해 마음이 흔들리지 않음을 가리킨다.

打發(타발) : 처리하다, 해결해 나아가다.

83

意所偶會, 便成佳境. 物出天然, 纔見眞機.

若加一分調停布置, 趣味便減矣.

白氏云, 意隨無事適, 風逐自然淸. 有味哉. 其言之也.

偶會(우회) : 마음에 문득 깨닫다.

調停布置(조정포치) : 순서나 위치 등을 인위적으로 안배해서 조정하다.

84

性天澄徹, 卽饑飧渴飮, 無非康濟身心.

心地沈迷, 縱談禪演偈, 總是播弄精魂.

性天(성천) : 천성, 타고난 본성.

卽(즉) : 설령 ~한다 하더라도, 할지라도.

康濟身心(강제신심) : 심신을 편안하게 구제하다. 몸을 편안하게 하고 마음을
　　　미혹에서 구제하다.

演偈(연게) : 게송을 읊조리다.

播弄精魂(파롱정혼) : 정신을 희롱하다, 갖고 놀다.

85

人心有個眞境. 非絲非竹而自恬愉, 不煙不茗而自淸芬.

須念淨境空, 慮忘形釋, 纔得以遊衍其中.

眞境(진경) : 진실한 경지, 참다운 깨달음의 경지.

恬愉(염유) : 마음이 편안하고 유쾌하다.

淸芬(청분) : 맑고 향기롭다.

形釋(형석) : 형체가 풀리다, 육체의 모든 속박과 번뇌로부터 벗어나다.

游衍(유연) : 자유롭게 소요하다, 마음껏 노닐다.

86

金自鑛出, 玉從石生, 非幻, 無以求眞.

道得酒中, 仙遇花裡, 雖雅, 不能離俗.

幻(환) : 변화하다, 변환하다.

87

天地中萬物, 人倫中萬情, 世界中萬事. 以俗眼觀, 紛紛各異,
以道眼觀, 種種是常. 何煩分別, 何用取捨.

俗眼(속안) : 세속의 눈. 즉 사물을 상대적으로 보는 세속적인 시각을 가리킨다.
道眼(도안) : 도를 깨달은 눈, 절대적인 진리의 눈.
何須〜(하수〜) : 어찌 〜할 필요가 있겠는가?

88

神酣布被窩中, 得天地冲和之氣.
味足藜羹飯後, 識人生澹泊之眞.

天地冲和之氣(처지충화지기) : 천지간에 조화를 이루는 기운, 대자연의 평화로
　　운 기상.
人生澹泊之眞(인생담박지진) : 인생의 담박한 진실, 욕심 없이 소탈한 인생의
　　참 의미.

89

纏脫只在自心. 心了則屠肆糟廛, 居然淨土.

不然, 縱一琴一鶴, 一花一卉, 嗜好雖淸, 魔障終在.

語云, 能休, 塵境爲眞境, 未了, 僧家是俗家. 信夫.

纏脫(전탈) : 얽매임과 벗어남. 즉 외부의 사물에 의해 속박을 받는 것과 그 고
　　　　통에서 벗어나 자유로운 것.

心了(심료) : 주막집.

居然(거연) : 그대로. : 마음이 깨닫다.

屠肆糟廛(도사조전) : 푸줏간과

休(휴) : 그치다, 일체의 망상과 번뇌를 없애다.

90

斗室中, 萬慮都捐, 說甚畫棟飛雲, 珠簾捲雨.

三杯後, 一眞自得, 唯知素琴橫月, 短笛吟風.

斗室(두실) : 한 말 정도 들어갈 수 있는 아주 좁은 방.

捐(연) : 버리다. 여기서는 마음의 온갖 상념을 버림을 뜻한다.

甚(심) : 어찌, 무슨.

一眞(일진) : 진리. 절대적 진리를 뜻한다. 모두 평등하여 둘이 아닌 까닭에 一
　　　　이라 하고, 거짓됨과 허망함을 벗어난 까닭에 眞 이라 한다.

素琴(소금) : 아무런 장식도 하지 않은 거문고. 素는 원래 물들이지 않은 비단이
　　　　라는 뜻인데 여기에서 '아무것도 없는 상태' '소박함'이라는 의미가 나오
　　　　게 되었다.

91

萬籟寂廖中, 忽聞一鳥弄聲, 便喚起許多幽趣.

萬卉摧剝後, 忽見一枝擢秀, 便觸動無限出機.

可見性天未常枯槁, 機神最宜觸發.

萬籟(만뢰) : 천지간의 모든 소리.

摧剝(최박) : 꺾이고 시들다.

枯槁(고고) : 마르고 시들다.

機神(기신) : 기예의 현묘함. 機는 기미, 神은 현묘(玄妙)하다.

92

白氏云, 不如放身心, 冥然任天造.

晁氏云, 不如收身心, 凝然歸寂定.

放者流爲猖狂, 收者入於枯寂. 唯善操心身者木覇柄在手, 收放自
如.

冥然(명연) : 아련하고 오묘하다.

寂定(적정) : 불교용어로, 마음이 느슨해지지 않으면서도 편안하고 고요하여 아
무런 동요도 없는 정신상태를 일컫는 말이다.

木覇柄(파병) : 칼의 자루로, 어떤 일이나 사물의 중심·요점을 의미한다.

93

當雪夜月天, 心境便爾澄徹. 遇春風和氣, 意界亦自冲融.
造化人心, 混合無間.

意界(의계) : 정취, 정서.
冲融(충융) : 융화되다. 여기서는 자연과 더불어 융화됨을 뜻한다.

94

文以拙進, 道以拙成, 一拙字有無限意味. 如桃源犬吠, 桑間鷄鳴.
何等淳龐. 至於寒潭之月, 古木之鴉, 工巧中便覺有衰颯氣象矣.

何等(하등) : 얼마나, 오죽.
淳龐(순방) : 순박하고 질박하다.
衰颯(쇠삽) : 쇠미하고 처량하다.

95

以我轉物者, 得固不喜, 失亦不憂, 大地盡屬逍遙.
以物役我者, 逆固生憎, 順亦生愛, 一毛便生纏縛.

以我轉物(이아전물) : 나로써 사물을 움직이다. 즉 자신이 주체가 되어 사물을
    움직이다. 物은 나를 제외한 외부의 모든 것을 가리킨다.
以物役我(이물역아) : 사물로써 나를 부리다. 즉 내가 사물에 부림을 당하는 것
    을 말한다.

一毛(일모) : 터럭 하나. 사소하고 하찮은 일을 비유한다.

96

理寂則事寂, 遣事執理者, 似去影留形.

心空則境空, 去境存心者, 如聚羶却蚋.

理(리) : 불교에서 보편적인 진리를 가리킨다.

事(사) : 불교에서 차별적인 현상을 가리킨다.

心(심) : 인식(認識) 작용의 여섯 가지 본체(本體), 안(眼)·이(耳)·비(鼻)·설(舌)·신
　　(身)·언(言)을 가리킨다.

境(경) : 인식하거나 가치를 판단하는 여섯 가지 대상(對象), 즉 색(色)·성(聲)·향
　　(香)·미(味)·촉(觸)·법(法)을 가리킨다.

羶(전) : 누린내, 비린내, 비린내 나는 것.

蚋(예) : 파리.

97

幽人淸事, 總在自適. 故酒以不勸爲歡, 棋以不爭爲勝, 笛以無腔
爲適, 琴以無絃爲高, 會以不期約爲眞率, 客以不迎送爲坦夷.

若一牽文泥迹, 便落塵世苦海矣.

幽人(유인) : 세속을 떠나 은거하는 사람, 고매한 절개를 지키며 유유자적하는
　　사람.

牽文泥迹(견문니적) : 외관적 모습이나 형식에 얽매이다. 文과 迹은 겉으로 드
　　러나 보이는 모습 또는 불필요한 형식을 말한다.

98

試思未生之前, 有何象貌, 又思既死之後, 作何景色,

則萬念灰冷, 一性寂然, 自可超物外, 遊象先.

景色(경색) : 모습, 상태.

超物外(초물외) : 사물 밖으로 뛰어넘다. 즉 세상일을 초월한 세계에 들어가는
　　　　　　것을 말한다.

象先(상선) : 현상이 있기 이전, 즉 천지의 만물이 생겨나기 이전의 상태를 가리
　　　　　킨다.

99

遇病而後, 思强之爲寶, 處亂而後, 思平之爲福, 非蚤智也.

倖福而先知其爲禍之本, 貪生而先知其爲死之因, 其卓見乎.

强(강) : 건강하다, 튼튼하다.

蚤智(조지) : 사전에 미리 깨달음. 선견지명(先見之明)과 같은 의미이다.

倖福(행복) : 요행으로 행복을 얻기를 바라다. 倖은 자신의 분수에 맞지 않는 것
　　　　　들을 얻기 바라는 것을 뜻한다.

卓見(탁견) : 탁월한 식견.

100

優人傳粉調硃, 效姸醜於毫端, 俄而歌殘場罷, 姸醜何存.

奕者爭先競後, 較雌雄於著子, 俄而局盡子收, 雌雄安在.

優人(우인) : 배우.

傅粉調硃(부분조주) : 흰 분을 바르고 연지를 찍다, 즉 화장을 하다.

毫端(호단) : 털 끝, 가느다란 화장용 붓의 털끝 부분.

較雌雄(교자웅) : 승패를 겨루다.

著子(착자) : 바둑을 두다. 著은 두다, 놓다. 子는 여기서 바둑돌을 가리킨다.

101

風花之瀟洒, 雪月之空淸, 唯靜者爲之主.

水木之榮枯, 竹石之消長, 獨閒者操其權.

瀟洒(소쇄) : 청량하고 깨끗하다.

空淸(공청) : 드넓고 청명하다.

爲之主(위지주) : 그 주인이 되다. 之는 기(其)와 같은 의미이다.

操其權(조기권) : 그 권리를 잡다. 자연의 즐거움을 누릴 권리를 얻음을 말한다.

102

田父野叟, 語以黃雞白酒則欣然喜, 問以鼎食則不知.

語以縕袍短褐則油然樂, 問以袞服則不識.

其天全, 故其欲淡, 此是人生第一個境界.

黃雞(황계) : 누런 색의 깃털을 가진 닭.

白酒(백주) : 정제하지 않은 탁주, 막걸리.

鼎食(정식) : 그릇을 많이 벌여 놓고 먹는 진수성찬. 지위가 높은 가문이나 귀족들의 사치한 생활을 가리킨다.

縕袍袒褐(온포단갈) : 방한용의 무명옷과 짧은 베옷.

袞服(곤복) : 고대의 제왕이나 귀족들이 입었던 용을 수놓은 예복. 여기서는 화
려하고 귀한 옷을 가리킨다.

103

心無其心, 何有於觀. 釋氏曰觀心者, 重增其障.

物本一物, 何待於齊. 莊生曰齊物者, 自剖其同.

釋氏(석씨) : 釋은 부처의 성(姓)인 석가(釋迦)의 약칭(略稱)으로, 釋氏는 부처 혹
은 불가(佛家)를 가리킨다. 여기서는 불가를 뜻한다.

104

笙歌正濃處, 便自拂衣長往, 羨達人撒手縣崖.

更漏已殘時, 猶然夜行不休, 咲俗士沈身苦海.

笙歌(생가) : 생황을 불고 노래를 부르다.

撒手懸崖(살수현애) : 손을 놓고 벼랑을 걸어가다. 마음이 확 트여 깎아지른 절
벽 같은 험한 환경에서도 손을 놓고 자유롭게 다닐 수 있음을 뜻하는 말
로, 매우 중요한 시기에도 홀연히 옷을 떨치고 떠날 수 있어 어디에도
구속되지 않음을 의미한다.

猶然(유연) : 배회하는 모양, 어슬렁거리는 모양.

咲(소) : 우습다, 가소롭다. 소(笑)의 옛 글자.

105

把握未定, 宜絶迹塵囂, 使此心不見可欲而不亂, 以澄吾靜體.

操持旣堅, 又當混迹風塵, 使此心見可欲而亦不亂, 以養吾圓機.

把握(파악) : 움켜쥐다. 여기서는 사람이 자신의 마음을 확고하게 지킴을 뜻한다.

塵囂(진효) : 속세의 시끄러움, 번잡함을 말한다.

混迹(혼적) : 종적을 섞다. 여기서는 번잡한 세상에 처함을 뜻한다. 절적(絶迹)과
반대된다.

風塵(풍진) : 바람과 먼지. 곧 그러한 것으로 가득 찬 속세를 가리킨다.

圓機(원기) : 환중(環中)과 같다. 시비의 문제를 초탈하여 외물에 의해 구속받지
않음을 비유한다.

106

喜寂厭喧者, 往往避人以求靜. 不知意在無人便成我相, 心著於靜
便是動根, 如何到得人我一視, 動靜兩忘的境界.

喜寂厭喧(희적염훤) : 한적함을 좋아하고 시끄러움을 싫어하다.

我相(아상) : 자아의 모습. 실체의 '내'가 있다고 하는데 집착하고 또 완전한 자
아(自我)가 존재한다고 믿는 생각.

動根(동근) : 움직임의 뿌리로 여기서는 마음에 동요를 일으키는 원인을 가리킨다.

107

山居胸次清洒, 觸物皆有佳思, 見孤雲野鶴, 而起超絶之想.

遇石澗流泉, 而動澡雪之思, 撫老檜寒梅, 而勁節挺立, 侶沙鷗麋鹿, 而機心頓忘.

若一走入塵寰, 無論物不相關, 卽此身亦屬贅旒矣.

淸洒(청쇄) : 맑고 소탈하다, 맑고 상쾌하다.

佳思(가사) : 아름다운 생각.

澡雪(조설) : 씻어 깨끗하게 하다. 여기서 雪은 '눈처럼 깨끗하게 하다'라는 동사
　　　적 용법으로 쓰였다.

勁節挺立(경절정립) : 굳은 절개가 곧게 서다.

機心(기심) : 교묘한 수단으로 상대방을 속이려는 마음. 기교나 꾀를 부리려는
　　　마음.

贅旒(췌류) : 쓸데없이 자리만 차지하고 실제로는 별 효용이 없는 군더더기. 贅
　　　는 혹. 旒는 고대 깃발의 아래위로 늘어뜨린 장식물.

108

興逐時來, 芳草中撒履閒行, 野鳥忘機時作伴.

景與心會, 落花下披襟兀坐, 白雲無語漫相留.

逐時(축시) : 때를 좇아, 때를 따라.

撒履(살리) : 신을 놓아두다. 맨발로 거닒을 뜻한다.

忘機(망기) : 기심을 잊다. 즉 교묘하게 잔꾀를 부리려는 마음을 없애다. 자주 담
　　　박함을 즐겨 세속과 더불어 다툼이 없음을 가리키는 데 쓰인다.

披襟(피금) : 옷깃을 풀어헤치다.

兀坐(올좌) : 홀로 태연히 앉아 있다, 홀로 우두커니 앉아 있다.

漫(만) : 천천히, 유유히.

109

人生福境禍區, 皆念想造成. 故釋氏云, 利欲熾然卽是火坑, 貪愛
沈溺便爲苦海, 一念淸淨烈焰成池, 一念警覺船登彼岸.

念頭稍異, 境界頓殊, 可不愼哉.

福境禍區(복경화구) : 행복한 상황과 불행한 경우.

熾然(치연) : 활활. 불길이 세차게 타오른 모양.

火坑(화갱) : 불구덩이, 불타는 지옥.

110

繩鋸木斷, 水滴石穿, 學道者須加力索.

水到渠成, 瓜熟蒂落, 得道者一任天機.

力索(역색) : 힘써 찾다. 열심성의를 다해 탐구, 모색하다.

渠(거) : 도랑, 개천, 시내.

蒂(체) : 과실과 줄기가 연결된 부분, 꼭지.

111

機息時, 便有月到風來, 不必苦海人世.

心遠處, 自無車塵馬迹, 何須痼疾丘山.

機息(기식) : 기심(機心)이 사라지다.

心遠(심원) : 마음이 멀어지다, 벗어나다. 명예와 이익을 구하려는 세속의 욕망
        에서 벗어나는 것을 의미한다.
車塵馬迹(거진마적) : 수레먼지와 말발굽의 자취. 사람이 왕래함으로 인해 생기
        는 수레먼지와 말발굽 소리로, 번잡함, 소란스러움을 비유한다.
痼疾(고질) : 병이 날 정도로 그리워하다, 연연해 하다, 고집하다.

112

草木纔零落, 便露萌穎於根底. 時序雖凝寒, 終回陽氣於飛灰.

肅殺之中, 生生之意常爲之主, 卽是可以見天地之心.

萌穎(맹영) : 어린 싹이 뾰족이 솟아오름, 움을 틔움.
肅殺(숙살) : 살벌하게 파괴하다. 냉혹한 기운이 만물을 쇠락케 하다.
生生之意(생생지의) : 끊임없이 생장하고 번식하는 기운, 계속해서 만물을 생성
        해내는 기운.

113

雨餘觀山色, 景象便覺新姸.

夜靜聽鐘聲, 音響尤爲淸越.

雨餘(우여) : '비 갠 나머지'라는 뜻으로 비 갠 뒤를 말한다.
景象(경상) : 경치, 경관.
新姸(신연) : 신선하고 아름답다, 맑고 곱다.
淸越(청월) : 소리가 맑아[淸] 저 너머까지[越] 들리는 것을 말한다.

114

登高使人心曠, 臨流使人意遠. 讀書於雨雪之夜, 使人神淸.

舒嘯於丘阜之巓, 使人興邁.

丘阜之巓(구부지전) : 언덕 꼭대기, 언덕마루, 산마루. 巓은 산꼭대기, 산마루.

邁(매) : 힘차게 솟구치다.

115

心曠, 則萬鍾如瓦缶. 心隘, 則一髮似車輪.

瓦缶(와부) : 흙으로 빚어 구운 술 단지로 집집마다 모두 가지고 있는 그릇이라
별 가치가 없는 것을 비유한다.

一髮似車輪(일발사거륜) : 하나의 터럭이 수레의 바퀴같다. 터럭같이 사소한 일
이 수레바퀴처럼 크게 보인다는 의미이다.

116

無風月花柳, 不成造化. 無情欲嗜好, 不成心體.

只以我轉物, 不以物役我, 則嗜慾莫非天機, 塵情則是理境矣.

塵情(진정) : 세속의 인정, 마음, 생각.

理境(이경) : 이상적인 경지, 진리의 경계.

117

就一身了一身者, 方能以萬物付萬物.

還天下於天下者, 方能出世間於世間.

了(료) : 깨닫다. 이해하다.

以萬物付萬物(이만물부만물) : 만물로써 만물에 맡기다. 만물을 그대로의 만물
로 두다.

出世間於世間(출세간어세간) : 세속에서 세속을 나오다. '몸은 그대로 속세에 있
으면서 마음은 세속을 초탈하다'는 의미이다.

118

人生太閒, 則別念竊生. 太忙, 則眞性不現.

故士君子不可不抱身心之憂, 亦不可不耽風月之趣.

別念(별념) : 딴 생각, 잡념.

竊生(절생) : 슬그머니 생기다.

耽(탐) : 즐기다, 기쁨을 누리다.

風月之趣(풍월지취) : 맑은 바람과 밝은 달의 흥취, 즉 자연의 정취.

119

人心多從動處失眞. 若一念不生, 澄然靜坐, 雲興而悠然共逝,

雨滴而冷然俱淸, 鳥啼而欣然有會, 花落而瀟然自得.

何地非眞境. 何物非眞機.

失眞(실진) : 참됨을 잃다, 본래의 면목을 잃다.

澄然(징연) : 맑은 모양, 맑고 깨끗한 모양.

瀟然(소연) : 고결하게 세속을 초탈한 모양, 초연한 모양.

眞境(진경) : 진리의 경계·세계.

120

子生而母危, 鏹積而盜窺, 何喜非憂也.

貧可以節用, 病可以保身, 何憂非喜也.

故達人當順逆一視, 而欣戚兩忘.

鏹積(강적) : 鏹은 돈꿰미에 꿰어 둔 돈을 뜻하는 것으로, 鏹積은 재물을 많이
모아 둔 것을 가리킨다.

順逆一視(순역일시) : 순경(順境)과 역경(逆境)을 매한가지로 보다.

欣戚(흔척) : 기쁨과 슬픔.

121

耳根似颷谷投響, 過而不留, 則是非俱謝.

心境如月池浸色, 空而不著, 則物我兩忘.

耳根(이근) : 불교(佛敎)에서 말하는 육근(六根, 眼·耳·鼻·舌·身·意) 중의 하나.
根은 감각하는 기관(機關), 기능이란 뜻이다.

颷谷投響(표곡투향) : 거센 바람이 산골짜기에 불어 소리를 내다. 颷는 회오리
바람, 폭풍우.

謝(사) : 시들다, 쇠락하다, 쇠미해지다.

月池浸色(월지침색) : 달빛이 연못 수면에 비추어져 빛을 발한다. 浸은 '담그다', '적시다'의 뜻으로, 여기서는 달 그림자가 수면에 담겨 빛을 발함을 의미한다.

空而不著(공이불착) : 달은 연못에 있지 않고 물 또한 달빛에 물들지 않다. 空은 연못 위에 비친 달 그림자가 실체가 없음을 뜻하며, 不著은 물이 허상(虛像)에 집착하지 않은 까닭에 달빛에 물들지 않음을 의미한다.

122

世人爲榮利纏縛, 動曰, 塵世苦海.

不知雲白山靑, 川行石立, 花迎鳥哢, 谷答樵謳.

世亦不塵, 海亦不苦, 彼自塵苦其心爾.

動曰(동왈) : 걸핏하면 ~라고 말하다. 動은 걸핏하다.

谷答樵謳(곡답초구) : 계곡의 대답과 나무꾼의 노래. 계곡의 대답하는 듯한 메아리와 나무꾼의 흥얼거리는 노래 가락을 말한다.

塵苦其心(진고기심) : 그 마음을 티끌지고 괴롭게 하다. 자신 마음속으로 이 세상이 티끌 세상이고 괴로운 세상이라고 생각한다.

123

花看半開, 酒飮微醉, 此中大有佳趣.

若至爛漫酕醄, 便成惡境矣. 履盈滿者, 宜思之.

爛熳(난만) : 꽃이 만개(滿開)하다. 꽃이 다 피어 버리다.

酕醄(모도) : 술에 곤드레만드레 취하다.

惡境(악경) : 보기 흉한 지경.

盈滿(영만) : 가득 차다. 여기서는 일이 더없이 잘 되거나, 부귀영화를 한껏 누림
　　　을 뜻한다.

124

山肴不受世間灌漑, 野禽不受世間豢養, 其味皆香而且冽.

吳人能不爲世法所點染, 其臭味不逈然別乎.

冽(열) : 향기가 맑고 산뜻함.

世法(세법) : 세속에서 항상 사용되는 관습이나 법도.

點染(점염) : 더럽히다, 오염되다, 물들다. 點은 본래는 점, 선, 면 할 때의 점이
　　　었으나 옥의 티를 가리키는 점(玷)으로 가차되어 쓰이면서 '더럽히다'는
　　　뜻으로 쓰이게 되었다.

臭味(취미) : 본래는 풍기는 냄새를 가리키나 지향(志向), 지취(志趣)를 비유하기
　　　도 한다.

125

栽花種竹, 玩鶴觀魚, 又要有段自得處. 若徒留連光景, 玩弄物華,

亦吾儒之口耳, 釋氏之頑空而已. 有何佳趣.

留連光景(유련광경) : 광경에 계속 머물러 있다. 눈앞의 아름다운 풍경에만 빠
　　　져서 헤어나지 못함을 가리킨다.

物華(물화) : 아름다운 사물, 모습이 화려한 사물.

126

山林之士, 淸苦而逸趣自饒. 農野之夫, 鄙略而天眞渾具.

若一失身市井馹儈, 不若轉死溝壑神骨猶淸.

淸苦(청고) : 청빈하다, 곤궁하다.
饒(요) : 많다, 넉넉하다.
鄙略(비략) : 촌스럽다, 질박하다.
天眞(천진) : 하늘이 부여한 천성, 자연 그대로의 본성.
馹儈(장쾌) : 거간꾼, 중개인, 상인. 대체적으로 정당하지 않은 수단으로 이익을
　　　　　취하는 무리를 가리킨다.

127

非分之福, 無故之獲, 非造物之釣餌, 卽人世之機阱.

此處著眼不高, 鮮不墮彼術中矣.

釣餌(조이) : 낚시에 쓰는 미끼. 즉 꾀거나 유혹하기 위한 수단을 가리킨다.
機阱(기정) : 함정, 위기에 빠뜨리기 위해 쳐놓은 함정을 말한다.
術(술) : 술책, 계략. 여기서는 위의 조이(釣餌)와 기정(機阱)을 가리킨다.

128

人生原是一傀儡. 只要根蒂在手, 一線不亂, 卷舒自由,

行止在我, 一毫不受他人提掇, 便超出此場中矣.

傀儡(괴뢰) : 꼭두각시. 남에 의해 조종되는 존재를 비유한다.

根蒂(근체) : 근본, 토대. 여기서는 꼭두각시를 조종하는 장치, 즉 부침목을 가리킨다. 根은 식물의 뿌리이고 蒂는 식물의 열매와 줄기가 서로 이어져 있는 부분, 즉 꼭지이다.

提掇(제철) : 조종(操縱)하다. 提는 끌다, 끌어당기다. 掇은 본래는 '줍다'인데 여럿 가운데에서 줍는 것이므로 '선택하다, 가리다'라는 의미가 생겨났다. 提掇은 꼭두각시를 끌고 선택하는 것처럼 조종하는 것을 가리킨다.

場(장) : 연극의 무대. 인생을 비유한다.

129

一事起則一害生, 故天下常以無事爲福.

讀前人詩云, 勸君莫話封侯事, 一將功成萬骨枯. 又云, 天下常令萬事平, 匣中不惜千年死. 雖有雄心猛氣, 不覺化爲氷霰矣.

封侯事(봉후사) : 후에 봉해지는 일. 여기서는 전쟁에서 승리한 공로로 제후에 봉해지는 것을 가리킨다.

萬骨枯(만골고) : 수많은 뼈가 마르다. 여기서는 수많은 병사들이 전쟁터에서 죽어가 나중에는 그들의 뼈가 채 묻히지도 못한 채 땅 위에 나뒹구는 참상을 가리킨다.

匣中(갑중) : 상자 안에 든 것. 즉 칼을 가리킨다.

千年死(천년사) : 영원히 죽어 있다. 즉 '오래도록 녹슬어 있다'는 의미이다. 칼을 생명이 있는 것으로 의인화하여 세상이 평화로와 무기들이 상자 속에서 오래도록 녹슬어 감을 표현했다.

130

淫奔之婦, 矯而爲尼. 熱中之人, 激而入道.

淸淨之門, 常爲淫邪淵藪也如此.

淫奔之婦(음분지부) : 음란한 여인. 奔은 중매 없이 시집가는 것을 말한다.

矯(교) : 거짓으로 하다, 꾸미다.

熱中之人(열중지인) : 명예와 이익에 열중하는 사람.

激(격) : 충동적이다.

淵藪(연수) : 淵은 물고기가 모이는 곳, 藪는 짐승이 모이는 곳으로, 여기서는
　　　　　淵藪가 사물이 모이는 곳을 비유한다.

131

波浪兼天, 舟中不知懼, 而舟外者寒心. 猖狂罵座, 席上不知警,

而席外者咋舌. 故君子, 身雖在事中, 心要超事外也.

兼天(겸천) : 하늘에 닿다. '파도가 높음'을 과장해서 표현한 말. 兼은 본래 '병탄
　　　　　하다', '하나로 합치다'라는 뜻으로 어떤 물건 또는 사건이 한꺼번에 더
　　　　　해지는 것을 말한다. 여기서는 파도가 바다뿐 아니라 하늘까지도 더해
　　　　　지는 것, 즉 하늘에 닿을 듯한 것을 나타낸다.

寒心(한심) : 마음이 서늘해지다. 두려운 모양.

罵座(매좌) : 좌중의 사람들에게 욕설을 퍼붓다. 여기에서는 서로 모두 취한 상
　　　　　태에서 욕설을 주고 받는 상황임.

咋舌(작설) : 혀를 차다, 싫은 일을 보고 씁쓸하게 생각하다. 咋은 '씹다', '깨물
　　　　　다'의 뜻인데 여기서는 '(혀를) 차다'라는 의미이다.

132

人生減省一分, 便超脫一分. 如交遊減, 便免紛擾,

言語減, 便寡愆尤, 思慮減, 則精神不耗, 聰明減, 則混沌可完.

彼不求日減而求日增者, 眞桎梏此生哉.

紛擾(분요) : 어지럽고 소란스러움, 번잡함.

愆尤(건우) : 허물, 과실.

混沌(혼돈) : 하늘과 땅이 구분되기 이전의 어두운 상태. 여기서는 본심, 본성을
가리킨다.

桎梏(질곡) : 차꼬와 수갑. 속박, 구속을 비유한다.

133

天運之寒暑易避, 人世之炎凉難除. 人世之炎凉易除, 吳心之氷炭

難去. 去得此中之氷炭, 則滿腔皆和氣, 自隨地有春風矣.

天運(천운) : 하늘이 돌다. 사계절이 순서에 따라 운행함을 가리킨다.

炎凉(염량) : 따뜻함과 차가움. 따뜻해졌다가 곧 차가워지듯 세상 인정이 쉽게
변함을 비유한다.

氷炭(빙탄) : 얼음과 숯불. 마음의 변화가 심함을 비유한다.

隨地(수지) : 곳곳마다. 즉 어디를 가든지.

134

茶不求精而壺亦不燥. 酒不求冽而樽亦不空. 素琴無絃而常調,

短笛無腔而自適. 縱難超越羲皇, 亦可匹儔嵇阮.

匹儔(필주) : 비견하다, 어깨를 나란히 하다. 匹과 儔 모두 '짝하다'는 의미이다.

135

釋氏隨緣, 吾儒素位, 四字是渡海的浮囊.

蓋世路茫茫, 一念求全則萬緒紛起 隨寓而安則無入不得矣.

浮囊(부낭) : 물에 뜨기 위해 몸에 지니는 주머니. 囊은 주머니.

슬기바다 06

채근담(菜根譚)

초판 제1쇄 발행일   1999년 08월 25일
개정판 제1쇄 발행일   2005년 04월 11일
개정판 제26쇄 발행일   2021년 03월 18일

지은이   홍자성(洪自誠)
옮긴이   김성중
발행인   이지연
주간   이미숙
책임편집   정윤정
책임디자인   이경진 권지은
책임마케팅   이한주
경영지원   이지연

발행처   도서출판 홍익
출판등록번호   제 2020-000321 호
출판등록   2020년 08월 24일
주소   경기도 고양시 백석동 1324 동문굿모닝타워 2차 927호
대표전화   02-323-0421
팩스   02-337-0569
메일   editor@hongikbooks.com

ISBN   979-11-9731-068-3 (04100)